아버지의 용접 인생

아버지의 용접 인생

항만 도시 가오슝 노동자들의 일과 삶

초판 1쇄 발행 2024년 2월 28일

지은이 셰쟈신
옮긴이 곽규환 한철민
펴낸이 강수걸
편집 이소영 강나래 오해은 이선화 이혜정
디자인 권문경 조은비
펴낸곳 산지니
등록 2005년 2월 7일 제333-3370000251002005000001호
주소 부산시 해운대구 수영강변대로 140 BCC 626호
전화 051-504-7070 | 팩스 051-507-7543
홈페이지 www.sanzinibook.com
전자우편 sanzini@sanzinibook.com
블로그 http://sanzinibook.tistory.com

ISBN 979-11-6861-237-2 03330

* 책값은 뒤표지에 있습니다.
* 잘못 만들어진 책은 구입처에서 교환해드립니다.
* This book sponsored by the Ministry of Culture, Republic of China(Taiwan).

아시아총서 47

아버지의 용접 인생

항만 도시 가오슝 노동자들의 일과 삶

셰쟈신 지음 | 곽규환 한철민 옮김

산지니

일러두기

1. 인명은 국립국어원 중국어 표기 규정에 따른다. 단, 과거인은 우리말 한자음으로 표기하고, 현대인은 중국어 표기법에 따라 표기했다.
2. 지명은 국립국어원 중국어 표기 규정에 따른다. 단, 우리말로 표기하는 관용이 있으면 우리말 한자음으로 표기했다.
3. 도로명과 행정구역명은 국립국어원의 표기 규정에 따르되, 도로의 규모를 나타내는 항(巷), 가(街), 로(路), 도(道) 등과 행정구역 단위 시(市), 구(區), 리(里) 등은 우리말로 표기했다.
   Ex) 高雄市 = 가오슝+시, 台北市 = 타이베이+시, 小港區 = 샤오강+구
4. 옮긴이 주는 별도 표기했다.

한국어판 서문

한국 독자 여러분, 안녕하세요!

여러분에게 『아버지의 용접 인생』을 소개할 수 있어서 너무 기쁩니다. 여러분이 이 책을 통해 타이완의 또 다른 모습을 만날 수 있기를 희망합니다.

이 책은 제 석사 논문을 개작한 것입니다. 석사 논문은 '타이완 기술 노동자들은 계급 이동을 할 수 있을 때도 왜 원래 하던 일을 계속하려는 경향을 보이는가?'라는 질문에 대한 저 나름의 답이었습니다. 책에서는 한 기술 노동자의 삶과 문화적 양태를 다루는 방향으로 중심을 선회했습니다. 특히 자녀를 교육할 때나 자녀의 진로 문제를 고민하는 기술 노동자가 자신의 직업을 지향의 대상이 아니라 반면교사의 대상으로 상정하는 현상을 중점적으로 살핍니다.

타이완의 특정 시대와 특정 집단의 경험을 토대로 한 이 책이 한국에서 번역 출판된다는 사실을 듣고 저는 매우 기쁘면서도 동시에 불안했습니다. 타이완에서도 전폭적이고 온전한 이해를 받기 힘든 제 책이 한국에서 어떤 호응과 공명을 받게 될지 궁금합니다.

저는 한국의 노동자 계급이 수십 년 동안 정부 및 재벌과 치열하게 싸웠다고 들었습니다. 온갖 좌절과 많은 피눈물이라는 대가를 치른 후에야 비로소 노동자 계급으로 자리매김할 수 있었고, 동아시아 노동계에서 가장 뜨거운 계급이 되었습니다. 이것이 한국 노동계에 대한 저의 인식입니다.

상술한 한국 노동계의 특징은 타이완 노동계와는 결이 조금 다른 듯합니다. 『아버지의 용접 인생』이 다루는 윗세대(아버지 세대)의 블루칼라 노동자 대부분은 자녀들이 블루칼라의 세계를 떠나 화이트칼라 노동자로 자리 잡기를 희망하고, 이것을 성공적인 계급 이동으로 여깁니다.

그러나 계급 이론의 시각으로 보면 블루칼라든 화이트칼라든 기층 노동자는 모두 '무산계급'입니다. 한국의 노동운동사에서도 이 점을 확인할 수 있습니다. 1987년에 있었던 노동자 대투쟁에서 한국의 블루칼라 노동자와 화이트칼라 노동자가 열악한 노동환경이라는 동일한 문제를 해결하기 위해 상호 경계를 허물고 연대했다는 사실이 그 증거입니다. 1987년, 이들은 유사한 노동계급 의식과 정체성을 보여줬습니다.*

이러한 전환점이 타이완에는 없었습니다. 타이완에서 화이트칼라와 블루칼라 계급 간 경계는 너무나 또렷합니다. 서로를 지지하지도 않을뿐더러 심지어 때로는 대립하기도 합니다. 게다가 타이완 블루칼라 노동자의 정체성은 개인이 보유한 기술에서 비롯됩니다.

---

* 夏楚, 「韓國工人階級的成長與抗爭簡史(한국노동계급의 성장과 항쟁의 약사)」, https://www.inmediahk.net/node/1038174. 본문에서 언급한 한국노동운동 관련 내용은 작가 샤추가 독립언론에 발표한 이 기사를 참조했다.

블루칼라 노동자라는 집단 정체성이 형성되기 힘든 이유입니다.

또한 타이완과 한국의 상이한 경제발전 경로도 타이완과 한국의 노동자 간 상이한 계급 구성과 자기 인식에 영향을 미쳤습니다. 타이완 경제 발전은 가부장식으로 관리되는 중소기업이 큰 역할을 했습니다. 한국의 경제 발전 과정에서 큰 역할을 했던 병영식 관리형 조립라인 공장이 타이완에 존재했던 기간은 매우 짧았고, 비기술 노동자 규모도 크지 않았습니다. 관리의 대상인 조립라인 인력도 매우 적어서 공통 정체성에 기반하는 집단이 형성되지도 못했습니다. 그리고 기술력을 보유한 노동자는 중소기업 사장과 직접 접촉하고 협상했고, 비슷한 규모의 중소기업이 도처에서 운영됐기 때문에 실직을 두려워하지도 않았습니다. 가령 제 아버지 같은 기술 노동자는 자신의 직업 경력을 활용해서 스스로 자본가와 교섭합니다. 그렇기 때문에 타이완의 화이트칼라 노동자와 블루칼라 노동자는 서로 유사한 계급 정체성을 형성할 수 없었습니다. 블루칼라 노동자 역시 마찬가지입니다. 『아버지의 용접 인생』이 묘사하는 노동자가 형성된 것입니다.

노동자 계급의식의 역사적 형태는 상당 부분 다르지만, 타이완과 한국은 비슷한 점이 참 많습니다. 둘 다 유교 문화의 영향을 크게 받았고, 1960~1990년대에 걸쳐 농업사회에서 산업사회로 전환했으며, 경공업 수출에서 출발해 여러 방면으로 고속 성장해서 '아시아의 네 마리 용'에 이름을 올렸습니다. 이후 화이트칼라 노동자를 중심으로 하는 제3차 산업사회로 빠르게 진입했다는 점도 비슷합니다. 그러므로 비슷한 시대를 살아낸 타이완인과 한국인은 유사한 경험과 감정을 공유할 수 있을 것입니다.

경험은 같은 듯 다르고 다른 듯 같습니다. 이 교훈을 저는 이 책에 대한 여러 독자의 반응으로 새삼 실감했습니다. 그러므로 한국의 독자 여러분도 이 책에서 공명하고 감응할 수 있는 부분을 찾을 수 있으리라 믿습니다. 이 책을 읽은 후 여러분이 부모 세대의 삶과 직업을 반추할 수 있기를, 그리고 여러분의 경험을 함께 나눌 어떤 날을 기대합니다.

마지막으로 『아버지의 용접 인생』 한국어판의 출판을 위해 노력해 주신 분들께 감사드립니다. 특히 산지니 출판사의 강수걸 대표, 역자 곽규환과 한철민, 편집자 이소영, 타이완 유격문화游擊文化 출판사의 편집자 리옌전李晏甄의 노고 덕분에 이 책이 한국 독자 여러분과 만날 수 있었습니다. 이 인연을 소중히 간직하겠습니다.

들어가며

공부 안 하면 나처럼 돼

아마 여러분도 이런 경험이 있었을 거다. 어렸을 때 밖에 나가 놀고 싶고 애니메이션이나 만화책을 보고 싶고 게임이 하고 싶어서 혹은 이런저런 이유로 공부를 게을리하다가 부모님에게 "공부 안 할 거면 가서 기름쟁이烏手*나 돼라." 또는 "공부 안 하고 나중에 넝마주이抾捔나 될 거냐?"**라는 말을 들은 경험 말이다. 이 두 마디는 아버지의 직업에 대한 내 첫인상이었다.

나는 '노동자'라는 단어보다 '기름쟁이'라는 어휘를 더 먼저 이해했다. 고된 일, 기계를 꼭 만져야 하고 두 손이 기름때로 범벅이 되는 일이 '기름쟁이'였다.

어렸을 때 내게 '기름쟁이'와 '넝마주이'는 동의어였다. 숙제를 대충 하거나 복습을 등한시할 때마다 아버지의 직업이 내 일상에 불쑥불쑥 찾아왔다.

---

* 책에서 기름쟁이烏手 혹은 까만 손黑手이라는 표기를 자주 보게 될 것이다. 중국어를 사용하는 환경일 경우 '까만 손'으로, 타이완어 대화 환경에서는 정확한 타이완어 표기인 '기름쟁이'로 표기한다. (옮긴이 주)

** 넝마주이. 원래 뜻은 '버려진 것을 줍다'지만, 대체로 싹수가 노란 사람을 지칭할 때 쓰는 단어다. (옮긴이 주)

"공부를 열심히 해야 나중에 나처럼 고생하지 않는단다."
"공부 안 하고 나중에 나처럼 막일이나 할래?"
"나처럼 기름쟁이가 되면 안 돼!"

경고든 으름장이든, 부모님은 항상 아버지의 직업을 반면교사로 삼았다. 따라서 나에게 '노동자', '기름쟁이', '넝마주이'는 전력으로 공부해서 반드시 피해야만 하는 미래였다. 아버지는 자기 직업을, 떳떳하게 드러낼 수 없는, 공부에 실패했을 때 겪어야 하는 나쁜 사례로 치부했다. 이제껏 열심히 해왔었고, 지금도 하고 있고, 앞으로도 해나갈 자기 일이었음에도 불구하고 말이다.

부모님은 우리의 미래 청사진을 구상할 때마다 좋은 미래와 나쁜 미래 사이에 선을 그어 구분했다. 좋은 미래에는 의사, 변호사, 교사, 공무원 등 당신들이 알고 있는 '좋은 급여와 안정성'이 보장된 직업이, 나쁜 미래에는 바로 당신들 자신이 있었다(부모님은 상냥한 분들이라 다른 사람의 직업은 힐난하지 않으셨다).

그들은 우리를 보습 학원이나 예술 학원에 보내는 것으로 자신들이 제공할 수 없었던 문화 자본을 갈음하려 애썼다. 나와 동생을 좋은 미래의 스펙트럼 속으로 밀어 넣기 위해서였다.

부모님은 아버지와 아버지의 직업 주위로 또렷한 경계선을 그었고, 나와 동생은 언제나 그 경계선 밖에 있어야만 했다. 아버지가 퇴근하자마자 하는 일은 샤워였다. 퇴근 직후 우리를 학원에 데려다줘야 했기 때문이다. 상황이 허락하는 대로 서둘러 샤워하는 모습은 땀과 기름에 찌든 모습으로 자식들을 배웅하지 않으려는 아버지의 최선이었다. 또한 아버지의 작업복은 가족들과 다른 세탁기로 세탁했을 뿐만 아니라, 그렇게 나눠 세탁한 옷은 각기 다른 장소에서 말렸다.

나와 동생은 아버지의 직장에 간 적이 없다. 아버지의 일은 식탁에서 대화의 주제가 되지 않았고, 아버지의 동료 역시 가족의 교류 대상이 될 수 없었다. 아버지의 직업에 대한 나의 이해는 '추레라를 만드는 어떤 일' 정도에 그쳤다. 학교에서 아버지의 직업을 조사할 때도 그저 '공업工'이라고 모호하게 표기했을 뿐이다.

우리가 어렸을 때 나와 동생은 노동자의 자식이 불리한 조건이라는 걸 전혀 체감하지 못했다. 노동자의 자식이 무엇인지, 그게 얼마나 좋고 나쁜지를 깨닫기 전부터 온실 속의 화초처럼 보호받으며 자랐기 때문이다. 우리는 부모님이 그리는 좋은 미래를 향해 가야만 했고, 그 미래의 모습은 부모님이 살아온 인생과는 완전히 단절된 것이었다.

그래서 나는 중학생 때부터 고등학생 때까지 그저 각종 교과서와 참고서 속에서만 살았다. 이후 칭화清華대학교 강의실에서 사회학을 접하면서야 비로소 나의 성장 배경을 새롭게 인식했다.

대학원에 진학해서 석사 졸업 논문을 쓰기 위해 내 성장 경험을 단 100자의 문제의식 항목에 집약하려 했던 그 순간, 나는 부모님이 그어 두었던 경계선의 존재를, 그리고 나와 부모님 사이의 간극을 똑똑히 깨닫게 됐다.

아무리 생각해도 이 간극은 모순이었다. 부모님의 계획과 기대에 부응해 소위 공부라는 걸 하며 석사 졸업을 앞둔 시점, 길었던 공부의 막바지에서 나는 내가 나의 출신과 성장을 제대로 마주하지 않았다는 사실을 자각했다. 그리고 부모님이 강조한 교육의 성과이자 내가 수년 동안 전력을 다한 공부의 결과는, 아버지와 그의 직업을 주연으로 삼아 학벌 지상주의를 비평하는 한 편의 논문이었다.

까만 손 항만 숙련공의 삶, 노동 그리고 사회적 흐름

이 책은 내 석사논문 『"숙련공 하면 돼" : 항만 검은 손 숙련공의 생명, 일 그리고 사회 변화』를 바탕으로 덧붙이고 다듬은 것이다. 나는 아버지와 그의 동료, 즉 가오슝高雄의 '추레라 숙련공'을 글쓰기 대상으로 삼았다. 책은 중공업의 운송수단인 '추레라拖車'* **제조업의 산업 현황과 함께 추레라 제조업자의 노동 현실과 도제식 시스템 등을 독자 여러분에게 소개한다.

이 대형 운송수단 산업은 수공업의 제작 방식과 꽤 유사하다. 노동자의 급여 관련 제도는 건당 형태와 월급 형태 모두 존재하고, 대부분의 숙련공은 독자적으로 한 대의 추레라를 완성한다. 제조 과정은 세밀한 분업으로 이뤄지지 않는다. 제작 방식은 숙련공의 습

---

* 추레라拖車는 트레일러의 타이완어 속칭이고 중국어 공식 명칭은 연결차聯結車이다.

** 책에서 저자는 숙련공이 직접 만드는 맞춤형 트레일러(헤드 제외)는 대부분 추레라로 표기했다. 제조사를 통해 일률적으로 생산되는 트레일러와 타이완 숙련공이 제조하는 트레일러(추레라)를 구분하는 방법이자, 현지 숙련공의 문화를 존중하려는 의도다. (옮긴이 주)

관과 경험에 따라 천차만별이다. 그 외에도 각 숙련공의 교육기술과 학습 방식은 노동 시간과 누적된 제작 경험에 따라 완전하게 달라진다. 철저한 도제식이다.

추레라 산업 발전은 타이완의 주요 산업이 농업에서 공업으로 전환되는 역사적 배경과 연동된다. 특히 숙련공들은 공업화가 빚어낸 계급 이동의 궤적에 큰 영향을 받았다. 그들은 오랜 시간 공을 들여 자체 기술을 누적해왔지만, 이들의 역량이 절정에 이르렀을 때 타이완 중공업은 쇠락의 길에 접어들었다. 이러한 시대의 조류에 숙련공은 침식되는 중이고 그들은 자신들을 몰락시킨 시대의 변화에 적합한 직업을 자녀들이 가질 수 있도록 어쩔 수 없이 가정에서 자기 일을 깎아내리게 된 것이다.

상술한 모순은 기술과 학력에 대한 타이완 사회의 평가를 반영한다. '관직만이 가치 있고, 독서만이 고상하다萬般皆下品, 唯有讀書高'라는 전통적 가치의 영향 아래, 타이완인은 공부와 학력에 집착하고 있다. 그러니 타이완 사회는 기술의 가치와 의미를 제대로 평가할 수 없다. 논문을 한 장 한 장 써가면서 기술의 가치에 관해 더 많은 이야기를 해서 사회적 균형을 조금이라도 맞추고 싶다는 생각이 갈수록 강렬해졌다. 이 강렬함이 내 논문의 중심이 됐다.

내 연구를 통해 숙련공이 기술을 삶의 방식으로 선택한 이유, 그들이 기술을 배웠던 과정, 이들이 취득한 기술이 그들의 직장과 유관 산업에 제공한 '틈새시장(niche)'이 무엇이었는지를 이해할 수 있기를 희망한다.

그래서 나는 논문에서 항만 추레라 제작 숙련공들의 육성 과정을 서사의 축선으로 삼았다. 또한 공장에서 넥타이를 맨 관리자를 대하는 숙련공의 태도와 자녀의 미래를 향한 숙련공의 기대를 통해 기술지상과 학력지상의 가치에 대한 그들의 모순적 심리 상태를 그려냈다.

책은 주제를 둘러싼 시대적 배경 및 당시의 '구직' 추세와 분위기를 먼저 서술했다. 그다음 책의 주인공인 아버지와 아버지 동료들의 도제식 생활과 기술 교육 과정을 적었다. 그들이 기술을 획득하기까지 겪은 간난신고를 살핀 다음, 숙련공에게 기술이 얼마나 중요했는지를 직접 듣는다. 이후 시선을 틀어 직장 내 동료, 사장, 동종업계에 대한 숙련공의 상호 표현을 검토해서 기술에 관한 그들의 자부와 긍지 및 상호 검증 방식을 기술한다.

마지막으로 '좋은 일자리'에 대한 숙련공의 상상과 추구를 알아본다. 이를 위해 숙련공의 가정으로 진입해서 직장에서 성공한 그들이 어떻게 가정에서 자신의 직업을 비하하게 됐는지 그 내막을 들여다볼 것이다.

숙련공은 막대한 시간을 들여 자신만의 기술과 자신감을 갖게 된 사람들이다. 그러나 이들도 자녀 앞에서는 한정 없이 작아졌다. 숙련공 자신도 명확하게 설명할 수 없는 자연스러운 이 현상에서 우리는 그들의 모순과 가치판단이 시대적 환경과 어떻게 상호작용했는지를 탐색할 수 있다. 결국, 시대가 어떻게 변하든 자녀의 성공을 바라는 부모의 마음은 절대 달라지지 않는다.

타이완어 표기

필자와 숙련공의 대화든 필자와 부모님의 대화든, 책에 기록된 대화는 90% 이상 타이완어로 이루어졌다. 논문을 쓸 당시에는 타이완어 한자와 병음 표기를 해서 해당 대화를 기록할 생각을 하지 못하고, 타이완어로 발음되는 단어를 중국어로 표기하거나 혹은 자주 쓰이는 표준 중국어로 표기했다. 타이완어 표기 문제를 제대로 고민하지 않았고, 오기의 가능성도 염두에 두지 않았기 때문이다. 하지만 논문을 책으로 개작하기 직전, 이 영역을 오래 연구하며 정식 타이완어 한자와 병음 표기 사용 보급을 열심히 하던 한 친구가 떠올랐다(타이완 민남어閩南語 로마자 병음 표기 방안, 이를 줄여 '타이로台羅'라고 한다). 그래서 필자는 편집자에게 타이완어 병음 표기를 적극적으로 제안했다.

이 작업을 시작할 무렵에는 단순하게 책의 타이완어 문구를 일반 한자와 병음으로 표기하면 되겠다고 여겼다. 하지만 자문을 구한 타이완어 전문가 라이자오난賴昭男 선생님께서 보내준 번역 예제에는 생각지도 못한 낯선 타이완어 표기가 가득했다.

타이완어문 보급 운동이 시작된 지 이미 30여 년이 지났고 관련 종사자들이 적극 노력했지만, 타이완 기초교육의 모어 교재 안에 실리는 타이완어는 걸음마 수준에 불과하다. 그들이 보급한 타이완어의 문자표기는 교육부의 한자 규범 및 로마자 병음을 기준으로 한다. 하지만 정식 타이완어 한자는 표준 중국어 문자에 익숙한 사람에게는 그저 생소할 뿐이다. 프롤로그에서 언급했던, 쓸모없는 사람을 뜻하는 타이완어 '키오-캌抾捔(khioh-kaak)'을 예로 살펴보

자. 여러분은 아마 '撿角'라는 단어가 더 익숙할 것이다. 하지만 撿角은 표준 중국어의 오용으로 '捔'와 '角'의 의미는 다르다. '抾捔'가 읽기에 익숙하지 않은 글자이기 때문에 생기는 문제다. 여기에 타이로 병음을 추가하면 문제는 더 꼬인다.

나는 고등교육을 받았고 로마자 병음도 배웠다. 또한 잘 모르는 타이완어 한자를 대충 넘겨짚을 수 있고, 타이로 병음을 조합해서 해당 단어의 독음을 표기하기 위해 노력할 수 있다. 그러나 내 부모님이나 다른 추레라 숙련공들은 고등교육을 받지 않았다. ABC도 제대로 읽기 힘들 그들이 일상생활에서 편하게 쓰는 타이완어 단어를 어문으로 표기한다면, 이는 그들에게 '가장 익숙한 낯선 사람'일 수도 있다.

타이완어 어문을 잘 모르는 독자들, 그리고 '타이완어 문맹'으로까지 형용되는 부모님 세대의 숙련공들을 고려하면 일정 부분의 오류는 큰 문제가 되지 않을 것이다. 혹은 보편적인 표준 중국어 한자에 타이로 병음을 표기하고 주석에 정확한 타이완어 문자를 표기할 수도 있다.

하지만 라이자오난 선생의 이념이 나의 글쓰기 방법을 바꿨다. 라이 선생은 타이완어 보급 운동가의 관점에서 '타이완어 본위'의 입장을 누차 강조해왔다. 타이완어가 모국어인 사용자의 언어를 잘못된 표준 중국어로 계속 표기하면 안 된다는 주장이다. 어차피 책의 대화 중 90% 이상이 타이완어 대화고, 부모님의 모국어도 타이완어이므로 이 기회를 빌려 그들에게 정식 타이완어 문자를 알려드리고 싶었다. 또 하나의 좋은 공부가 될 수 있겠다는 궁리의 일환이

기도 하다.

그래서 우리는 관련한 여러 입장과 독자들의 평가 등을 고려해서, 모든 대화를 번역하는 방식이 아니라 타이완어 언어 사용 환경 아래 특정 용어만 번역하기로 했다. 정식 타이완어 문자 표기법에 따라 해당 단어를 표기하고 읽을 때 이해하기 어려울 듯한 단어는 각주로 보충 설명을 해뒀다.

타이완어에 익숙하지 않은 독자들은 읽을수록 어렵게 느낄 수도 있다. 그러나 타이완어 어문을 이해하고 공부하는 좋은 기회로 삼을 수도 있을 것이다. 당신이 타이완어에 능통한 사람이든 혹은 타이완어가 유창하지 않고 그저 몇 개의 단어만을 말할 수 있는 사람이든, 이 책이 당신에게 새로운 독서 경험을 선사하길 희망해본다.

감사의 말

이 책은 졸업 후 지금까지 지지부진하다가 2021년에야 탈고할 수 있었다. 졸업 논문과 비교하면 내용과 구조에서 큰 조정이 있었고, 후속 인터뷰도 몇 차례 추가했다. 또한 첫 현지조사 때부터 지금까지, 10여 년간의 가오슝 트레일러 산업과 이 산업에 종사하는 까만 손 숙련공의 변화를 덧댔다.

이 아름다운 길을 많은 이가 지지해주고 때로 나와 함께 걸었다. 먼저 나를 사회학의 길로 안내해주신 야오런둬姚人多 교수님께 감사한다. 나는 대학교 2학년 때 교수님의 '사회학개론' 수업에서 받은 첫 번째 과제인 '나는 누구인가?'를 통해 눈을 새로이 뜰 수 있었다. 이후 8년 동안 공부하고 5년 동안 책을 쓰면서 그 과제의 답안지를 새롭게 작성했다. 이 새 답안을 교수님이 어떻게 평가하실지, 나로서는 알 수 없다.

역사학, 철학, 인류학, 언어학 등 학문을 통해 인문사회학과의 진밀함을 맛볼 수 있게 해준 칭화대학교 인문사회학과 대학원의 스승님들과 동기들에게 감사를 전한다. 이들은 분과 학문에 구애받지 않고 영역을 넘나드는 응용연구를 강조했고, 그 강조는 결국 내 석사논문 및 본서의 핵심 기조가 됐다. 출신 배경이 비슷한 나의 동년배들은 대략 수백에서 수천 명까지 있다. 그래서 어디에서나 마주칠 수 있는 이 이야기들이 사회과학의 관점에서도 가치를 드러낼 수 있게 되는 것이다. 이 지점을 칭화대학교의 스승님들이 깨우쳐줬다.

졸업논문 지도를 맡아주신 린원란林文蘭 교수님, 졸업논문 심사위원 셰궈슝謝國雄 교수님, 차이뤠이밍蔡瑞明 교수님께 특별히 감사드린다. 매번의 토론마다 눈물콧물 다 짜내며 난감해하던 나를 포용해주시고, 때로 연구자의 책무를 소홀히 하던 나를 책망하기는커녕 오히려 이론과 문제의식을 탄탄하게 다질 수 있도록 도와주셨다. 당신들의 격려와 단련, 그리고 적시에 건네주신 휴지로 이 책의 기반을 다질 수 있었다. 특히 린원란 교수님은 본서의 출간 소식을 나보다 더 기뻐하시면서 앞장서 교정과 홍보를 해주셨다. 오래전 졸업한 학생의 일을 제 일처럼 여기고 두 팔 걷고 나서는 교수님의 존재는 내게 너무나 큰 행운이었다.

책에 등장하는 모든 면담자께 감사드린다. 석사 논문을 쓸 때도 아무 거리낌 없이 자신의 인생과 직업에 관한 경험을 공유해주셨다. 본서를 집필하는 과정에서 재방문했을 때는 책에 대한 기대를 감추지 않으셨다. 다만 출간이 이렇게 지연되리라고는 생각지 못하셨겠지.

안타까운 소식이 있다. 책에서 언급되는 몇 분의 숙련공들은 이 책을 만날 수 없다. 나는 그분들의 인생 이야기로 많은 이들에게 감동을 주려 최선을 다했지만, 안타깝게도 이제는 그분들이 만족하셨을지 알 수 없게 됐다.

차분하게 글을 쓸 수 있게 도와준 모든 친구에게 감사한다. 특히 나와 마찬가지로 어려움과 싸웠던 투샤오디에涂曉蝶에게 고맙다. 항상 나보다 더 노력하고 더 꿋꿋했던 그녀의 격려 덕분에 책을 완성할 수 있었다. 그녀와 함께 각자의 작품을 완성할 수 있어서 기쁘기 그지없다. 그리고 본서의 집필 과정 동안 남자친구에서 남편이 된 천陳에게 감사한다. 당신의 툭툭 던진 질문은 나를 겸허하게 만들었고, 기울여준 관심은 내가 계속 글을 쓸 수 있는 동력이 됐다.

편집자 옌전에게 감사한다. 나는 출판계를 잘 모르지만, 이름 없는 신인 작가의 계속되는 원고 지연에도 끝까지 포기하지 않는 옌전 같은 사람이 드물다는 사실은 알고 있다. 옌전의 따뜻한 한마디와 포용, 그리고 격려는 지금의 나를 있게 한 가장 큰 힘이 돼줬고, 당신의 통찰력과 함께여서 영광이었다. 우리가 함께 노력해서 완성한 이 작품이 당신의 마음에 들기를 희망한다.

마지막으로 가족에게 감사한다. 부모님은 평생을 고생하고 근검절약하며 우리를 키워내셨다. 은퇴한 후에도 자식의 논문과 책 집필에 도움을 주셨다. 부모님은 한 번도 책의 집필 진도를 물어보지 않으셨다. 부모님께 내 책의 성공적인 출판은 그리 중요하지 않았겠지만, 그들은 내 질문과 부탁에 언제나 충실하게 응답해주셨다. 자식을 돌보는 데 그 어떤 노고도 마다하지 않으셨던 것이다. 그리고 동생은 책을 쓰는 과정을 묵묵히 지지해줬다. 자신이 내 책에서 얼마나 자주 소재로 활용됐는지 알고 있을지 모르겠지만, 책을 읽은 후 나를 원망하지 않았으면 한다.

곁을 지켜준 가족, 친구, 편집자, 교수님들의 따뜻한 마음에 보답하기 위해, 그리고 나를 길러낸 토양이자 이 책의 두터운 배경이 되는 담백하고 아름다운 인생 이야기를 펼쳐준 그들을 위해, 나는 최선을 다해 책을 완성했다.

나의 부친, 나의 가정, 그리고 항만의 까만 손 숙련공의 이야기는 사람들이 주목할 만할 대단한 성공담도, 우여곡절이 매혹적으로 전개되는 낭만적 서사도 아니다. 그들의 이야기는 당신과 나, 그리고 우리 곁을 살아가는 여느 사람과 마찬가지인 평범한 서사일 것이다. 하지만 이런 평범한 손과 보통의 삶이 타이완 경제성장이라는 길에 초석을 놓았다. 이 사실을 잊고 싶지 않았다.

차례

프롤로그

온실에서 자란 노동자의 딸

온실에서 자란 노동자의 딸

조수석에 앉아서 규칙적으로 움직이는 와이퍼를 가만 바라본다. 차창 밖으로 억수처럼 내리는 비는 차 내부를 고요한 공간으로 느껴지게 만든다. 라디오에서 조디 치앙江蕙의 노래 '비 내리는 소리落雨聲'가 흘러나오자 갑자기 눈시울이 붉어졌다. 주체할 수 없이 새어 나오는 눈물을 숨기려고 가오핑高屏 트레일러*가 우리 차를 스쳐 지나갈 때 소리 내 물었다. "저 차를 가오핑 트레일러라고 부르는 것 같은데 알고 계셨어요?"

아버지는 운전석에서 편안하게 핸들을 잡고 있다가 힐끗 쳐다보더니 "저건 덤프 트레일러 아냐? 누가 가오핑 트레일러라고 불러? 나는 들어본 적 없다. 너는 어디서 들었니?"라고 답했다.

"인터넷에서 검색했어요."

"인터넷에서? 어쨌든 나는 들은 적 없다." 이렇게 대화는 끝났고

---

* 가오핑 트레일러는 보통 화물을 쏟아붓고 옮기는 차량을 뜻한다. 주로 가오슝시와 핑둥屛東현 지역에서 농산물, 자갈, 모래 등을 싣고 움직이기 때문에 이 차량을 가오핑 트레일러라 부르는 사람도 있다. 책의 37페이지 7번 모델이 가오핑 트레일러다.

차 안은 다시 정적에 휩싸였다.

빗소리와 라디오 소리만 가득한 이 공간에서 나는 처음으로 나와 아버지가 이렇게 가깝다는 걸 느꼈다. 차에서 나눈 대화는 길지 않았지만, 지금 우리의 목적지는 지난 20여 년 동안 볼 수 없었던 아버지의 직장이었다. 당신이 생존과 가족의 생계를 위해 손에 망치를 들고 혼자 고독하게 싸워왔던 그 세계 말이다.

당시 나는 칭화대학교 사회학 대학원에서 공부하며 석사 졸업 논문을 쓰고 있었다. 교과서로만 공부했던 나로서는 실제 사회 체험이나 사회 관찰에는 아무 경험이 없었다. 끊임없는 토론과 수만 자에 달하는 논문을 지탱할 소재를 얻는 것이 내 인생 최대의 난제였다.

그런데 노동자의 딸이라는 나의 신분이 뜻밖에도 유리하게 작용했다. 사회학 분야에서 노동 연구는 연구 결과가 가장 풍부한 전통적인 연구영역이다. 역사적 연구, 경제적 연구, 제도적 연구 모두 우리가 노동 작업환경과 관련 상황을 더 깊게 이해하도록 돕는다. 블루칼라와 화이트칼라를 합쳐 노동인구가 80%에 달하는 타이완 사회의 다양한 산업 형태나 역사 변천을 이해하려면 노동 분야 연구자의 도움을 받아야 한다.

산업화 이후 자유무역지대, 계획경제, 중소기업의 발흥 등은 타이완 노동 연구의 주요 주제다. 노동자는 타이완 사회학 연구 영역에서 지속될 중요 주제이며, 내 논문 주제의 보물창고이기도 하다.

계급 문제에 둔감한 노동자의 딸

나는 가오슝시의 샤오강구小港區에서 태어났다. 내 일상은 늘 고막을 찢을 듯한 비행기 소음, 그리고 트레일러가 출입할 때마다 일으키는 진동과 흩날리는 먼지가 함께했다. 당시 집 근처를 경유하는 시내버스 배차가 많지 않아서 나에게 대형 트레일러는 버스와 비슷한 빈도로 모습을 드러내는 익숙한 차에 가까웠다. 그러니 땅꼬마 때부터 길을 건너다 트레일러가 내 옆을 지나쳐도 대수롭지 않게 여겼다. 대학 진학 후 어느 날, 트레일러가 광음을 내며 지나갈 때 동기들이 허겁지겁 나를 잡고 끌어당겼다. 그제야 나는 트레일러가 사람 옆으로 지나가는 게 예사로운 일이 아니라는 사실을 알게 됐다.

내 아버지는 추레라 제작자다. 아버지는 추레라를 만들고 수리하는 일, 사람들이 기름쟁이라고 부르는 일을 했다. 내 출생 환경은 아버지와 밀접한 연관이 있다. 가족의 거주지는 아버지의 출근 편의성에 따라 공업지대 인근으로 정해졌다. 그래서 초등학교는 걸어서, 중학교는 자전거로, 고등학교는 아버지의 오토바이에 실려 통학한 나에게 무수한 덤프트럭의 운행으로 채워지는 풍경은 그저 일상이었다. 그 시절 나는 아버지가 무슨 일을 하는지 명확하게 알지 못했고, 그저 어린 시절부터 자주 봤던 트레일러나 덤프트럭 같은 산업용 차량을 아버지가 '만든다' 정도로만 이해했을 뿐이다.

아버지와 어머니는 모두 농촌 출신으로, 넉넉하지 못한 어린 시절을 보냈다. 그 영향 때문에 우리 집은 간소하고 소박한 생활을 지향했다. 부모님은 담배, 술, 도박을 하지 않았다. 집을 채우고 있던 생활용품은 대부분 실용성만을 추구하는 저렴한 것들이었다. 가족 여행 때면 입장권을 사야 하는 장소는 가급적 피했다. 외출이라도 할까 하면 자차 운전 외 다른 교통수단은 없었다. 대부분의 식사는 집밥으로 해결했다. 매일 흰밥을 먹고, 아침 6시에 일어나 저녁 10시 전에 잠드는 일상. 집착에 가까울 정도로 철저하게 물과 전기를 절약하는 생활 습관도 필수였다.

어렸을 때 나는 다른 친구와 비교할 건 성적뿐이라고 생각했다. 동급생 대부분의 성장배경은 나와 비슷했고, 운 좋게도 우리 집은 아끼며 살았지만 가난하지는 않았다. 중학교 때까지 친구들과의 차이를 또렷하게 느낀 건, 다른 친구들이 우위에텐五月天(Mayday)의 정식발매 CD를 살 때 나는 친구의 CD를 빌려서 카세트테이프로 녹음했을 때가 유일했다.

나는 샤오강구를 떠나 가오슝시의 번화가에 속하는 링야구苓雅區의 고등학교에 다니게 됐다. 이때부터 나는 내 생활과 소비 스타일이 다른 친구들과 확실히 다르다는 사실을 깨달았다. 분위기 좋은 패스트푸드점에 갔을 때, 친구들이 한 끼에 백 위안元(약 4,000원)을 대수롭지 않게 지불하는 걸 보면서 속으로 경악했다. 문화생활 관련 정보에서도 난 늘 뒤처졌다. 이때부터 친구들과의 차이가 선명하게 드러났다.

대학에서 사회학을 접하면서 '계급'이란 단어는 내가 성장 과정에서 딱히 주의를 기울이지 않았던 작은 일들을 엮어냈다. 계급은 내가 노동자의 자식이라는 사실을 실증했다. 어렸을 때부터 '노동자 가정'의 흔적을 지우기 위해 부모님이 강조했던 지점들이 하나 하나 떠오르기 시작한 것이다.

어렸을 때를 떠올리면, 부모님은 군것질이나 오락에 돈 쓰는 건 엄격하게 관리하셨지만 책을 사고 싶다고 하면 한 번도 망설이지 않았다. 부모님의 최종학력은 중학교 졸업이다. 그러니 내 공부를 직접 도와줄 수는 없었다. 그러나 한 아이의 재능과 미래에 도움이 되는 교육이라면 나는 그 어떤 부족함 없이 받았다. 피아노, 발레, 그림, 주산, 영어 등 이 모든 걸 집에서 나만 배웠으나 학습 분위기나 동기가 부족해서 나는 어느 한 분야에서도 특별한 성취를 이루지는 못했다. 그런데도 내가 관심이 있든 없든 부모님은 자식들의 재능을 키우는 일이나 방과 후 수업에는 조금도 인색하지 않았다. 다만 수업을 등한시할 때는 나를 따끔하게 혼냈다.

내가 '계급 격차'에 둔감했던 데에는 나름의 이유가 있다. 물질적인 측면에서 친구들과 큰 차이가 없었고, 학교 성적 역시 크게 뒤떨어지지 않았기 때문이다. 당신들의 자원으로 자식들의 문화 자본을 보충하려 했던 부모님의 노력이 긍정적으로 작용한 것이다.

계급 차이를 모르고 자란 나에게 대학 첫 사회학 수업은 거대한 충격을 안겼다. 내 출신 배경인 '노동자'는 하나의 고유명사였고, 여기에는 완성된 정의, 판단의 기준, 통계, 기질이나 관습 등에 관한 숱한 분과 연구, 총인구 대비 점유 비율이 있었다. 어렸을 때 그저 아버지의 직업란에 기재하는 단어에 불과했던 '노동자'는 나를 대표하고 나아가 타인과 나를 분별하는 하나의 생생한 개념으로 변모했다.

대학원 진학 후 논문을 쓰기 위해 성장 과정을 반추하면서 그간 '노동자 계급'이 내게 큰 영향을 주지 않았다고 생각했던 이유를 깨달았다. 그것은 부모님이 단 한 번도 노동자 신분을 우리 가족의 배경으로 상정하지 않았기 때문이었다. 오히려 아버지는 노동자 신분을 대조의 거울로 삼았고, 내가 크면서 절대 닮아서는 안 되는 타인으로 여기도록 만들었다.

어렸을 때부터 지금까지, 나는 아버지가 어떤 일을 하고 어떤 동료가 있고 일하면서 만난 난관과 좌절은 무엇인지 전혀 알 수 없었다. 그저 그의 옷에 숭숭 나 있던 구멍, 가끔 아버지를 '귀머거리'라고 놀리던 어머니의 농담 소재였던 청력, 고강도의 운동은 감당할 수 없던 무릎 등에 비춰 업계에서 인정받고 가족을 먹여 살리기 위해 아버지가 치러야 했던 대가를 짐작할 뿐이었다.

대학원에서 논문을 쓰면서야 상술한 일련의 모호한 단서들과 대면할 기회를 얻었다. 나는 아버지와 그의 일에 관련한 조각들을 긁어모으기 시작했다.

어쩌면 세상의 많은 일들도 마찬가지겠지. 첫 동기나 이유부터 이야기를 시작하면 현실을 직시하기 더 힘들게 된다. 하지만 이 현실적인 이유가 삶에서 가장 소중한 시기로 나를 안내했다.

현장에서의 근심, 양심의 가책, 그리고 깨달음

다시 조수석에 앉아 있던 나로 돌아가자. 그때 나는 현장 인터뷰를 시작한 이후 가장 안절부절못하고 있었다. 연구를 시작했을 때, 나는 약간 교만했다. 나의 연구가 숙련공이 노동 현장에서 겪는 고충을 밝히고, 숙련공들의 삶, 경험, 직업을 통해 학력 지상주의를 둘러싼 심리와 기술교육의 맹점을 비평할 수 있으리라 여겼다. 하지만 인터뷰를 하며 접촉하는 숙련공이 점차 많아지면서, 압축된 한두 시간의 인터뷰에서 흘러나오는 수십 년 동안 누적된 삶의 정수는 나의 우쭐거림을 반성하게 했다.

노동 현장을 관찰하고 묘사하는 게 내 연구에서 가장 중요한 부분이다. 그러므로 나는 현장 체험*을 게을리할 수 없었다. 나는 보통 카메라를 들고 바닥에 널린 공구, 기계 부품, 강철판, 사방에 튀는 불꽃을 피하면서 동시에 숙련공의 움직임을 관찰하고 촬영했다. 가끔은 내가 뭘 주시해야 할지도 모른 채 숙련공 옆에 그저 쪼그리고 앉아 있었다. 철판을 끊어내는 굉음과 라디오 채널에서 흘러나오는 약 광고 소리가 겹쳐 흐르는 그곳에서 생각의 갈피를 잡고 있기는 어려웠다.

숙련공의 작업 시간을 방해할 수 없으니 보통 그들의 식사 시간이나 낮잠 시간에 한 시간 정도의 인터뷰를 진행하는데, 한 번에 한 명만 인터뷰했다.

무더운 여름이면 나와 면담자인 숙련공은 바닥에 박스를 깔거나

---

* 저자는 준점蹲點이라는 표현을 썼다. 준점은 중화인민공화국 초기, 각 기관의 간부가 공장이나 농촌 등의 말단 조직체의 현장에 가서 일정 기간 실제로 작업에 참가하고 조사 연구와 사업을 지도하라는 모택동의 지시에서 비롯됐다. 저자는 감독의 책무로 현장에 파견된 것이 아니므로, 본문 해당 내용은 준점 활동보다는 현장 체험에 가깝다. (옮긴이 주)

미리 준비한 접이식 침대 의자에 앉았다. 낮잠을 청하는 다른 숙련공을 피해 공장 구석에 놓인 선풍기 근처에서 소곤소곤 대화를 나눴다. 정적이 내려앉은 공장에는 공업용 선풍기가 돌아가는 소리만이 들렸다. 누군가 라디오를 켜 약 광고 소리가 울려 퍼지면 짧았던 점심 휴식이 끝났다는 뜻이었다.

라디오에서 흘러나오는 싸구려 약 광고 소리가 들리면, 내 눈앞의 면담자 숙련공은 고단한 허리를 펴 작업을 준비한다. 그때마다 나는 내가 그들의 휴식 시간을 뺏은 것 같아서 양심의 가책을 느끼곤 했다.

숙련공들은 '펜대만 굴리는' 나 같은 대학원생을 극진히 대해줬다. 뭘 물으면 꼭 답해주고, 작업 현장 곳곳에서 나를 배려하고 안전을 걱정했다. 가끔 그들을 도와 공구를 찾아 건네주고는 했는데, 이마저도 못 했다면 사실 작업 현장에서의 나는 아무 쓸데없는 대형 장애물에 불과했을 것이다. 이런 상황 속에서 나는 내 연구의 의미에 대해 끊임없이 자문할 수밖에 없었다.

필드워크 현장 한 곳에서 나는 평소처럼 끌차를 만드는 작업대 밑에 웅크리고 앉아서 논문 구성과 소재를 궁리하고 있었다. 당시 공장에는 끌차를 만들던 농아 부부가 있었는데, 나를 본 그들 중 남편이 코일을 감싸고 있던 박스를 탈탈 털어 먼지를 제거하고는 바닥에 살포시 내려놨다. 그는 미소를 띠고 상냥한 표정으로 나를 쳐다보고 있었는데, 그건 그가 내려놓은 박스 위에 앉아도 된다는 의미였다.

그 순간 나는 솔직히 쥐구멍에라도 들어가고 싶었다. 면담자가 나를 우호적으로 대해줄수록 나는 오히려 초조해졌다. 이들 숙련공의 선의에 기대지 않는 의미 있는 연구를 하고 싶었기 때문이다. 하지만 이런 생각이 강해질수록 침체는 더 잦아졌다.

이때 이후 나는 현장에 가야 할 때마다 정체 모를 거부감이 들었다. 특히 현장 조사 바로 전날이면 우울함이 나를 덮쳤고 무작정 울고 싶어졌다. 인터뷰에서 얻은 내용은 많은 성과를 가져다주지 않는 것 같았다. 그날그날의 현장 관찰에서 어떤 새로운 발견도 없었고, 논문 문제의식을 구성할 힘도 얻지 못했다. 이런 상황이면 연구자는 쉽게 스트레스와 초조함 속에 빠진다. 게다가 연구 현장에서 호의란 호의는 다 받고 있는데, 정작 내가 무용지물에 가깝다는 사실을 깨달을 때면 초조함은 극에 달한다.

이런 지지부진이 한동안 이어졌다. 그런데 어느 하루, 자식 이야기를 하던 한 숙련공이 어쩔 줄 몰라 하며 만면에 미소를 짓는 모습을 봤다. 이 순간 나는 평생을 투신하고 단련해서 얻은 기술로 공장에서의 입지를 확보한 숙련공을, 내 논문을 통해 애써 대변하지 않아도 된다는 사실을 깨달았다.

그들의 일은 힘들고 작업 환경은 청결하지 않다. 게다가 그들은 자기 일을 자식에게 물려줄 만한 게 아니라고 여긴다. 그러나 자신의 기술, 작업 경력, 현재 작업 상황 등을 이야기할 때면 그들은 되레 자신만만하고 긍지가 흐르는 사람으로 변신한다.

세월로 다져온 노하우와 수공 기술과 흔적은 그들의 몸에 전부 새겨져 숙련공의 자부심인 무형자산이 됐다. 학교를 떠나본 적 없이, 책 몇 권의 이론에만 의지하는 백면서생인 내가 그들의 직업이나 삶에 어떤 참견도 할 수 있을 리 없다.

눈앞의 일을 처리하기 바쁜 숙련공에게 내 논문 완성 여부는 사실 중요하지 않았다. 이 점을 확실하게 이해한 게 마음의 안정에 큰 영향을 미쳤다. 논문의 방향성은 예리한 비평에서 인류학 민족지 성질의 관찰기록으로 조정됐다. 나도 '내 출신배경을 재인식하자'라는 각오로 이 연구를 대하기 시작했다.

연구자의 시선과 딸의 눈길을 통해, 나는 수십 년간 가족을 먹여 살린 단 하나의 존재였던 아버지를 이해하게 됐다. 이는 또한 숙련공의 일과 삶에 대한 태도에서 배우고 반성한 덕분이기도 하다.

뜻밖에도 사회적 공헌 혹은 학술적 중요도와 무관하게, 내 석사 논문은 20여 년의 공부 인생 중 최고의 선물이 됐다.

나도 노동자가 되다: 세대를 넘나드는 노동자의 대화

대학에서 대학원까지, 나는 꽤 준수한 학력을 만들었다. 그러나 졸업 후 접한 취업시장에서는 역부족이었다. 이력서는 학력 부분을 제외하면 텅텅 비어 있었고, 나는 취미 항목을 적을 때도 머뭇거리기 일쑤였다.

표준적인 진학 과정을 밟고 학교를 떠났다. 그간 이른바 '샛길'로도 빠지지 않았고, 뭐 하나 모자라지 않게 해왔다. 성적은 최고 수준은 아니었지만 언제나 상위권이었다. 그렇지만 졸업장을 들고 학교를 떠난 그 순간부터, 나는 텅 빈 손으로 작은 배 위에 올라 돛대 조작법도 모른 채 바람에 밀려 망망대해로 가고 있는 것만 같았다.

직장에서 직접 일을 하면서 나는 학력 지상주의라는 가치로 여러 유형의 직업을 평가하는 게 얼마나 불공평한지를 더 뚜렷하게 느꼈다. 이 무렵 다시 읽은 내 논문은 그 느낌을 더 확실하게 체득하게 해줬고, 더 많은 반성으로 나를 이끌었다.

일반적 사회 관념에서 기술의 가치는 왜 항상 학력의 가치보다 낮게 평가될까? 좋은 직장에 취업하려고 얻은 준수한 학력이 과연 그 일에 실제로 도움이 될까? 공부가 정말 유일한 길일까? 기술자는 경시해도 되는 일일까?

나는 졸업 후 구직 활동을 하며 체득한 것들로 이 연구를 재해석하고 관련 사유를 심화시켰다. 이 과정에서의 반성과 사색이 책에 녹아들었다.

항만 추레라 제작 숙련공의 이야기를 배경으로 삼은 건, 결코 기술 관련 영역이나 교육제도를 비평하려는 뜻이 아니다. 또한 기술과 학력에 대한 대중의 상이한 평가 내지는 편견을 비판하려는 생각도 없다. 나는 자기 기술을 신뢰하는 숙련공에게서, 기술의 보유가 그들의 직업적 생애에 얼마나 큰 자신감과 안정을 가져다줬는지 봤다. 일을 대하는 그들은 활기가 넘쳤다. 숙련공의 소박한 확신은 지금도 내게 큰 울림을 주고 있다.

나는 태어나 지금까지 부모님의 노고가 만든 온실 속에서만 자랐다. 그리고 숙련공을 만나고 졸업하고 취직했다. 이 기간, 숙련공과 그들의 일을 접하고 노동 시장을 직접 체험한 과정은 내게 세대를 넘은 대화와 성찰을 선사해줬다.

졸업장의 시대에 태어난 우리는 중공업 전성시대를 살며 기술을 추구했던 부모 세대의 직업을 진지하게 이해하기 어렵다. 마찬가지로 기술 하나로 한 걸음 한 걸음 애써 자신의 세상을 만들어온 부모 세대 역시, 텅 빈 두 손으로 학교 밖으로 나설 때 느끼는 우리의 막막함에 공감하기 힘들다. 그래서 나는 이 책이 두 세대가 서로 이해하는 다리가 되길 바란다. 나아가 나 자신도 직업에 대해 가졌던 지난 생각들을 다시 사유할 수 있기를 희망한다.

추레라 도감

01. 차량 헤드

02. 벌크 시멘트 트레일러

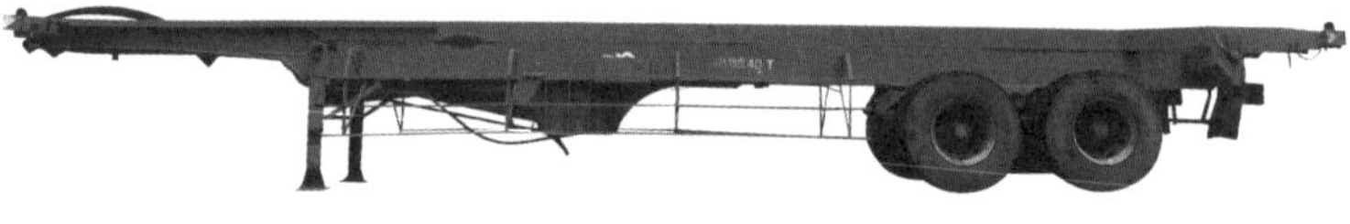

03. 평판 세미 트레일러

04. 평판 세미 트레일러(차량 헤드가 있는 경우)

05. 평판형 풀 코일 트레일러

06. 적재함형 덤프 트레일러

07. 적재함형 곡물 트레일러

08. 적재함형 덤프 크레인

09. 컨테이너 세미 트레일러

10. 윙 트레일러

11. V형 탱크 트레일러

12. 레미콘 믹서 트레일러

13. 트렉터 - 캡과 차축

14. 카고 크레인

15. 압축 진개차(청소차)

활기찬 타이완 경제의 적혈구

1장

나의 가오슝시 샤오강구

내가 입시 시험을 봤던 고등학교는 집에서 차로 사오십 분 정도 걸리는 곳이었다. 아버지는 학교에 오가는 시간을 아끼려고 늘 나를 오토바이에 태워 등교시켰다.

아침 자습 시간은 7시 반이었고, 나는 보통 아침 6시 45분에 집을 나섰다. 아버지는 나를 태워 샤오강 공항*을 끼고 있는 중산로中山路로 가다가 카이쉬안로凱旋路로 진입해서 학교에 나를 내려주셨다. 그러고는 길을 되돌아가 첸전구前鎮區나 샤오강구에 소재한 공장으로 출근해서 일과를 시작했다.

중산로는 가오슝 구시가를 관통하며 변두리에서 시내로 진입하는 중요한 도로다. 우리 집은 샤오강구의 경계, 구시가지의 남쪽에 있었다. 학교에 가려면 반드시 중산4로와 중산3로를 거쳐야 했다. 그다음 북쪽으로 올라가면 가오슝에서 가장 중요한 2대 공업지구인 첸전구와 샤오강구를 통과하게 되고 이어 번화가 분위기가 넘실거리는 산둬三多 상권에 진입한다. 이후 중산2로 앞에서 카이쉬안로로 들어선다.

---

* 현재의 가오슝 국제공항이다. (옮긴이 주)

아버지는 비가 오나 바람이 부나 항상 나를 오토바이에 태워 등교시켰다. 가끔 아버지가 일 때문에 바쁘면 그 자리를 어머니가 대신했다. 무려 3년 동안이었다. 물론 이런저런 작은 사건이나 큰 사고도 있었다.

길고 긴 등굣길, 오토바이 뒤에 앉은 내가 할 수 있는 건 별로 없다. 그저 멍하니 있거나 스쳐 가는 길 위의 행인을 관찰할 따름이었다. 내가 시간을 때우는 습관은 이때 생겼다.

내 기억 속 등굣길에는 늘 오토바이가 많았다. 계절과 날씨가 어떻든 오토바이는 쌩쌩 지나갔다. 민소매와 반바지에 슬리퍼를 신은 사람과 긴 바지에 자외선 차단 장갑까지 갖추고 중무장한 사람 모두 14차선 중산로의 정경이었다. 오토바이를 타고 내달리는 가오슝 사람들의 모습은 언제나 평온하고 소탈했다.

아침 예닐곱 시 무렵 중산로에 등장하는 라이더들은 대부분 남색 청재킷에 짙은 색 긴 청바지를 입고 두꺼운 안전화를 신고 있었다. 무더운 여름부터 추운 겨울까지 이 복장은 절대 바뀌지 않았다. 마치 그들 옷에 묻어 있는, 지워지지 않는 까만 기름때처럼.

라이더들의 옷차림은 가오슝시의 첸전구와 샤오강구의 특징을 대표한다. 여기는 경 · 중공업의 집산지이자 블루칼라 노동자들이 모인 곳이다. 그들은 매일 아침 오토바이를 타고 공장에 출근한다. 아버지도 그들 중 한 명이었다.

블루칼라 노동자의 집결지

가오슝 첸전과 샤오강 일대는 또렷한 공간적 특색을 지녔다. 넓은 땅을 차지하고 들어선 가지런한 건물들과 종횡으로 뻗은 획일적인 도로들. 아버지가 나를 태우고 다녔던 도로 곁 담장 너머에는 샤오강 공항뿐 아니라 공업 발전 시기 세워진 중공업 공장들로 가득했다.

내 등굣길을 반대로 달리면 고층 빌딩이 즐비한 도심에서 중산1로를 따라 샤오강 방향으로 향하게 된다. 이때부터 길가에 큰 담장이 점점 많아지는 걸 분명히 느낄 수 있다. 담장 너머로는 면적이 1,560헥타르에 달하는 가오슝 린하이공업구臨海工業區가 자리한다. 이 공업 구역에는 총 490여 개소의 공장이 가동되고 종사자는 4만여 명에 이른다.

이 공업 지대에는 타이완 산업화에 큰 발자취를 남긴 대형 공장이 숱하게 들어서 있다. 타이탕台糖(Taiwan Sugar Corporation), 중강中鋼(China Steel Corporation), 탕엥철공장唐榮鐵工廠(Tang Eng Iron Works), 타이촨台船(CSBC Corporation), 중유中油(CPC Corporation) 등. 그리고 지금은 폐업했지만 타이완 산업에 거대한 영향을 끼쳤던 가오슝류솬나회사高雄硫酸錏公司(Kaohsiung Ammonium Sulfate Co., Ltd.)와 이곳에서 수십 년간 성장했던 각종 화학공장도 빼놓을 수 없다. 경공업을 주력으로 삼는 첸전자유무역구前鎮加工出口區는 일찍이 많은 여공이 일하며 타이완 경제의 기적을 일궈낸 대표적인 곳이다.

가오슝은 정부의 의도대로 타이완 중공업의 핵심으로 발전했고,

이는 가오슝이 교통의 요충지가 됐다는 사실을 의미한다. 샤오강에는 땅, 바다, 하늘과 관련된 주요 교통시설이 밀집했는데, 타이완에서 두 번째로 큰 국제공항도 이곳에 자리했다. 샤오강구 외곽에는 타이촨, 중강, 중유 회사 전용 항구가 들어섰다. 공항에서 멀지 않은 곳에는 속칭 '타이탕 정거장'이라는 큰 공간이 있는데, 여기에는 컨테이너를 둔다. 원활한 수출입을 위해 갖춘 각종 교통수단은 중공업 발전에 있어 최적의 환경이었다.

하지만 발전한 공업용 교통수단과 달리 주민이 사용하는 대중교통은 그리 편리하지 않았다. 이 지역 인구 직업 구성 대부분을 차지하는 2차 산업노동자들의 외출과 이동에 편리한 수단을 선호하는 실용주의 때문인지, 아니면 이 지역 자체가 대중교통의 발전에 부합하지 않기 때문인지는 알 수 없다. 샤오강구의 인구는 끊임없이 증가했지만, 도시철도역은 여전히 하나뿐이다. 우리 집이 있는 다핑딩大坪頂 일대에서 샤오강 도시철도역까지는 오토바이로 15분이나 걸린다. 버스 노선도 몇 개 없고 배차 간격도 측은할 만큼 길다. 이 지역에서 외출할 때 대중교통은 좋은 선택지가 아니다.

산업발전은 언제나 대가를 수반한다. 경 · 중공업과 화학공업이 집중된 샤오강구의 대기 질은 항상 나쁘다. 어릴 때는 이 사실을 잘 몰랐다. 나는 고향이 아닌 도시에서 대학에 다녔고, 더 북쪽의 도시에 취업했다. 외지에서 오래 지내다 가끔 긴 휴가를 얻어 가오슝으로 돌아와 샤오강 도시철도역에서 나올 때면, 몇 번의 기침을 하고 나서야 겨우 고향의 공기에 적응할 수 있었다.

이 일대 건물들의 외관은 소박하다. 작은 마을이 모여 있는 곳을 제외하면 고층 건물은 많지 않고 대부분의 주택은 단독 건물이다. 이곳 주민은 단독 주택 거주가 익숙하다. 특히 다핑딩 같은 신규 계획 주택지구의 새 건물들은 모두 '푸르른 산과 맑은 물, 햇볕이 잘 드는 집' 같은 광고를 내걸고 있다. 독채가 아닌 집은 팔리지 않는다. 원래 이곳에는 파인애플 농장과 공동묘지가 있었고, 게다가 주변은 쓰레기 소각장과 공업 지대다. 길을 걷다 보면 가끔 정체 모를 화학 약품 냄새가 풍긴다. 산도 물도 흐리고 공기도 나쁘다. 그런데도 계속 새집이 들어서고 인구도 계속 증가한다.

가오숭에서 다핑딩으로

나는 가오숭에서 18년을 살면서 단 한 번 이사했다. 태어났을 때 집은 샤오강구와 펑산구鳳山區 경계에 있는 가오숭高松에 있었다. 이 일대는 외할머니가 젊었을 때 갓 구획된 주택지구로, 비슷한 모양새의 3층 독립 주택으로 가득하다. 당시 외할머니는 주택 구입대금을 모았는데, 신문 광고로 이 신주택지구를 알게 됐다.

아마 이 일대의 집값이 상대적으로 낮았기 때문이리라. 당시 외할머니와 어머니는 자전거를 타고 내 등굣길 노선인 중산로를 따라 첸전구의 스자獅甲 월셋집 남쪽의 샤오강구로 이동하며 그 집을 보고 샀다. 그리고 어머니는 결혼 후 줄곧 모아왔던 저축을 털어 선금을 내고 외할머니집에서 가까운 곳의 집을 장만했다. 가까이에서 왕래하며 외할머니와 서로 의지하며 살고 싶어서였다.

이곳은 공항을 오가는 비행기가 이착륙하는 필수 경로에 해당한다. 집에 있을 때면 요란스러운 비행기 소리가 머리 위로 맴돌기 일쑤였는데, 어려서부터 하도 들어서 익숙해졌는지 딱히 신경 쓰이지 않았다.

고등학교 3학년 때 대학 진학을 위해 지금의 다핑딩 집으로 이사했다. 도시철도가 개통되기 전이었다. 나는 아버지가 왜 이곳의 집을 샀는지 도통 이해할 수 없었다. 그전 집보다 환경도 나쁘고 도시의 편의성도 불편한 산으로 이사했기 때문이다. 어릴 때부터 이 일대가 주는 인상을 대표하는 것은 공동묘지였다. 다핑딩의 황량한 연기와 수풀은 내 마음속에 그림자처럼 드리워져 있었다.

하지만 우리는 아버지의 결정을 되돌릴 수 없었다. 내 불만을 눈치챘는지, 부모님은 각자의 방을 정할 때 내가 3층 전부를 쓸 수 있게 해줬다. 방 하나, 서재 하나, 욕실 하나 그리고 창고까지, 나는 16평의 광대한 공간을 독점하게 됐다. 오르락내리락하는 계단의 수가 꽤 많았지만, 나는 조금도 개의치 않았다.

지금 와서 다시 생각해보면, 아버지가 굳이 궁벽하고 교통도 불편한 다핑딩으로 이사한 이유는 외할머니와 비슷한 것 같다. 새 주택단지는 입주민 유치를 위해 좋은 거주 여건과 상대적으로 할인된 가격을 제시한다. 이런저런 문제는 자금이 부족한 아버지나 젊은 시절의 외할머니 같은 사람에게는 주택 가격에 비하면 사소한 불편함에 불과했으리라. 결국 나와 동생은 등하교가 쉽지 않은 곳에 살게 됐고, 부모님은 몸소 우리를 통학시키는 것으로 불편한 교통을 대신하기로 결정했다.

나는 이 사례가 아버지와 아버지 세대의 노동 정신을 방증한다고 생각한다. 그들은 몸을 써서 이익을 얻는 게 익숙하다. 그들에게 돈은 다른 무엇과 교환하는 게 아니라 바로 노동으로 채우는 것이었다.

이 구역 거주민 절대다수가 그랬다. 그러니 공단 일대에서 어떤 이상한 냄새가 나도, 정체 모를 시커먼 연기가 뿜어져도, 그들은 오토바이를 타고서 재빨리 그곳을 벗어나거나 애써 숨을 참을 뿐이었다. 그 누구도 진정을 넣거나 항의하지 않았다.

샤오강구 주민들은 수십 년간 이렇게 생활하며 경·중공업과 함께 존재하고 살았다.

1960~1970년대 타이완 경제는 비약적으로 성장했다. 그 도약은 이토록 넓고 별것 없는 곳에서 살아가는 소박하고 수수한 사람들이 지탱한 것이다.

더 빠르게 돌아가는 톱니바퀴,
샤오강구

샤오강구 개발은 더디게 진행됐다. 들를 때마다 변화가 느껴지는 주베이竹北, 타이중台中, 타이베이台北와는 사뭇 달랐다. 샤오강 개발 속도는 느리다 못해 친근감이 들 정도였다. 요즘 도처에 생겨나는 소위 '힙한' 가게도 몇 개 없다.

샤오강 사람은 루로우滷肉가 듬뿍 들어간 도시락가게를 화려한 인테리어와 깔끔한 음식을 뽐내는 식당보다 훨씬 좋아한다. 노점에서 루로우판*을 먹는지 모래바람을 먹는지 알 수 없지만 말이다. 그렇게 한 해 한 해 살면서 나 역시 샤오강 현지인의 모습이 되어갔다.

나는 샤오강구가 높은 곳에 달린 시계의 톱니바퀴처럼 계속 느긋하게 돌아가리라고 생각했지만, 최근 십 년 동안 샤오강구의 변화는 빨라지고 있다. 가오슝시와 가오슝현高雄縣이 통합 후 직할시로 승격한 후부터 샤오강구는 가오슝시의 외곽에서 중심부에 더 가까워졌다. 그리고 다핑딩은 새로운 주택단지로 자리매김했다. 샤오강병원 부근에는 관리원이 근무하고 엘리베이터를 운용하는 빌딩들이 들어섰다. 일대 상가들도 일련의 변화에 발맞춰 자신을 바꿔나갔다.

초등학교 때부터 절친했던 한 친구는 나처럼 다핑딩에 살았다. 그는 타이중의 한 대학에 진학했고, 졸업 후 전공에 맞는 일자리를 찾아 핑둥의 타이탕이라는 회사에서 일했다. 연휴 때 귀향하면 우리는 샤오강의 어느 가게에서 만나야 할지 골머리를 앓았다.

태어난 고향을 떠나 타지에서 공부하고 일했던 세월 동안, 우리가 좋아한 가게의 인테리어나 음식은 고향에 있던 가게들과는 달랐다. 그런데 최근 이삼 년 동안 프랜차이즈 카페가 샤오강구의 우리집 근처에 들어섰고, '아침은 아침이고, 점심은 점심'이라는 농·공업인의 신조에 도전하는 '브런치 식당'이 늘어났다.

---

* 루로우판: 타이완 및 중국 민남지역의 음식으로, 간장과 맛술 등으로 졸인 돼지고기를 얹어 먹는 덮밥이다. 타이완 거리 곳곳에서 판매하며, 간편하게 한 끼를 해결할 수 있는 타이완 국민 음식 중 하나다. (옮긴이 주)

가게만 달라진 게 아니다. 익숙했던 풍경도 점차 사라졌다. 우리 남매가 아팠을 때 자주 가던 구이린桂林의 소아과나 그 근처 학원에 갈 때는 공항에 인접한 도로를 가로질러야만 했다. 도로 옆으로는 논과 밭만 쭉 펼쳐져 있었고, 논 뒤쪽에는 공항을 감싸는 담장이 있었다. 그 담장 너머는 비행기가 이착륙하는 활주로였는데, 시간을 맞춰 가면 비행기가 귀를 먹먹하게 만드는 굉음을 울리며 바로 머리 위를 지나가곤 했다.

나는 이 근방의 논밭을 좋아했다. 모내기 철 번지는 초록, 수확철의 황금빛, 거기에 넓디넓은 들판까지. 그곳에는 언제나 살랑바람이 불어왔다. 근처 도로가 협소해서 오가는 차가 거의 없었고, 오토바이나 자전거도 보기 힘들었다. 이 모두가 참 만족스러웠다. 단 하나의 단점은 논두렁 끝자락에 돼지농장이 한 곳, 폐차장이 두세 곳 있었다는 사실이다. 거기를 지날 때면 언제나 돼지 분뇨 냄새가 나를 맞이했다.

세상을 알아가던 나에게 그곳은 이른바 '농촌 생활'의 일면을 보여줬다. 예전에 들었던 부모님의 어린 시절 농촌 생활이 집을 지나갈 때마다 펼쳐진 것이다. 쌀을 재배하고 돼지를 키우는 모습 말이다.

이 일대는 비행기 노선이 중첩되기 때문에 항공안전법규의 제약을 받았다. 고층 건물을 세울 수 없었고, 토지 사용 역시 상당 부분 제한됐다. 그래서 발전 속도가 느렸다. 어렸을 때부터 고등학생 때까지 유의미한 변화가 없었을 정도니까.

상술한 구조적 한계에도 불구하고, 이곳은 내가 가오슝을 떠나 있던 몇 년 동안 꽤 많이 달라졌다. 소형 폐차장은 편의점이 됐고, 인근의 논밭과 숨을 애써 참아야만 지나갈 수 있었던 돼지 축사도 하나둘 자취를 감췄다.

묵묵하게 타이완 경제를 지탱하는 나사

오랫동안 농·공업지역 특유의 정경을 유지했던 첸전과 샤오강구는 타이완 경·중공업 핵심 지대였다. 농업, 경공업, 중공업이 얽히며 조성된 환경과 이곳 주민의 개성이 어우러져 현재의 내가 됐다. 예전의 나는 이런 성장 과정을 조금 원망하며 투덜거렸던 것 같기도 한데, 지금의 나는 그 시절의 내가 솔직하고 귀엽다고 생각한다.

가오슝시는 타이완의 제2도시다. 중공업을 뼈대로 경공업이라는 혈액이 가오슝 전체를 돌고 있다. 살아 있는 항만도시의 면모가 가오슝시라는 지명을 활기와 생동을 상징하는 이미지로 만들어준다. 가오슝시의 이런 특징은 타이완의 다른 지역과 비교하면 더 도드라진다.

가오슝항의 현재 규모는 세계 17위*지만, 전성기 때는 세계에서 세 번째로 큰 컨테이너 항만이었다. 항구를 끼고 성장한 중공업이 어떻게 항만도시 산업을 형성하고, 특유의 노동자문화를 만들었

---

* 『2021년 세계 Top20 컨테이너 항만 예측 보고』(중국과학원 예측과학 연구센터) 참조.

을지 상상하기는 어렵지 않다. 타이완 경제를 묵묵하게 지탱한 나사였던 그들은 타이완 공업의 몰락과 함께 점차 역사의 뒤편으로 사라지는 중이다. 그들뿐만이 아니다. 신체를 돌고 도는 혈액처럼 타이완 경제 발전의 양분을 공급했던 운송업도 쇠락을 피할 수 없었다.

산업 발전 과정에서 중공업 운수는 반드시 필요하다. 알맞은 입지에 세워진 항만은 자연스레 추레라 산업 발전으로 이어졌다. 적혈구가 신체 곳곳을 순회하는 것처럼 온갖 형태의 추레라는 전국으로 물자를 옮겼다. 그리고 항만의 추레라 노동자들은 그들의 두 손으로 직접 타이완 경제 발전을 이끌어낸 운송 도구를 만들었다.

추레라를 만들어내는 두 손 뒤에는 어디서나 볼 수 있는, 우리에게 익숙한 노동자들이 있다. 그들의 이주, 직업, 생애사 모두 타이완 중공업 발전과 긴밀하게 연결된다.

이 책의 주인공은 내 아버지다. 그의 일과 가정을 배경으로 항만 추레라 제작 숙련공의 직업사와 생애사를 그려낸다. 아버지와 아버지 동료들의 삶을 이야기하려면, 먼저 가오슝에서 추레라와 추레라 산업이 발전한 과정을 알아야 한다.

추레라 이모저모

'추레라'는 추레라 산업 종사자들이 자기가 만든 제품을 일컫는 속칭이다. 타이완 정부의 공식 명칭은 '트레일러聯結車'다.

트레일러는 서로 다른 부분을 관절을 이용해 '연결'하여 조합된 차량이다. 대개 무거운 기계나 원료 혹은 대량의 물품을 운반하는 중공업의 생명과도 같은 교통수단이다.

교통안전교재에 따르면 트레일러는 트랙터 혹은 자동차에 '대형 추레라'를 붙여 구성된다. 크게 나누면 '풀 트레일러full trailer'와 '세미 트레일러semi trailer' 두 종류다.

숙련공은 트랙터나 자동차를 모두 '헤드車頭'라고 부른다. 헤드는 운전석과 엔진을 갖추고 추레라 전체에 동력을 제공하는 핵심 기능을 한다. 트랙터는 쓰리축이 있고 자동차는 없다는 점이 둘의 차이다.

타이완은 동력 엔진 차량 제조 능력이 없으므로 헤드는 모두 수입한다. 길에서 흔히 볼 수 있는 일본제 미쓰비시, 스즈키, 메이지, 독일제인 벤츠나 스웨덴 볼보 등의 브랜드가 있다.

헤드 자체는 몹시 크다. 이후 원가 절감을 위해 다양한 방식의 수입 형태가 등장했다. 첫째, 완성된 헤드 전체를 통째로 포장해서 직수입하는 것이다. 둘째, 타이완어로 '차도車道'라고 불리는 차량 차축과 엔진만 수입한 뒤 타이완 공장에서 차체의 외골격 등 판금 부분을 만들어 조립하고 내장하는 방식이다.

풀 추레라와 세미 추레라

연결 구조에 따라 추레라는 크게 '세미 추레라'와 '풀 추레라' 두 종류로 구분된다. '세미 추레라'는 뒤축만 있고 앞쪽은 지지대로 지탱한다. 앞쪽 지지대를 차량의 후단 위에 걸어서 쓴다. 지지대와 뒤축을 땅에 닿게 해서 떼어낸다. '풀 추레라'는 앞뒤 축이 모두 있고 연결판을 트랙터의 세 번째 축 위에 걸어서 사용한다.

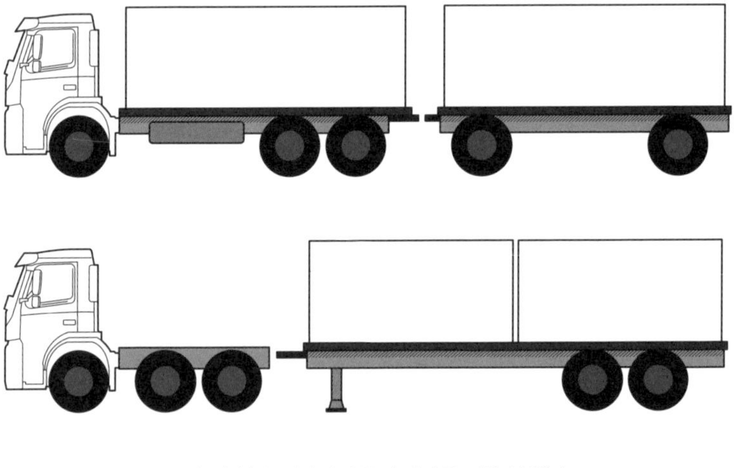

풀 추레라(위, 견인차에 풀 추레라를 더한 형식)와
세미 추레라(아래, 견인차에 세미 추레라를 더한 형식)

풀 추레라는 헤드가 비교적 길기 때문에 헤드에는 적재할 수 없다. 뒤쪽 추레라 부분은 해체하거나 교환할 수 있지만, 총 길이는 세미 추레라보다 짧다. 그리고 뒤쪽에 차체를 많이 추가할 수 없다. 상대적으로 세미 추레라의 헤드는 '조립차' 외에는 짧은 연결축으로 돼 있어서 물건을 적재할 수 있다. 연결판을 걸어서 사용하는 세미 추레라는 앞축이 없고, 운행할 때는 헤드 부분의 견인력에 완전히 의지한다.

숙련공의 언어로는, 트랙터에 풀 추레라를 연결하면 '풀추', 차량에 세미 추레라를 연결하면 '세추'라고 한다. '견인차'와 '자동차'를 구분할 때는 '견인차'와 '일반 헤드' 혹은 '세추 헤드'라고 부른다.

풀 추레라와 세미 추레라 규격은 6축과 10축이다. 총 길이는 타이완 교통법규에 따라 50척(약 15미터)을 넘을 수 없다. 둘 다 총 적재량은 46톤까지다. 법에서 길이를 제한하지만, 차체 혹은 화물이 법적 제한보다 길거나 넓거나 무거울 때 임시통행증을 신청해서 발급받으면 합법적으로 운행할 수 있다. 하지만 많은 대형 공장은 물류 효율을 위해 몸체 몇 개를 연결해서 공장 내에서 운용한다.

회전할 때의 작동 기제로도 풀 추레라와 세미 추레라를 구분할 수 있다. 풀 추레라는 회전할 때 견인차와 뒤쪽 몸체 간 연결된 기관으로 작동된다. 반면 세미 추레라는 헤드와 몸체의 연결 지점에 동작이 가능한 회전판(연결판)을 활용해서 회전을 완성한다.

차체는 정밀한 엔진 제조 기술이 필요하지 않고 무거운 데다 체적도 커서 수입보다는 현지 제조 원가가 싸게 먹힌다. 책의 주인공인 항만 추레라 숙련공이 차체의 제조와 수리를 책임지고 있다.

추레라는 기본 형태에 따라 간단하게 두 가지 유형으로 구분된다. 그러나 화물 적재 유형이나 부가 기능에 따라 상당히 많은 변화를 줄 수 있다. 차도 이외 부분과 헤드에 견인되는 몸체 부분은 모두 까만 손 숙련공이 직접 만든다. 사진을 보며 각 유형을 검토하면 숙련공의 작업이 어떤 것인지 또렷하게 알 수 있다.

맞춤 제작형
수공업

36~39쪽에 수록된 추레라 도감을 보면 대부분의 차량 형태가 기능과 형식을 기준으로 분류되었다는 걸 쉽게 알아챌 수 있다. 같은 형태의 차체도 구매자의 필요에 따라 다르게 사용되고는 한다. 가령 덤프트럭은 폐수, 오수, 모래, 자갈 등을 적재하거나 농산물을 운송할 수도 있다. 가장 핵심적인 기능은 유압으로 경사 각도를 만들어 화물을 쉽게 쏟을 수 있도록 하는 것이다.

하지만 숙련공은 동일 차종에도 차주의 개별적인 필요를 반영해 세부적으로 제각기 다르게 설계한다. 차주가 주로 폐수 및 오물을 운반하는 덤프트럭을 주문하면, 숙련공은 적재함의 밀봉 정도를 보강할 것이다. 마찬가지로 옥수수나 모래를 옮기는 차량을 주문 받으면 숙련공은 거기에 적합한 세부 설계를 적용한다. 다시 말해 추레라 제조는 고객의 요구에 따라 미세한 조정을 더해 차체의 설계를 맞춤형으로 제작하는 산업이다.

짚어둘 게 하나 있다. 부가 기능을 가진 차체 혹은 부품, 예를 들어 탱크로리의 탱크, 레미콘 차의 레미콘, LPG 탱크 트레일러의

LPG 탱크, 컨테이너 트레일러의 컨테이너, 집게차의 집게 부분, 덤프트럭의 유압실린더 등은 모두 전문 제조공장에서 구매한 후 숙련공이 조립한다. 숙련공이 직접 만들지 않는다.

그 외에 특정 공장의 주문으로 별도 제작되는 모델이 있다. 교통안전규범에 부합하고 관련 검사를 통과한 차량이다. 타이완 중유를 위해 특수 제작돼 기름 탱크로리를 장착한 차량의 경우 항공로를 운행할 수 있다. 반면 어떤 모델은 해당 공장 안에서만 활용된다. 교통안전규범을 준수할 필요가 없는 이런 차량은 100프로 공장의 주문을 받아 제작한다. 언젠가 차이나스틸中鋼이 아버지가 일하던 공장에 대량의 차량을 주문한 적이 있는데, 한 번에 대량의 강철 코일을 운반할 수 있는 코일 세미 추레라였다.

교통안전규범의 중량 제한 때문에 코일 추레라 한 대는 보통 코일 한 개만 운송할 수 있다. 코일을 추가하면 과적이 된다. 차이나스틸은 공장 내 물류 효율 제고를 위해 한 번에 두 개 이상의 코일을 운송할 수 있는 차체를 주문했다. 이처럼 교통안전규범 기준 밖에 해당하는 차체는 통상적인 상품은 아니었지만 역시 추레라 제조업의 업무 범위 안에 있었다.

추레라는 연결형 공정으로 만드는 차량을 총칭하는 말이다. 실제로는 필요에 따라 각기 다른 형태로 제작된다. 기능의 차이, 회사 및 사용 용도에 부합한 세밀한 조정 과정이 존재한다. 그러므로 변화에 탄력적으로 대응하기 위해 추레라 산업은 지금까지도 숙련공이 직접 제작하는, 하나의 독특한 '수공예'로 자리 잡았다.

타이완 추레라 산업의 흥망성쇠

타이완 추레라 산업 발전은 타이완 수출 및 공업 발전과 직결되며, 조금 더 거슬러 올라가면 농업이 경제를 주도하던 시기와도 연관된다. 타이완에서 중공업 등의 산업이 발전하기 전에 농산지에서 시장으로 농산물을 운송할 때는 대부분 불법 조립 차량인 병장차*에 의존했다.

1960년대부터 1970년대까지 이어진 경제 호황에 힘입어 타이완 내수 중공업은 부단하게 발전했다. 항구마다 물동량이 단번에 급증했고, 이에 따라 항구에서 타이완 각지의 중소기업 간 운송 수요도 급속하게 늘어났다. 또한 자재 생산 공장에서 공사 현장으로 향하는 화물 및 원자재 운송의 수요도 급상승했다.

상술한 수요의 폭증으로 타이완은 일본에서 첫 견인차를 수입하게 된다.

---

* 병장차拼裝車는 차량 관련 규정과 무관하게 자체 조립하는 차량으로, 주로 삼륜차 혹은 사륜차에 엔진 및 기타 장비를 자체적으로 추가하고 조립해서 만든다. (옮긴이 주)

병장차의 시대

트랙터가 등장하기 전의 타이완에는 추레라 산업과 비슷한 일을 하는 공장들이 있었다. 그 공장들은 주로 병장차를 개량했다.

아버지가 펑산鳳山 공장에서 실습생이었을 때 제일 먼저 했던 일은 '철우鐵牛차' 제작이었다. 병장차를 만든 셈이다. 철우차의 개념은 추레라와 비슷하다. 린충시林崇熙*는 자신의 연구에서 병장차의 형태와 속칭을 고려하면 까만 손 숙련공이 제작하는 평판 트레일러**, 적재함*** 등이 모두 병장차에서 비롯된다고 주장한다.

병장차는 경운기 혹은 오토바이 본체에 화물칸을 추가해서 만든다. 원래는 단조로운 형태였지만 시간이 흐르고 수요가 생기면서 점차 4륜, 5륜, 6륜, 8륜, 10륜 등의 규모로 발전했다. 나아가 물건을 '들어 올리는' 기능까지 갖추기도 했다. 이런 기능은 현재 사용하는 각종 추레라와 큰 차이가 없다.

병장차 기술은 각 세대의 철공 장인들이 민간의 수요에 부응하면서 서서히 형성됐다. 타이완 정부는 교통 환경 정비를 위해 병장차 생산 및 제조를 금지했지만, 막대한 민간 수요를 감당하지 못하고

---

* 林崇熙, 「噤聲的技術 : 拼裝車的美麗與哀愁」, 『科技博物』, 第六卷第四期, pp. 34~58. 이 책에서 언급되는 린충시의 의견은 모두 이 연구에서 참조했다.

** 평판 트레일러平板仔(pênn-pán-á)는 차체가 하나의 평판으로 구성됐다. 보통 길이가 긴 철근이나 컨테이너 등을 싣고 다닌다. 36페이지의 03, 04번 모델을 참조할 것.

*** 적재함斗子(táu-á)은 차체 5면이 둘러싸인 모델이다. 용도는 광범위하다. 책 37페이지 06, 07 모델이다.

금지령을 철회하면서 병장차가 하나의 새로운 표준으로 자리매김했다. 이를 린충시는 '맥락성 기술contextual technology'이라고 명명했는데 민간 기술로 생산된 상품이 국가의 제도와 상충할 때 역설적으로 합법적 지위를 얻는다는 뜻이다.

맥락성 기술의 발전은 대부분 사용자 중심·탄력성을 기조로 한 철공 숙련공의 제조 공정에 의존했다. 숙련공은 각 사용자의 필요에 따라 맞춤형으로 설계했고, 따라서 병장차는 저마다 다른 환경과 조건에 대응할 수 있었다.

린충시는 2차 세계대전 이후부터 병장차가 제조됐다고 주장한다. 당시 타이완은 자원이 부족했고 운송제조업 또한 조악한 수준이었으며, 외국의 화물차를 수입하기도 힘든 상황이었다. 운송수단이 절실했던 관련 업자들은 철공 숙련공을 모집해서 정부가 폐기 처분한 일본 군용차 부품을 조달해서 차를 수리했다. 자원이 부족한 상황, 필요가 창의적인 해결책을 낳았고 폐기 처분될 군용차가 병장차의 원형으로 거듭났다.

'궁하면 변하라, 변하면 통하리라' 그 자체였다. 농업과 공업 화물 운송 수요, 운송업자, 철공 숙련공의 유연한 사고와 정밀한 기술이 만나 타이완 병장차의 성장이 시작됐다. 타이완 중남부부터 발전한 병장차 산업과 기술은 변화하는 시대를 따라 지금에 이르렀다.

현지의, 현지에 의한,
현지를 위한 기술

현재 타이완의 대형 공업 운송수단은 대부분 비싼 외제 트랙터 헤드에 의존하고 오토바이나 일반 화물차를 동력으로 삼지 않는다. 하지만 화물을 싣는 차체는 여전히 철공 숙련공이 수작업으로 제작해서 수입한 차량 헤드와 연결한다. 크기, 용량, 기능 혹은 규모까지, 숙련공은 고객의 요구에 따라 설계를 변경하고 이렇게 각종 '형태'의 병장차가 태어난다. 숙련공마다 접한 고객의 요구와 제작 경험이 다르기 때문에 다양한 기술과 제품이 발전해왔다.

린충시는 병장차의 몇 가지 특성을 명확하게 정의했다. 저렴한 원가, 편리한 수리, 여건과 용도를 반영해 기능과 형태의 변화가 가능할 것. 일련의 특성은 모두 제작자와 사용자 간의 유연한 소통 과정에 기초하고, 제작자의 기술과 표준화되지 않은 제조 공정으로 이뤄진다.

지금은 병장차가 많이 사라졌다(물론 완전히 자취를 감추지는 않았다. 타이베이 길거리를 주의 깊게 보면 생각보다 꽤 자주 볼 수 있다. 농촌이라면 더 자주 마주친다). 하지만 여러 환경적 조건과 사용자의 수요에 부응해 발전한 맥락성 기술은 도제식으로 지금까지 전승됐다. 원래는 부업 삼아 병장차를 제조했던 철공 숙련공이 점차 전문적인 추레라 제작 숙련공으로 거듭났기 때문이다. 교통 관련 법규의 제한 때문에 제조와 설계의 자유도는 대폭 줄었지만, 수작업 특유의 제조 기법은 여전하다. 표준화되지 않은 작업 공정과 개인의 특성을 반영한 제품까지 말이다.

추레라 산업은 병장차의 수작업, 맞춤형 제작, 비표준화 제조 공정 등의 기술 특성에서 비롯하며, 지방의 특색을 반영하는 지역 친화적 기술이기도 하다.

일반적인 교통수단, 가령 소형 세단이나 자전거는 대부분 공장에서 생산된 부품을 조립하는 방식으로 생산된다. 부품 생산과 조립은 모두 국제 분업으로 위탁 가공한다. 이처럼 공급사슬에 기초하는 분업 체계는 전 세계로 뻗어 있다. 타이완은 위탁 가공 및 생산을 매우 중시하는데, 교통수단 산업은 전 세계와 연관되기 때문에 부품 설계부터 조립 공정까지 모두 국제표준에 부합해야만 한다. 타이완은 부품 설계 산업과 조립 제작산업에서 나름의 기술 혁신을 이루었는데, 이 기술 혁신의 맥락은 국제적 발전과 서로 떨어질 수 없는 관계다.

그러나 추레라 제조는 다르다. 차량 헤드와 부품을 수입하는 점은 같지만, 추레라는 국내에서만 사용하기 때문에 국제 생산 표준을 준수할 필요가 없다. 그리고 추레라 산업은 타이완 각 지역의 특성과 지형에 대응할 수 있도록 풍부한 현지화 설계 역량을 보유했다. 그래서 타이완 추레라 제작 숙련공이 가진 생산 기술은 그야말로 '타이완의, 타이완에 의한, 타이완을 위한' 고유한 특성 그 자체라고 할 수 있다.

추레라 시대

추레라 산업은 타이완 경제 발전과 함께 태동했다. 1960년대부터 1970년대까지 타이완은 경공업 가공 수출 정책에 힘을 실었고, 타이완의 수출은 큰 폭으로 늘었다. 추레라 산업은 이런 경제 발전에 힘입어 존재할 수 있었다. 그래서 추레라 산업 군집 지대는 주요 연관 공단을 따라 이동했다.

숙련공의 구술에 따르면, 최초(1974년)의 가오슝 추레라 공장은 광화로光華路와 가오슝역 인근에 집중됐다. 그러나 시 중심지가 발전하며 일대가 상업권으로 변모하였고 추레라 공장은 서서히 차오야草衙와 첸전 일대의 부둣가로 옮겨갔다. 주요 수요 주체는 항만 물류와 해체 선박 관련 운수로 전환됐다.

그러다 중강 등 중공업 공장이 설립되자 추레라 수요가 급증했다. 거기에 샤오강에 있는 타이탕 소유의 거대한 공터에는 대형 화물정거장 건립이 예정됐다. 추레라 제작 공장 역시 샤오강 쪽으로 다시 이동했다. 이렇게 산업군집지대가 형성된 것이다. 지금도 중공업 단지와 추레라 공장은 모두 샤오강 일대에 모여 있다. 추레라 산업의 이동 노선은 이 산업이 공업 및 운송 수요를 따라 발전하고 이동했다는 사실을 보여준다.

자, 이제 눈을 돌려 타이완 전역을 보자. 타이완 추레라 산업은 독자적인 통계와 분류가 이루어지지 않았기 때문에 오류가 없는 산업분포통계자료를 찾기는 힘들다. 그래서 숙련공의 구술과 일부 검색 자료를 바탕으로 추레라 산업 군집지역을 추정할 수밖에 없다.

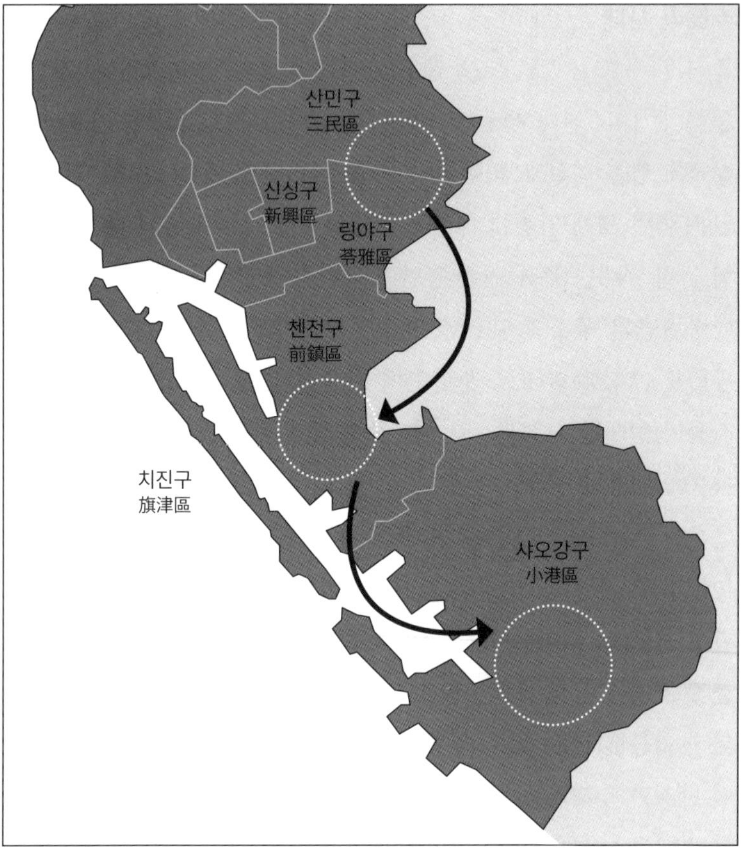

가오슝 추레라 산업의 이전 궤적 숙련공의 구술에 따르면, 최초(1974년)의 가오슝 추레라 공장은 광화로光華路와 가오슝역 인근에 집중됐다. 그러나 시 중심지가 발전하며 일대가 상업권으로 변모하면서 추레라 공장은 서서히 차오야와 첸전 일대의 부둣가로 옮겨갔다. 주요 수요 주체는 항만 물류와 해체 선박 관련 운수로 전환됐다.

상祥 씨 성을 가진 이 숙련공은 윈린雲林 베이강北港에 있던 추레라 공장에 초빙돼 기술 지도를 담당하며 2년 동안 추레라를 제작했다. 그의 구술을 통해 윈린 지역의 추레라 산업이 가오슝보다 다소 늦게 발전했다는 사실을 짐작할 수 있다. 아버지 역시 화롄花蓮의 적재함은 지형 문제로 타 지역과 다른 스타일로 발전했다고 말했다.

인터넷 자료를 보자. '타이완 옐로페이지台灣黃頁'*에서 추레라를 검색하면 가입된 기업 목록을 볼 수 있다. 약 20페이지의 검색 결과에서 운송업자나 대리 판매업자를 제외해도 관련 기업 목록은 약 10페이지에 달한다. 등기 주소에는 다음의 지역들이 나온다. 신베이新北의 시즈汐止, 타오위안桃園의 양메이楊梅, 신주新竹의 주베이竹北, 먀오리苗栗의 주난竹南, 타이중台中의 우르烏日, 장화彰化의 루강鹿港과 장화시彰化市, 자이嘉義의 타이바오太保, 가오슝의 샤오강, 화롄의 지안吉安. 이 자료가 타이완 전역의 추레라 산업 분포를 완벽하게 알려준다고는 할 수 없지만, 대체로 해안 및 교통의 요지에 군집하는 추레라 산업의 특징을 짐작하게 해준다. 추레라 산업이 땅, 바다, 하늘의 운송 거점에 인접해서 발전한다는 사실을 재차 증명하는 것이다.

트랙터가 타이완에 처음 등장했을 때로 시간을 돌려보자. 아버지의 기억에 따르면 당시 트랙터는 일본에서 수입했지만, 거기에는 차

* '타이완 옐로페이지'는 전화번호부 검색 서비스를 제공하는 인터넷 사이트다. (옮긴이 주)

량 헤드 하나, 두 개의 차축, 그리고 단순하기 그지없는 측면 설계 개념도 하나만 있었다. 당시 철우차 정도만 제작해본 숙련공은 그 단순한 설계도만을 의지해서 머리를 싸매고 연구와 개량, 무수한 실패를 거듭한 끝에 추레라 차체를 만들어냈다. 이렇게 타이완 운수 산업은 새로운 장을 열어젖혔다.

타이완 추레라 산업은 지금까지 기능, 지역 특성, 사용자의 필요에 따라 다양한 형식으로 파생하며 발전했다. 이후 전문 장비가 등장하면서 추레라 공장과 까만 손 숙련공이 제작하는 제품은, 단순했던 병장차 시절에 비해 훨씬 더 정밀하고 광범해졌다.

이따금씩 쾅쾅거리며 곁을 지나쳐 우리를 놀라게 하는 대형 차량의 그림자에는, 농업이 중심 산업이던 시절부터 지금까지 수 세대에 걸쳐 기나긴 시간과 피, 땀, 고뇌로 차를 개량하고 완성한 철공 및 추레라 숙련공이 녹아 있다. 이들의 두껍고 거친 두 손은 추레라의 뼈대부터 조립까지 도맡았다. 세간의 관심은 받지 못했지만 그들이 만든 추레라는 타이완 경제 발전의 맥박이었다.

DAF

고향을 떠나 도제의 길로

2장

불법 운행 버스를 타고 타이둥으로

누구나 어린 시절 '나의 아버지'라는 제목으로 글쓰기를 해보았을 것이다. 그때의 내가 무엇을 어떻게 썼는지는 까마득히 잊어버렸지만, 지금 쓰고 있는 '나의 아버지'는 20년 전과 아주 다르다.

할아버지가 돌아가시기 전까지, 우리는 매년 설날 다음 날 새벽 5시에 일어났다. 아버지는 4시간 동안 가오슝에서 핑둥, 그리고 꼬불꼬불한 산길을 돌아 타이둥台東으로 차를 몰았다. 다른 집은 설날 이튿날에 외할머니나 외가 친척을 보러 갔지만, 우리는 아버지 고향에 가서 할아버지를 만났다.

굽이굽이 구부러진 2차선을 마주했을 때 아버지는 고향 집 주방에 발을 내딛는 듯한 익숙함을 느꼈으리라. 아버지는 결혼하기 전까지는 종종 할리 데이비슨 오토바이를 혼자 몰고 고향에 오갔다고 얘기했었다. 익숙한 자신의 길이었다.

나는 친가가 대대로 타이둥에서 살았다는 사실에 별 감흥이 없었다. 그러나 역사, 지리, 타이완 원주민* 개발사를 공부하면서 이런

---

* 중국 한족이 타이완에 이주하기 전부터 타이완섬에 정착하며 살던 사람들이다. 오스트로네이사어족에 속하며, 현재 동남아시아 및 태평양 전역에 널리 분포하고 있다. (옮긴이 주)

생각을 했다. 조상들이 타이둥에서 대를 이어 살았는데 왜 나는 원주민 혈통이 아닐까? 물론 깊이 생각하진 않았고, 따라서 답을 알려고 노력하지도 않았다. 그러던 와중 대학원에서 논문을 쓰면서 아버지에게 할아버지 세대의 이주사를 듣게 됐다.

타이난에서 타이둥으로,
더 나은 삶을 향해서

아버지는 타이둥에서 자랐지만 타이둥 출생은 아니다. 아버지에 따르면 할아버지 때 친가가 타이난台南에서 타이둥으로 옮겨왔다.

할아버지는 원래 타이난에서 소작농이었는데 타이둥 일대가 개발로 농사 인력이 필요하다는 말을 들었다. 고민 끝에 아무리 열심히 일해도 결국은 남 좋은 일인 소작농 생활을 청산하고 타이둥으로 이주하기로 결정했다.

할아버지는 당시 큰아버지를 임신 중이던 할머니를 조심스레 데리고 타이둥으로 차를 몰고 갔다. 거주할 곳을 찾은 뒤 다시 타이난에 돌아가서 손수레에 살림살이를 실었다. 그리고 이 손수레를 직접 끌고 타이완 남부의 그 험한 산맥을 넘었다. 더 많은 기회가 넘실거리는 푸른 바다에서 가족과 함께 더 나은 삶을 살기 위해서였다.

산을 넘고 물을 건너는 험난한 여정은 값졌다. 할아버지의 근면성실과 절약 습관은 마침내 집에 땅마지기를 안겨줬다. 이렇게 가족은 소작농의 운명에서 벗어나 자기 농사를 하며 살게 됐다. 덕분에 자식들은 좋은 교육을 받으며 잘 클 수 있었다.

아버지는 우리가 이 정도로 생활할 수 있는 건 모두 할아버지의 고생과 절약 덕분이라고 말했다. 당시 할아버지는 동이 틀 때 집을 나서서 해가 져야 집에 돌아왔다. 할머니는 아기를 업고 할아버지의 농사일을 도왔다. 그들은 농사 외 부수입을 위해 집에서 돼지, 닭, 오리를 키워 내다 팔고, 밭에서는 채소와 고구마도 키웠다. 가축과 밭은 할머니와 아이들이 도맡아 관리했다.

흰쌀을 먹을 여유가 없던 시절이라 가족은 고구마말랭이로 배를 채웠다. 생선을 먹고 싶을 때는 강에 가서 낚시를 했다. 가족 모두가 채소와 과일 재배에 관한 기초 지식을 갖추고 있었다.

요컨대 무슨 일이든 스스로 해야 했다는 이야기다. 일상생활에서 전기공이나 목공 같은 전문인력은 필요 없었다. 아낄 수 있을 만큼 아꼈고 필수품이 아니고서는 별도의 소비를 하지 않았다. 아버지의 성격은 대부분 이때의 농촌 생활에서 형성된 것이다.

‘경제 기적’의 세대

아버지는 형, 누나와 함께 밭일을 도우면서도 의무교육을 받으며 중학교에 진학한다. 그때 아버지는 농사일로는 여섯 식구가 근근이 먹고살 수 있을 뿐, 이 몇 평 되지 않는 땅에 기대서는 네 형제가 각자의 가정을 꾸릴 수 없다는 엄연한 현실을 자각했다.

중학교 졸업을 앞둔 15세 소년은 공부에 큰 흥미를 느끼지 못했다. 계속 밭일하는 삶도 싫었다. 대신 그는 타이완 사회를 이끌어가던 산업 발전의 조류에 몸을 실었다. 아버지는 이웃집 형이 가오슝에서 견습공 일을 하며 꽤 잘 지낸다는 소식을 듣자마자 버스를 탔다. 그는 남쪽 순환도로를 따라 까마득한 가오슝으로 갔고, 이웃집 형이 일하던 철공장에 들어갔다.

이러한 아버지의 성장 경험은 그 세대 사람들에게 낯익은 풍경이다. 아버지는 60여 년의 생애에서 두 차례의 산업 전환을 겪었다. 아버지가 열다섯 살 때 정부는 '농업으로 공업을 부양하는(以農養工)' 정책을 시행했다. 토지개혁, 비료 환곡, 강제 수매 등의 방식을 활용해 농업에서 생산된 이윤을 공업 부문에 인위적으로 주입시켰다. 이때 초기 투입 자본이 많지 않고 필요한 기술적 수준도 높지 않으며 공장 건설도 간단한 산업 영역이 꿈틀거렸다. 타이완 내부의 민생 관련 수요를 자급자족하여 수입 의존도를 낮출 수 있고, 농촌의 잉여 생산력도 흡수할 수 있었기 때문이다. 자연스레 크고 작은 철판 공장이 우후죽순처럼 생겨났다.

당시 타이완은 '기적'으로 불리게 되는 경제 호황기에 진입하고 있었다. 거리마다 일자리가 넘쳐났고, 여기저기서 혈기 왕성한 젊은 이들을 기다렸다. 이때 농촌의 잉여 인력들이 아버지처럼 버스를 타고 도시로 가서 견습공이 됐다.

타이완 산업구조의 극적인 변화는 계급 구조의 결정적 전환으로 이어진다. 1963년부터 공업 생산 종사자 규모가 급속하게 변화했다. 1983년, 공업 종사자는 생산 인구의 24%에서 40%로 급증했고,

반면 농업 종사자 비율은 49%에서 18%로 줄었다.*

이 20년 동안 공업 분야 종사자는 타이완 노동 인구 구성에서 가장 큰 자리를 차지했다. 젊은 남성은 공장에서 견습공이, 여성은 여공이 됐다. 따라서 사람들은 산업 발전의 양상에 따라 주거 지역을 옮겼다. 이 모든 것이 당시를 살았던 타이완인이 공유하는 경험이자 기억이다. 타이완이 농업 사회에서 노동자 계급 위주의 공업 사회로 변모한 것이다.

농업 사회에서 공업 사회로의 전환기 때 타이완 도처는 도시로 상경한 농촌 출신 청년으로 가득했다. 대도시에 대한 환상 혹은 공업에 대해 표현하기 어려운 동경을 품었거나 집안의 부담을 줄이거나 돕고 싶은 따뜻한 마음을 지닌 젊은이들이었으리라. 각양각색의 동기로 고향을 떠난 수많은 청년은 자신이 선택한 길에 막대한 노력과 장구한 세월을 바쳤다.

15세 소년의 결정

막내였던 열다섯 살의 아버지가 가오슝에서 철공을 배우기로 결정했을 때, 아버지의 둘째 형은 이미 타이베이에서 유리섬유를, 셋째였던 누나는 재봉을 배우고 있었다.

흔들거리며 가오슝 공장으로 향하던 버스에는 이웃집 형과 아버

* 『中華民國71年統計提要』, 『中華民國72年統計提要』, 『就業市場季報』, 1984, p.11, 文崇一, 『臺灣的工業化與社會變遷』, 台北 : 東大書局, 1984, p.31.

지의 초등학교 동창이 함께였다. 모두 농촌 아이들이었다. 당시 공장들은 각지의 농촌으로 차량을 보내 견습생을 모집했고, 농촌 아이들은 버스에 올라 미래의 직장으로 향했다.

아버지가 견습생으로 일했던 공장에는 모두 6~7명의 숙련공이 있었다. 그들은 보통 1년에 5~6명의 견습생만 받아들였다. 견습생 대부분은 핑둥, 타이둥, 타이난 등에서 왔고 가오슝 출신은 거의 없었다.

아버지와 아버지의 동료에게 "왜 가오슝에 와서 견습생이 되었나요?"라고 물어보자 그들은 스스럼없이, 한편으로는 어쩔 수 없다는 표정으로 짧게 답했다. "어릴 때 집이 가난했으니까."

아버지의 신샹위新尚餘 공장* 동료 중에는 35년 경력의 숙련공이 한 명 있다. 모두에게 '이 씨'로 불리는 그는 덩치가 작고 사람을 보면 늘 빙긋하고 웃는다. 아버지는 숙련공 인터뷰가 필요하면 이 씨부터 시작하라고 조언했다. 이 씨는 몇 시간이든 쉴 새 없이 대화할 수 있는 사람이고, 어쩌면 내가 입을 뗄 필요도 없을 거라는 이유였다.

이 씨는 초등학교 때 성적이 그럭저럭 좋았지만 중도에 학업을 포기하고 견습생이 되었다. 그는 형제자매가 많았다. 부모의 수입만으로는 10여 명의 대가족이 살아가기 힘들었다. 그의 부모님은 장남인 그가 가족에게 필요한 수입의 일부를 감당하고, 동생들이

* 신샹위과기유한회사(新尚餘科技有限公司)다. 원래 첸전에 있었던 대규모 추레라 차체 제조공장이다. 사장은 아버지에게 신차 제조 관련 협조를 자주 요청했었다.

학업을 계속할 수 있게 돕기를 바랐다.

농촌 가정에게 공업계의 독특한 도제식 훈련 시스템은 매혹적이었다. 아이는 공장에서 일을 배우면서 공장 기숙사에서 잘 수도 있었다. 약간의 용돈을 제외하면 먹고 자는 것 모두 공장에서 해결할 수 있어서 가정의 부담이 없었다. 가정의 지출을 줄이고, 자식이 평생 벌어먹을 수 있는 기술도 배울 수 있었으므로 당시 많은 부모가 자식을 견습생으로 보냈고, 적지 않은 자녀 역시 집안의 부담을 줄이기 위해 스스로 견습생이 되고자 했다.

아버지가 어렸을 때, 타이완에서는 중학교 의무교육이 이미 실시 중이었다. 하지만 고등학교를 진학하려면 연합고사라는 관문을 반드시 통과해야 했다. 고등학교도 많지 않아 고졸만 돼도 인텔리로 불리고 공공기관에서 이런저런 일자리를 얻을 수 있던 시절이었다. 그러나 아버지는 중학교 의무교육을 마치고 고등학교 진학을 포기했다. 당신은 공부에 흥미가 없었다고 말했지만, 내 생각으로는 15세 어린 소년의 머릿속에 들어차 있던 현실적인 고민이 고등학교 진학을 포기하게 한 것 같다.

내 짐작이 맞았다. 그로부터 40여 년이 지난 어느 날 나는 아버지에게 당시 도대체 무슨 생각으로 부모를 떠나 혼자 가오슝에서 일한다는 큰 결정을 내렸냐고 물었다. 아버지는 사실 그때 자신도 믿기 힘들 정도로 현실적인 고민을 하고 있었다고 답했다. 그 어린 나이에 어떻게 그런 생각과 고민을 하게 됐는지 오늘날을 살아가는 나로서는 상상조차 쉽지 않다.

아버지는 타이둥에서 농사로 밥벌이하면서 먹고사는 것도 불가능하지는 않았다고 말했고, 작은 아버지 역시 농사로 온 가족을 먹여 살렸다. 그런데도 아버지는 '그런 걸 직업이라고 할 수는 없어'라고 여러 번 강조했다.

아버지의 주장은 얼핏 들으면 모순 같지만 사실 그 나름의 논리가 있다. 아버지에게 농사는 결코 '직업'의 영역으로 분류되지 않았고, 지향할 만한 '진로'의 영역에도 속하지 않았다. 기대할 수 있는 이윤이 크지 않아서일지도 모른다. 기후에 의존하는 밥벌이는 수입이 불안정할 확률이 높아서였는지도 모른다. 혹은 소년이었던 아버지의 마음속에 농업이 아닌 다른 미래에 관한 계획과 계산이 있었을 수도 있다. 사실 할아버지가 남긴 땅을 형제의 머릿수대로 사등분하면 남는 게 별로 없었다. 농사를 본업으로 삼아 이익을 얻으려면 토지가 일정 규모 이상이 돼야 하지만, 네 개로 나뉜 땅의 한 조각으로는 안정적인 수입을 기대하기 힘들었다. 아버지 위로 형만 두 명이었던 상황. 세 가정이 타이둥에서 함께 농사로만 먹고살려 했다면 그 어떤 발전도 힘들었을 것이다.

55세의 아버지가 담담하게 회고한 타이둥을 떠난 이유에는 그때부터 40년 동안 아버지가 삶에서 실감한 현실적인 요소가 어느 정도 섞여 들었으리라. 그렇다 해도 나는 충분히 납득할 수 있다. 당시 아버지는 어른거리는 미래의 곤경을 감지하고 가오슝행을 선택했다. 그렇게 아버지는 고향을 떠나 고생길에 오른 수많은 나그네 중 한 명이 됐다.

왜 견습생을?

아버지는 자신이 어린 시절 가졌던 꿈과 성인이 된 후의 지향에 대해서 나와 이야기하고 싶지 않다고 말했다. 그는 어렸을 때는 꿈과 지향에 관해 깊게 고민한 적이 없다고 읊조렸다. 그저 이대로 가다가는 농촌에서 평생 살아야 한다는 사실을 깨닫고 가오슝에 가서 견습생이 됐을 뿐이라는 것이다. 이 선택이 그의 삶에서 가장 큰 진로 설계이자 결정이었던 셈이다.

불법으로 운행하던 버스를 타고 타이둥에서 가오슝으로 갔던 아버지는 자신이 일하게 될 산업이 무엇인지도 제대로 알지 못했다. 그저 잘 먹고 잘살기 위해 사장이 지급할 쥐꼬리만 한 급료만 보고 고향을 떠났다.

논문을 쓰며 만난 많은 숙련공이 비슷했다. 농사일이 싫거나 집이 어려워 공부를 할 수 없어서 기술직에 뛰어든 경우가 많았다. '공부머리가 없었다' 혹은 농사에 '흥미가 없었다'고 말한 사람도 적잖다.

추레라 산업에서 약 50년을 일한 경력자 중忠 씨는 어릴 때 공부를 좋아했다. 하지만 계속 공부하고 싶어 한 동생들이 있었다. 그는 집의 지출을 줄이려고 견습공이 됐다. 가족 중 누군가가 견습공이 되면 한 명의 의식주와 교육 관련 비용이 줄어들어 가계에 큰 도움이 되기 때문이다.

추레라 산업 경력 30년 치麒 씨의 가족들은 치 씨가 초등학교를 졸업하자마자 바로 일을 하길 바랐다. 하지만 그는 학업을 이어 나가려는 의사를 굽히지 않았고, 중학교를 졸업한 후 견습공 생활을 시작했다.

상술한 두 명에 비해 상대적으로 경력이 짧은 밍明 씨 사례를 보자. 야구를 잘했던 그는 중학교 졸업 후 타이베이체육전문대학台北體專, 지금의 타이베이시립대학台北市立大學에 추천으로 입학할 수 있었다. 그러나 그는 추천 입학 자격을 포기하고 견습생 생활과 야간 고등학교를 병행하며 주경야독했다. 그 이유를 물었더니 밍 씨는 밝은 표정으로 그 이유를 말해줬다. 체대에서 공부하는 시간이면 기술 하나를 익히고도 남고, 그 기술은 평생 나를 먹여 살릴 테니 야구하는 것보다 훨씬 낫다고 생각해서 '기술의 길'을 선택했다는 이야기다.

스스로의 선택으로 고향을 떠나 견습생의 길을 선택한 사람도, 혹은 가족을 둘러싼 여러 상황 때문에 어쩔 수 없이 견습생이 된 사람도 모두 숙련공은 '도제식'으로 기술을 배울 수 있다는 점이 가장 좋다고 입 모아 말했다.

그들이 숙련공이 되기로 한 이유에서 기술을 가졌다는 사실이 숙련공에게 준 안정감이 무엇인지를 또렷하게 알 수 있다. 공부할 능력이 없거나, 집을 책임져야 하거나, 농업의 전망이 어둡다고 생각한 어린 친구들에게 '도제식'으로 기술을 획득하는 것은 꽤 괜찮은 출구였다.

그들은 여러 방식으로 당시 자신이 한 선택이 최선책이었다는 것을 나에게 증명하려 애썼다. 외동아들이었던 밍 씨는 세 명의 여동생이 있었다. 그의 아버지는 배를 탔기 때문에 줄곧 집을 비웠다. 경제적인 수입이 아예 없지는 않았지만, 밍 씨에게 여동생들은 야구보다 훨씬 더 중요했다. 그래서 그는 여동생들이 중학교를 졸업할 수 있게 부친에게 힘을 보탰다. 바로 아래 동생은 중학교 졸업 후 미용과 재봉을 배워 집을 도왔다. 시간이 조금 흐른 후 세 여동생은 모두 결혼했다.

신샹위 공장에는 전기용접 자격증을 가진 즈밍志銘이 있다. 그는 중학교 졸업 후 집안 형편이 넉넉지 않아 기술형 직업학교를 졸업할 수 없었다. 하지만 그는 직업학교에서 공부하는 동안 전기용접 자격증을 획득했기 때문에 순조롭게 일을 시작할 수 있었다. 즈밍 씨는 빠른 취업으로 가계 부담을 줄였을 뿐만 아니라 동생들이 건축자재 상점을 개업할 때 자금을 지원할 정도의 재력도 갖추게 됐다. 이런 것들을 이야기할 때면 숙련공의 눈빛은 자긍심으로 반짝인다.

현재 우리는 여러 역사적 사실과 데이터, 학술용어를 통해 냉정하고 이성적으로 나의 아버지와 젊은 시절의 숙련공들을 분석할 수 있다. 그리고 분석의 결과에 따라, 그들이 그저 당시의 무수한 어린 노동자들과 같이 정부의 정책과 산업 환경의 변화에 따라 산업 역군의 길을 선택한 것이며, 이는 시대의 한 부분이자 보편적인 현상에 가깝다고 판단할 수도 있을 것이다.

하지만 그들의 심리적 작동 기제를 직접 접하고 나서 깨달았다. 공업에 투입된 이 농촌 청년들은 겉보기에는 시대의 조류에 휩쓸린 것처럼 보이지만, 그저 시대에 순응한 것만은 결코 아니었다. 미래의 길을 선택하는 과정에서 그들은 저마다의 잣대에 입각한 판단 기준을 갖고 있었다. 그들의 판단은 시대의 추세에 대한 그 세대 노동자의 상상이었다.

누가 매달 너에게 돈을 주면 좋은 거 아니니?

아버지는 나에게 공업에 종사하는 것의 장점을 간단하지만 힘찬 한마디로 정리해줬다. "누군가가 매달 너에게 돈을 주면 좋은 거 아니니?" 언뜻 보면 단순해 보이는 이 대답을 진지하게 분석하자 일과 노동에 대한 부친의 표상 중 중요한 요소를 발견할 수 있었다. 나는 이것을 '피고용인의 심적 태도'라고 부른다. 아버지의 논리는 '취업'을 향한다. 창업으로 사장이 돼 다른 사람에게 월급을 주는 고용주가 되는 게 아니라, 취업해서 다른 사람에게 급여를 받는 직원이 되는 것이다.

취업에 관한 숙련공의 상상이 모두 농사와 대립된다는 점이 흥미로웠다. 많은 숙련공에게 기술직이 좋은 이유를 질문했는데, 돌아오는 답 대부분이 농사와의 비교 우위를 강조하는 형태였다. "우리는 한 달 일하면 돈을 받잖아! 농사는 안 그래. 몇 달을 일해도 수확이 쉽지 않아. 태풍이라도 오면 아무것도 남지 않는다고" 치 씨의 대답은 다른 숙련공의 생각을 종합한 것이라고 해석해도 무방하다. 농촌에서 자란 이들은 농사의 불안정성을 잘 이해했고, 따라서 보다 안정적인 수입원을 모색했다. 1년 내내 고생해도 날씨라는 변수를 벗어날 수 없고, 손익을 모두 스스로 책임져야 하는 농업은 그들에게는 불안정하고 위험한 산업으로 인식된다. 하지만 회사에 취업하면 매달 꼬박꼬박 월급을 받는다. 농업 종사보다 훨씬 안정적으로 수입이 확보되는 것이다.

숙련공에게는 농업도 공업도 모두 힘들기는 매한가지였으리라. 하지만 그들은 이 두 직업군을 비교했고, 안정적인 수입을 보장받을 수 있는 피고용인을 선택하는 게 더 낫다고 생각했다.

숙련공이 진로를 결정할 때 고려해야 할 제한과 조건에는 가족만 있는 게 아니라 개인적인 조건도 있다. 가령 공부를 잘하냐 못하냐 여부도 중요하다. 공부에 뛰어난 사람이 아니라면 소득을 보장해주는 기술을 믿게 된다. 기술을 활용해 취업하면, 그 어떤 상황이 와도 평생 배를 곯지 않으리라는 판단이다.

피고용인이 돼 안정적인 수입 확보를 희망하는 마음이 바로 내가 말하는 '피고용인의 심적 태도'이다. 숙련공이 갖고 있는 피고용인의 심적 태도는, 당시 타이완 농촌 등에서 1차 산업에 종사한 가정의 청년들이 일자리에 대해 가진 인식에서 잘 드러난다. 불안정한 수입에 시달리던 가정과 달리, 배불리 먹고 공짜로 자고 어느 정도의 생활비를 받으며 기술을 배울 수 있던 도제 문화는 당시 농촌 청년들이 고향을 떠나게 한 강력한 유혹이었다. 이 시기 타이완의 첫 이촌향도 현상, 그리고 첫 산업 구조 변화가 일어났다.

견습생의 일과 일상

타이완어로 '사자師仔'는 도제라는 의미다. 도제 시스템으로 스승에게 배우는 형식은 스승과 제자의 신분에 근거해서 '학사자學師仔'라고 표현한다. 이를 조금 더 파고들어 보면 학사자, 즉 '도제 교육'이라는 표현 자체는 당사자가 종사하는 업종이나 수련하는 분야를 명료하게 드러내지 않는다. '도제 교육'은 견습생이 되는 그 자체를 뜻하는 것처럼 느껴진다.

아버지가 겪은 도제 시스템을 보면 내 느낌은 틀리지 않았다. 도제 시스템의 인사구조는 매우 간단하다. 고용주, 숙련공, 견습생. 딱 세 단위로 구분된다. 규모가 비교적 작은 공장에서는 고용주가 숙련공을 겸하면서 공장 대소사를 관장하고 작업과 견습생 교육도 책임지기도 한다.

공장이 어린 견습생을 유인할 수 있었던 힘은 조건에서 나왔다. 공장은 숙식과 평생 쓸 수 있는 기술 획득을 제공해준다. 게다가 매달 소정의 급여도 지급한다. 어린 견습생은 대개 고용주의 집에서 묵으며 숙련공 부부의 집안 대소사에도 힘을 보탰다. 가령 집 정리, 밥 짓기, 설거지, 때로는 아이들의 양육 같은 일 말이다. 공장에서도 고용주와 숙련공을 도와 바쁘게 뛰어다녔다. 물건을 사고, 숙련공의 지시에 따라 현장에서 공구를 건네며 어깨너머로 일을 배웠고, 공장 청소 같은 잡무를 담당했다.

쉽게 말해 '잡일'이다. 현재 사무실에서 대학생이 하는 아르바이트와 크게 다르지 않다.

흥미로운 것은 견습공 시절을 회고할 때 숙련공 대부분이 미소를 머금고 있었다는 사실이다. 우리 세대는 감각할 기회가 없는 삶의 발자취가 그들의 입에서 생생하게 살아 숨 쉰다. 아버지는 견습공 때 겪었던 일화를 이야기하기 좋아한다. 했던 이야기를 하고 또 하면서도 매번 크게 웃고, 우리도 덩달아 웃게 된다.

당시 타이완은 삼엄한 계엄 통치를 겪고 있었다. 아버지는 견습공 동료들과 종종 야시장에 갔는데, 놀다가 시간을 까마득히 잊곤 했다. 아뿔싸 하고 정신을 차릴 때면 이미 거리에 통금이 실시되고 있었다.

아버지와 견습공 친구들은 서둘러 고용주의 집으로 돌아가려 발걸음을 돌렸다. 하지만 나막신의 딸깍거리는 소리가 다른 사람들의 주의를 끌 줄은 예상하지 못했다. 결국 순찰 중인 경찰에게 붙잡혀 경찰서로 끌려갔다.

경찰은 아직 어린 그들을 보호자에게 인계하려 했지만 그럴 수 없었다. 아버지의 보호자는 타이둥에서 가오슝까지 와야 했고, 다른 동료들의 보호자 역시 타이완 전국 각지에 살았으니 말이다. 경찰이 이들의 보호자를 하나하나 다 찾으려 들면 하루로는 턱도 없이 부족했을 것이다. 결국 경찰은 그들의 고용주를 호출할 수밖에 없었다.

그날 밤 고용주는 잠옷 차림으로 부랴부랴 경찰서로 달려왔다. 그는 문제를 일으킨 까까머리들에게 욕설을 퍼부으면서도 동시에 경찰 나으리께 머리를 조아리며 끊임없이 사과했다. 그가 경찰에게 견습공을 숙소로 데려가 잘 훈계하겠다는 보증을 하고 나서야 그들은 풀려날 수 있었다. 귀가하는 길, 고용주가 아버지와 그 일행에게 부단하게 퍼부은 욕설 소리가 당시 거리를 채우던 나막신 소리보다 더 컸다고 아버지는 회상했다.

고용주의 집에 도착한 뒤, 뜻밖에도 고용주는 아버지 일행에게 별다른 처벌을 내리진 않았다. 그저 견습공의 외출을 전보다 조금 더 엄격하게 관리했고, 견습공이 저녁 외출을 할 때 한두 차례의 욕설을 선사했을 뿐이다.

고용주의 교육 방식은 부모님이 우리를 가르친 방식과 몹시 비슷하다. 아이가 잘못을 저지르면, 부모는 먼저 아이를 대신해 머리를 조아리고 사과하며 아이를 말로 호되게 혼낸다. 그런데 여기까지다. 용돈만 줄여도 아이에게는 가혹한 처벌이 될 수 있는데 굳이 다른 특별한 조치는 취하지 않았다.

도제, 교양의 산실

도제의 기술 전승 방식은 가부장제에 가까웠지만 뜻하지 않은 효과도 있었다. 나이가 어린 견습공은 대부분 공장에서 기술을 배우는 동시에 인간적인 보살핌도 받으며 인격과 개성이 무르익었다. 인품이 훌륭한 숙련공과 고용주를 만난 견습공은 '숙련공'으로 성장하겠다는 자신의 목표를 위해 기술을 배우면서 좋은 품성도 키워나갔다.

물론 어떤 사람을 만나게 될지는 모두 저마다의 운에 따라 달랐다. 견습공의 부모는 면담 한 번으로는 고용주의 인품을 눈치채지 못할 수 있다. 공장의 숙련공 역시 각양각색의 인물들이다. 가르치는 능력의 수준, 능동과 피동, 인품과 성격 등이 저마다 달랐다. 결국 모두 인연에 달린 셈이다.

규모가 어느 정도 되고 숙련공이 비교적 많은 공장의 고용주는 견습생의 특성을 고려해서 교육을 담당할 숙련공을 안배하기도 한다. 가령 아버지의 고용주는 장난기가 많은 견습공은 비교적 엄격하고 말수가 적은 숙련공에게 배우게 했다. 기술에 대한 열망이 강한 견습공에게는 우수한 기술을 가진 숙련공을 붙여줬다.

여기에 객관적인 평가 기준 같은 척도는 존재하지 않았다. 공장은 오롯이 사람 중심으로 운영됐다. 그러니 고용주나 숙련공 모두 편애하는 견습공이 있을 수밖에 없다. 고용주나 숙련공은 누구를 편애했을까? 말을 재치 있게 하거나 일머리가 있는 견습공? 열심히 배우려 하거나 차분한 견습공? 이 질문에 대한 숙련공의 답은 제각각이다. 가령 초등학교만 졸업하고 숙련공이 된 사람들은 '특별히 잘 돌봐주고 싶은' 견습공이 따로 있었다.

그렇지만 숙련공은 대개 '차분한 성격, 듬직한 업무 능력'을 가장 중시했다. 숙련공이 견습공을 관찰하는 것은 사실 미래의 동료를 살피는 일이기도 하기 때문이다. 그러므로 견습공 한 명을 가르치는 일은 아이가 사회인으로 성장토록 돌보는 과정과 같았다.

도제는 양養 · 육育 · 훈訓의 개념이 섞인 것이다. 당시는 산업 변화를 온몸으로 받아들이면서도 과거의 제도와 전통이 여전히 작동하던, 대중이 변화에 적응하기를 기다리는 과도기였다. 이때 도제는 전통사회와 현대사회가 맞물려 작동하는 아름다운 직업훈련 시스템이자 제도였다. 또한 도제는 농촌사회가 기대하던 '가정'의 역할과 현대사회가 필요로 한 '직업훈련소' 및 '학교'의 기능을 모두 수행했다. 이렇게 도제는 타이완 사회의 기술과 산업의 순조로운 전환에 일조한다.

도제 시스템에서 산학협력까지

이제 타이완에서 상술한 도제식 시스템을 더는 볼 수 없다. 의무교육 기간이 연장되면서 학력 인플레와 자격증의 시대가 시작됐고, 도제식 시스템에 의존했던 기술 대부분이 지금은 전문적인 교육훈련기관과 자격증 시험을 통해 유지된다. 내가 만난 숙련공 중 비교적 젊은 사람 한 명은 이미 직업학교를 졸업하고 기계설비 자격증을 취득한 상태였다.

도제는 시대와 함께 서서히 변화하면서 여러 형태로 변모했다. 나는 아버지 시대의 방식을 전통적 도제라고 부른다. 이 도제 시스템은 숙식 모두 사장과 함께하면서 스승을 모시는 특별한 의식이지만 출사出師와 관련한 의례는 없다.

전통식 도제는 공장에 인력이 부족하면 근교 농촌에 버스를 보내 견습공을 모집한다. 외지 출신이 아닌 인력에게는 숙식을 제공하지 않기도 했다.

견습공의 급여는 대체로 고정됐다. 견습공 때 매달 받는 약간의 돈은 '이발비'로 불렸다. 정식으로 지급되는 급여가 아니라는 뜻이다. 전통식 도제는 숙식을 제공하기 때문에 견습공은 이 돈을 비누, 수건, 옷, 양말 같은 생필품 구매나 이발비로 사용했다. 공장 간 처우도 대개 비슷했다. 대부분의 초보 견습공이 매달 약 300위안을 받았다.

직업학교 등을 통한 산학협력제도가 발전하면서 전통식 도제 역시 변신했다. 숙련공 치 씨가 바로 정식 학교의 산학협력을 통해 공장에 들어간 사례다. 그는 실업계 고등학교에서 전기용접을 배웠다. 학교의 배치에 따라 수업을 들으면서 실습생 명의로 공장에서 실무를 익혔다. 이때 학생이 공장에서 실습하며 배우는 내용은 전통식 도제 시스템에서 견습공이 배우는 것과 사실상 큰 차이가 없다. 실습 기간이 몇 개월에 불과해 견습공보다 짧다는 점, 실습 기간이 끝난 후에는 공장 사장의 도장이 찍힌 인증 서류를 들고 학교로 돌아간다는 점 등이 다를 뿐이다.

산학협력과 도제 시스템의 차이는 사전 준비다. 산학협력에 참여하는 학생들은 반드시 보유해야 할 기술의 기초를 학교에서 모두 배운다. 그래서 이들은 졸업 후 반半숙련공*이라는 자격으로 공장에서 일할 기회를 얻는다. 치 씨 역시 졸업 후 다른 분야의 공장에서 몇 년 동안 일한 경험을 인정받아 반숙련공으로 트레일러 산업에

---

* 반숙련공半桶師은 용접이나 절단 등 기초 기술을 보유했지만, 추레라 제작 경험이 없어서 숙련공으로는 인정되지 않는 사람이다.

종사하게 됐다.

시대가 달라지면서 도제 시스템 역시 크게 변화했다. 고국을 등지고 온 외국인 노동자를 제외하면, 사장이 숙식을 책임지는 전통 도제 시스템은 사라졌다. 전반적인 교육 수준이 올라가면서 타이완 청년들은 힘든 노동을 점차 원하지 않게 되었다. 직업 관련 관례와 노동-자본 관계에 관한 의식이 다듬어졌고, 이제 실습생을 고용하면 반드시 법이 정한 기본임금을 지불해야 한다.

신샹위 공장에서 자청해서 견습공을 지망하는 한 청년을 만났다. 사립대학 석사 학위를 취득한 그는 공장 견습공이 되려 했다. 그가 맡은 일은 공장 청소와 숙련공 잡무 처리 등으로, 일당은 800위안이었다.

그러나 이런 견습공은 점차 회사에 부담이 됐다. 공장 경영자 한 명은 가면 갈수록 기꺼이 일하는 신입을 만나기 힘들고, 그런 신입이 있어도 금세 떠나고 만다고 하소연했다. 사장이 많은 시간과 비용을 들여 기술을 가르치고 훈련시킨 신입들이 너무 쉽게 유출되는 것이다. 위에서 언급한 석사 견습공 역시 두 달도 채 되지 않아 신샹위 공장을 떠났다.

취업 과정이 다양화되고 노동법이 제정되면서 특정한 조건에 구애받지 않는 견습공을 구하는 일은 하늘의 별 따기처럼 어려워졌다. 어떤 사장은 "이제 공장에서 기술을 배우려는 사람에게도 한 달에 2만 위안을 주고, 기술도 가르치고, 식사도 제공하고, 보험도 들어준 다음 기술 취득까지 보증해줘야 할지도 몰라!"라며 자조했다.

예전에는 견습공을 받아서 공장의 부족한 인력을 보충하고 동시에 산업에 필요한 인력을 훈련시킬 수 있었다. 지금은 아니다. 추레라 산업은 점점 더 쇠락하고 있고, 청년 중 이 일을 자원하는 사람은 없다. 이대로라면 추레라 산업에 종사할 노동자를 찾지 못할 게 자명하다.

회사를 경영하는 사람의 입장에서 견습공 시스템을 운영하는 것은 자기 공장의 기술을 타인에게 이전하는 것과 다름없다. 그러므로 견습공 기간이 끝난 인력이 공장에서 몇 년 정도는 일해야 수지타산이 맞는다. 그렇지 않으면 상당한 손해를 보는 셈이다.

지금 트레일러 공장의 도제 시스템은 일반적인 취업 루트와 비슷하다. 나이 어린 견습공을 돌보는 역할 같은 건 불필요해졌다. 그러나 내가 만난 숙련공들에게 도제는 경제적 독립을 제공했던 중요한 방법이자 단계였다. 전통식 도제 시스템은 숙련공의 일과 역사, 그리고 타이완 산업 변천에서 가장 핵심적인 역할을 담당했었다.

견습공이 받아야 했던 두 가지 수업

도제 시스템은 실습을 중심으로 한 기술 누적 전승 방식을 광범하게 지칭하는 단어다. 타이완에서 도제는 각종 형태로 다양하게 존재한다. 현대 타이완 도제 시스템 산업 관련 연구의 대상은 목공, 오토바이 기술자, 이란宜蘭 지역의 전통 산업 등 여러 가지다. 또한 이들의 도제 시스템은 산업 영역마다 다르다.

오래전부터 시작된 목공과 이란 전통산업의 도제 시스템은 변화가 별로 없고 상징성을 가진 의례를 꽤 유지하고 있다. 가령 목공 산업은 노반魯班공* 생일과 견습공 입문 때 제사를 지낸다. 견습공 기간은 3년 4개월로 명확하게 정해져 있다. 또한 견습공이 제작한 삼태기의 만듦새를 숙련공이 인정했을 때만 출사가 가능하다.

추레라 작업 계통은 철공에 속하고, 철공에는 다양한 영역의 작업이 포함된다. 용접이나 절단 같은 기초적인 작업은 같지만, 산업 영역에 따라 제각기 다른 철강 관련 기술로 응용 및 발전하는 것이다.

공업 운수 수요가 발생할 무렵 추레라 제작 산업 역시 전문화됐

---

* 중국 춘추시대의 목수다. 중화권에서 활동하는 목수들에게는 목공의 신과 같다. (옮긴이 주)

다. 아버지가 평산 공장에 갓 입사했을 때 그곳의 '숙련공'들은 대부분 젊었다. 어떤 숙련공은 아버지보다 겨우 1, 2년 먼저 배웠을 따름이었다. 스승 아래서 기술을 배운 다음 세상에 나서야 한다는 규율 같은 게 중요하지 않을 때였다.

추레라 산업의 기술 계통은 숙련공이 '서공西工'이라 일컫는 철공 산업에서 출발한다. 서공은 일본어 제관製缶을 타이완식으로 바꾼 것으로, 금속 재가공 관련 산업을 뜻하는 단어다.

추레라는 보기에는 거대하지만 알고 보면 차량 헤드와 차제로 구성되는 단순한 제품이다. 추레라 숙련공이 제작하는 차체는 간단히 말해 강재鋼材를 합쳐 만든 금속 구조물이라고 할 수 있다. 따라서 추레라 제작 공정 중 제일 큰 비중을 차지하는 게 바로 강재 절단 및 접합이다. 서공 산업에서도 이 두 기술이 가장 중요하다.

이 작업에는 표준 작업 공정도, 수업 요강도, 교과서도 없다. 오로지 숙련공의 인도와 지도에 달렸다. 필요한 모든 기술이 누적되려면 반드시 일정한 시간을 들여 숙련하는 과정이 필요하다. 도제식 기술 연마에서는 '듣고 보기'가 아니라 '직접 하기'가 기술을 축적하는 가장 빠른 방법이다.

아버지가 젊었을 때 타이완 경공업과 제조업은 대부분 도제식 시스템으로 기술을 전승했다. 여기서 각종 제조업에 자체적인 기술을 가진 노동자들이 배출됐다. 이렇게 독립적으로 제조와 생산이 가능한 기술자들을 '사부師傅', 즉 숙련공이라고 불렀다. 이 칭호는 이후 생산을 기계화된 공장에 맡긴 이후 등장한 보통의 노동자와 숙련공을 구별해 준다. 숙련공은 곧 하나의 생산 환경이자 다른 노동자들이 대체할 수 없는 기술을 보유했다는 뜻이다.

견습공의 필수 과목 1, 기술의 누적

견습공은 공장에서 보내는 몇 년 동안 두 항목을 완수해야 독립할 수 있다. 그중 하나가 기술 누적이다. 가장 먼저 연마하고 장착해야 하는 기술은 강재 절단과 접합이다. 강재 절단과 접합은 모두 특수 기계를 사용하는데 몇 가지 주의 사항이 있다. 두 손을 놓는 위치, 기계와 신체와의 거리, 기계 및 강재 접촉각 등이다.

숙련공은 설명과 해설로 기술을 가르치고, 견습공은 질문으로 호기심을 해결한다. 숙련공은 견습공의 자세를 교정하고 기계 조작법을 가르친다. 절단선은 곧으면서 동시에 아름다워야 하고, 용접 비드는 최소화하면서도 접착은 견고해야 한다. 손을 떨면 안 되고, 신체 중심도 흐트러지면 안 된다. 용접하는 힘의 경중을 조율하는 기교도 필요하다. 이런 것들은 설명을 듣거나 숙련공의 시범을 보는 것만으로 익힐 수 없다. 또렷하게 정의하기 힘든 이 '신체 장악'은 반드시 직접 하루하루 조작 실습을 해야만 가능하다. 이 과정에서 작업 때 쓰는 공구의 이름과 용법도 모두 배운다.

아무런 관련 지식도 없이 공장에 들어온 농촌의 아이들이 쓸모 있는 노동자로 성장하는 과정은 쉽지 않았다. 낯선 사람과 환경, 제품과 도구를 마주하면서 영문도 모른 채 욕을 먹으며 지내기 일쑤였다.

타이완의 추레라 제작 기술은 일본에서 왔다. 경력이 오래된 숙련공 대부분이 일본인 숙련공 아래에서 견습공 생활을 했다. 당시 일본인 숙련공의 성품과 교육 수준은 저마다 달랐고, 견습공이 사장과 숙련공에게 인정받는 과정 역시 제각각이었다. 다만 일본인 숙련공에 대한 단 하나의 공통적인 평가는 바로 '무서웠다'였다.

그들의 기억 속 일본인 숙련공은 규율을 중시하고 엄격했다. 언어가 달라 타이완인 견습공이 일본인 숙련공의 말을 한 번에 알아듣지 못하면 육두문자와 함께 손찌검도 서슴지 않았다. 한 숙련공은 견습공 시절 만난 한 일본인 숙련공의 이야기를 들려줬다. 그 일본인 숙련공은 작업하면서 필요한 공구를 가져오라고 했을 때 견습공이 단번에 알아듣지 못하면 그 즉시 물건을 내던졌다고 했다.

이 숙련공은 웃으면서 견습공 시절의 일화를 들려줬지만, 이미 환갑이 넘은 그에게 오래전 그가 만난 일본인 숙련공이 남긴 그림자는 여전히 진하게 드리워져 있었다.

상술한 것처럼 열심히 노력하는 견습생은 고용주에게 조금 더 나은 대우를 받고, 숙련공에게 더 많은 기술을 배울 수 있었다. 아버지가 견습공 때 일했던 공장은 견습공에게 파트너 숙련공을 배치하지 않았다. 숙련공에게 조수가 필요할 때, 혹은 그들이 특정 기교나 공정을 설명하고 싶을 때만 견습공을 불렀다. 그러므로 견습공 대부분은 특정 지시를 기다리거나 혹은 필요한 공구를 전달하는 일만 했다.

아버지는 가만히 있지 않았다. 기술을 더 빨리 배우기 위해 학습의 기회를 붙잡으려 애썼다. 그는 숙련공이 쉬는 점심시간 때면 절삭 기계와 용접 기계를 들고 쓰고 남은 강재로 연습했다. 남은 부품을 얇게 잘라서 작은 강재로 만들거나 강판에 용접하며 더 빨리 기술을 익히려 한 것이다.

아버지는 스스로 학습 진도표를 짜서 기술을 연마했다. 그러다가 자력으로 해결할 수 없는 과제와 부딪히면 숙련공의 작업을 어깨너머로 보면서 문제를 풀어나갔다.

용접하기 힘든 금속이 있으면 아버지는 용접 마스크를 들고 숙련공 옆에 웅크리고 앉았다. 숙련공이 어떤 용접 기술과 공정으로 작업하는지를 관찰하며 배우기 위해서였다. 숙련공 몇이 이런 아버지에게서 학구열을 느꼈고, 작업 후 남는 시간에 이런저런 조언을 해주거나 아버지가 모르던 세부적인 작업 오류를 교정해줬다.

아버지는 매일 다른 견습공보다 조금 더 공부하고 조금 더 경청했다. 이런 노력의 시간이 누적되자 분명한 차이가 만들어졌다.

도제 시스템에서 기술 실력의 양상은 매우 중요하다. 배운 기간 등 다른 조건이 아니라, 오로지 기술 수준만 보는 도제의 세계에서 실력은 빠른 독립과 연봉 상승의 관건이었다. 견습공이 축적하는 성과는 급여에 즉각적으로 반영됐다. 연봉 조정의 폭과 빈도는 견습공의 기술 숙련도와 작업 속도에 따라 정해졌다.

그러니 핵심 기술을 장악하고 있는 숙련공이 기술을 어느 정도 알려주느냐가 견습공의 독립 속도에 큰 영향을 미쳤다. 이에 대한 숙련공 밍 씨의 생각은 다음과 같다. 숙련공이 당신을 얼마나 가르쳐주느냐에 따라 견습공의 독립 시점이 결정된다. 이 일은 마치 정밀한 작업이 필요한 부속인 차축 같다. 디테일을 놓치면 차체와 부속은 제대로 결합하지 않는다. 숙련공이 기술을 알려주지 않으면 견습공은 스스로 더듬거리며 길을 모색해야 한다. 먼 길을 돌아가야 하는 것이다. 견습공에게 숙련공의 평가가 중요한 이유다.

밍 씨는 '이 정도면 됐다'고 평가할 수 있을 정도가 돼야 견습공에게 다른 것을 알려준다고 말했다. 여기서 '이 정도면 됐다'는 기술이나 기교에 관한 것, 혹은 관련 지식이나 작업 태도 및 성격을 뜻하기도 한다. 인격과 기술을 아우르는 종합적 판단이 견습공에 대한 숙련공의 교육 의욕에 영향을 줬다. 도제 시스템으로 돌아가는 작업 현장은 견습공의 내면부터 외면, 성격에서 기술까지 교육하는 영역이었다.

견습공의 필수 과목 2,
인맥 형성

기술이 어느 정도 쌓이면 견습공은 할 수 있는 일이 많아진다. 급여 역시 이발비 정도에 불과했던 300위안을 넘어선다. 그러나 한 공장에서 받을 수 있는 급여와 익힐 수 있는 기술은 한정돼 있다. 견습공이 자신의 급여를 그 이상으로 올리고 싶다면, 반드시 실력 외에도 다른 한 과목을 더 들어야 한다. 바로 인맥 형성이다.

이때 서공 산업을 관통하는 공통적인 기술이 빛을 발한다. 서공 산업의 특성은 관련 산업의 다양성이다. 그러니 관련 기술을 몇 가지 익히면 전업이라는 선택지를 손에 쥘 수 있다.

아버지는 처음 일한 공장에서 3년간 일했다. 하지만 급여가 1,200위안 정도에서 더 오르지 않자, 이곳에서 받을 수 있는 급여가

임계점에 이르렀다고 판단하고 그 길로 사표를 냈다. 그 후 지인에게 소개받은 평산의 다른 공장에 취업해서 철창과 모래채취선을 만들었다. 이 일을 약 1년 정도 한 아버지는 다시 원래 일했던 화물칸 제작 공장으로 돌아갔다. 새로 책정된 급여는 예전보다 훨씬 높은 월 3,000~4,000위안 수준이었다.

이직으로 다른 공장 혹은 다른 산업에서 기술을 습득하는 건 거의 모든 추레라 제작 숙련공이 지나온 필수 루트다. 숙련공 이 씨는 추레라 제작 산업에 종사하기 전까지 폐수관로를 제작했다. 그에 따르면 공장을 옮기는 건 견습공과 갓 출사한 반숙련공이 급여를 올릴 때 쓰는 중요한 수단이었다.

일자리 구하기가 쉬웠던 1960년대, 인맥은 이직에 있어 매우 중요했다. 새 직장을 판단하기 힘든 구직자, 구직자의 기술과 성격, 작업 태도를 판단할 수 없었던 회사, 둘 다 중개인을 통해 일을 구하거나 일할 사람을 구하는 게 제일 편했기 때문이다. 구직자와 고용주가 연봉을 협상할 때도 마찬가지였다.

중개인은 다양했다. 일하면서 알게 된 숙련공, 회사 동료, 회사 사장, 관련 산업 외부인 등이 모두 중개인 역할을 했기 때문이다. 이들은 구직자가 환경이 나쁜 직장을 거르도록 돕거나 구직자의 기술 수준을 회사에 보증한다.

이직과 전업은 기술 습득을 완료한 견습공이 자립했다는 상징이기도 하다. 그들은 이직과 전업을 거듭하며 더 효율적으로 인맥을 쌓았고, 해당 영역의 인맥 네트워크를 구축했다. 내가 만난 숙련공의 90% 이상이 동료나 친구의 중개로 일을 소개받으며 커리어를 쌓았다. 그리고 이 동료와 친구는 숙련공이 직장을 옮기는 과정에서 형성되고 누적된 인맥이다.

견습공 기간에 형성된 좋은 업무 태도와 기본적인 인맥, 출사 이후 이직과 전업을 거듭하면서 더 강화되는 인맥과 기술, 이 누적이 중요하다. 다른 공장에서 또 다른 동료를 만나고, 이 동료가 언젠가 다른 공장으로 이직할 때 그곳에 나를 보증하는 중개인이 되어준다.

예전에 같이 일했던 동료가 전국 각지로 나뭇가지처럼 뻗어나간다. 아버지 역시 인맥을 통해 예전 동료가 일하던 공장에서 일하게 됐다. 아버지가 3년의 병역을 마치고 구직할 때 가장 큰 도움을 받은 게 바로 이 인맥이었다. 견습공의 세계로 발을 디디며 만난 소년 숙련공들이 아버지가 공장을 떠나 있던 3년의 공백기를 메워줬고, 지금 일하고 있는 가오슝 샤오강구에 아버지를 소개했다.

철공 산업은 유관 산업과 적용 분야가 광범해서 기술 수요가 많았다. 그래서 견습공은 출사 후 이직과 전업으로 산업의 광대한 바다로 나아갈 수 있었다. 숙련공은 특정 산업의 일자리가 포화상태가 되면 다른 분야에서 일을 구했다. 철공 기술은 숙련공에게 있어 '철밥통'을 보장해주는 것과 다름없었다.

하지만 철밥통을 움켜쥐는 건 그리 만만치 않았다. 숙련공은 다른 스타일로 일하는 대상과 협업할 수 있어야 하고, 기술도 계속 정진해야 그 영역에서 한자리를 차지할 수 있다. 또한 숙련공은 셀프 마케팅을 통해 업계 안에서의 지명도를 올리는 능력도 필요했다. 숙련공은 이런 도전에 어떻게 대응했을까? 다음 장에서 숙련공이 생존을 위해 분투해온 길을 살펴보겠다.

아버지는 입대 전에 견습공 과정을 끝내고, 제대 후부터 추레라 제작 숙련공의 삶을 시작했다.

숙련공, 생존의 여정

3장

반숙련공은 어떻게 기술을 연마할까

2장에서 해설한 것처럼 견습공은 숙련공의 곁에서 듣고 보고 배웠다. 열성적인 학습 태도를 가진 견습공은 숙련공의 신임을 얻었다. 또한 숙련공은 그런 견습공에게는 더 많은 기술을 알려주려 애썼다. 견습공은 반복되는 훈련으로 기초 기술을 연마하고, 이 업계에서 갖춰야 할 기능에 숙달하게 된다. 그렇다면 출사 이후의 반숙련공이나 젊은 숙련공은 제조하는 상품에 관한 지식과 제조 기술을 어떻게 익히고 어떻게 더 다양한 일자리 기회를 얻었을까?

훔치기와 모방

질문에 대한 답은 '훔치기'다. 더 정확히 말하면 '모방'이다.

이건 기초 중의 기초다. 내가 새 레고를 가졌을 때와 같다. 처음에는 설명서를 보면서 설명서가 안내하는 방식으로 조립해서 완성한다. 조립 과정에서 각 부품의 기능과 용법을 이해하면서 레고에 익숙해진다. 그리고 나면 내 마음대로 이리저리 응용해서 다양한 조립을 할 수 있다.

아버지도 마찬가지였다. 그는 출사 이후 일부러 여러 공장을 전전했는데, 아버지는 '기술을 배우러' 다녔다고 회상했다. 새 차종을 만들 때 가장 빠르고 정확한 방법은 바로 그 차종을 제작하는 공장에 가서 숙련공의 작업을 보는 것이라는 게 아버지의 판단이었다.

먼저 다른 작업을 모방하면서 출발한다. 숙련공의 '범례'를 참고해서 만든다. 이 과정이 손에 익으면 자신에게 편한 공정과 개선해야 할 세부 사항을 도출할 수 있다. 이후 이 모든 과정과 획득을 자신의 작업 공정에 녹아들도록 조정한다. 전체 작업 공정을 이해하고 변용해서 이 방식을 자신에게 장착시킨다. "이렇게 신형 차종을 '출사出師' 하는 거란다."라고 아버지는 말했다.

아버지는 더 많은 일을 수주하기 위해 애써 각 방면의 기술을 흡수하면서 제작할 수 있는 차종을 확장해나갔다. 업계에서 안정적으로 일할 수 있도록 '비장의 무기고'를 만든 것이다.

폐차 분해 연구

공장 사장도 숙련공과 다르지 않았다. 아버지의 오랜 지인인 차이관蔡灌 선생은 다린大林에서 꽤 큰 공장을 운영한다. 아버지는 차이 선생의 공장이 가오슝 공장들 중에서 변화에 가장 빨리 적응해서 큰 성공을 거뒀다고 했다. 차이 선생은 적재함 및 차체 제작으로 일을 시작했고 공업 호조기의 흐름에 올라타 호황기를 제대로 누렸다. 이후 타이완 제조업이 해외 이전을 시작하자 그는 추레라 제작 산업의 쇠락을 눈치채고 서둘러 움직였다. 공장의 제품군을 확장해서 청소차, 급수차, 쓰레기차 등 정부기관에서 사용하는 차량 제작에 돌입했다.

일반인은 정부 기관이 주로 사용하는 작업용 차량과 전통적인 추레라 사이의 기술적 차이를 체감하기 힘들다. 하지만 업계 종사자, 즉 차량 제작 전문가의 시선으로 보면 양자에 필요한 기술은 천양지차다. 그리고 새 제품을 개발하려면 막대한 연구개발 자본을 투입해야만 한다.

추레라 공장에서 가장 높은 사람은 사장이다. 숙련공의 임금도 사장이 지불한다. 하지만 회사가 앞으로 어떤 제품을 제작할지, 어떤 전망과 계획을 추진할지를 결정하고 집행할 때에는 반드시 숙련공의 동의를 얻어야 했다. 그러지 않으면 단 한 걸음도 나아갈 수 없었다. 이게 바로 '기술 독점'이 숙련공에게 선사한 카드였다.

당시 차이관 선생은 안정적인 일감 확보를 위해 회사의 주 사업을 정부의 작업용 차량 제작으로 전환하려 했고, 숙련공의 동의와 지지를 얻기 위해 힘을 기울였다. 적지 않은 시간을 공장 내에서 입지가 강한 경험 많은 숙련공들에게 썼다. 함께 차나 술을 마시며 전력으로 소통하고 부단하게 설득한 결과 공장에서 경력이 가장 많은 숙련공 몇 명이 새로운 차종 제작을 위한 기술 연마에 매진하기 시작했다.

추레라 산업의 기술 및 신제품 연구 · 개발은 전문 연구원이 문서나 숫자와 씨름하며 두뇌를 쓰는 이미지와는 거리가 있다. 그보다 훨씬 간단하고 직접적인 방법으로 진행한다. 바로 폐차를 한 대 사서 분해하는 방식이다.

복잡한 실험이나 데이터 분석이 필요한 하이테크와는 달리 추레라 숙련공의 연구 대상은 구조적으로 단순하면서도 구체적이다. 숙련공 대부분의 연구 과정은 다음과 같다. 먼저 차체를 분해하여 조립 방식과 필요한 부품을 확인하고, 분해한 차체를 재조립하면서 조립 공정을 귀납적으로 이해하고 모방한다. 이때 강재의 재질과 외관 같은 세부 사항도 익힌다.

차이관 선생에 따르면 새 차종을 연구할 때마다 약 10대 정도의 폐차를 해체했다고 한다. 이 분해 과정에서 얻은 지식과 깨달음은 이후 그들이 업무 범위를 확장할 때 강력한 무기로 쓰인다.

길가에서,
멈추고서

공장 사장인 차이관 씨는 새 기술 학습방법의 핵심이 '해체'라고 말했고, 다른 공장의 젊은 기술사 아카이阿凱 씨는 다른 방법을 얘기했다.

아카이 씨는 대학 졸업 후 '기술사'를 지망했을 때만 해도 자신이 이렇게 낯선 산업에 종사할 줄은 상상도 못 했다. 그는 공장의 숙련공이 하는 말을 이해하기 위해 자신이 알고 있던 전문 용어를 숙련공이 자주 사용하는 단어로도 이해하려고 애썼고, 차체를 더 깊이 알려고 관련 지식을 넓혀갔다. 이러한 노력이 그가 숙련공과 소통할 수 있는 계기가 됐다. 이 시기 그는 자신이 근무하던 공장의 추레라 모델뿐만 아니라 다른 공장에서 제작하고 출시한 제품까지 광범하게 익혔다.

그가 기술을 익히는 방법은 매우 간단하다. '길가에서 멈추고서 본다.' 추레라는 정해진 규격으로 제작되지만, 실제 생산되는 추레라의 세부적인 설계는 각 공장의 숙련공에 따라 모두 다르다.

아카이 씨는 오토바이로 출근한다. 공장이 집중된 공단 일대를 매일 오가는 것이다. 그는 이 출퇴근 길에서 무수한 추레라를 만난다. 40분 정도 걸리는 퇴근길에서는 다양한 공장에서 생산된 추레라 10~20대를 관찰할 수 있다. 흥미를 끄는 차량이 있으면 그는 즉시 멈춰 서서 자기만의 연구를 진행한다.

아카이 씨의 연구는 주문량이 많은 차종부터 시작된다. 그다음은 길거리에서 마주치는 특이한 차, 그리고 본인이 평소 관심을 두고 주목하던 차 등을 연구한다. 그는 평소에 고객과 차주에게 좋은 평가를 받는 차량 제작 공장에 관한 정보를 주의 깊게 듣고, 그들이 생산하는 차의 장점을 궁리하며 지낸다.

다른 공장에서 생산하는 추레라와 본인 공장에서 생산하는 추레라를 비교 분석하고, 추레라 제작에 관한 숙련공의 의견을 경청하면서 아카이 씨는 자신만의 관점과 방식을 만들어갔다.

아카이 씨의 추레라 제작 지식 학습은 비교와 귀납의 접근을 활용한 것이다. 그는 설명만 듣고서도 제작해보지 않은 차량의 설계도를 정교하게 만들 수 있었다. 이후 그는 공장 사장, 차량 테스트 부서와 숙련공의 동의를 얻으며 순조롭게 업무를 처리했다.

이직

숙련공은 보통 차량 분해와 모방 및 제작 등의 과정으로 새 기술을 습득한다. 이와 달리 아카이는 비교와 관찰로 차량의 계통과 우열을 분석했다. 추레라 산업 종사자 간에도 기술 습득의 방식이 다른 것이다. 다시 이 책의 주인공인 추레라 숙련공으로 관점을 돌려보자. 수년의 경력을 가진 숙련공이 신기술을 획득하는 다른 방법은 무엇일까? 바로 '이직'이다.

사장은 공장 경영을 위해 특정 유형의 차종을 이해하려 노력하고, 기술사는 자신의 지식과 기술을 확장 및 심화하려고 다방면의 관찰과 귀납적인 분석을 시도한다. 그리고 차량을 제작하는 숙련공은 여러 번의 이직으로 새 기술을 접하고 익힌다.

숙련공은 곳곳을 누빈다. 일하는 공장마다 새 기술을 배운다. 모든 공장은 고객 규모, 작업 환경, 구비 설비, 숙련공의 구성이 제각기 다르다. 적재함형 추레라를 주로 수주하는 공장이 있다면, 그 공장에는 분명 적재함 제작에 특화된 숙련공이 일하고 있을 것이다. 시멘트 믹서 트럭을 주로 만드는 공장 근처에는 시멘트 공장이 있기 마련이다.

'이직'을 많이 할수록, 공장을 더 많이 거칠수록 자신의 노력 여하에 따라 숙련공은 더 많은 제작 기술을 얻게 된다. 아버지는 젊었을 때 여러 차례 이직했고, 이직할 때마다 자신이 접하지 못했던 차종과 기술을 배우려 노력했다. 그렇게 세월이 지났고, 아버지는 차주의 어떤 주문도 감당할 수 있을 정도의 숙련공이 됐다. 특정 공장에 의탁하지 않아도 스스로 생존할 수 있다는 뜻이다.

아버지는 오토바이를 타고 샤오강 첸전구를 헤집으며 구인 중인 공장을 물색했다. 이 과정에서 적지 않은 공장주, 숙련공, 관련 업자와 가까워졌다. 이후 아버지는 자체 기술로는 해결하기 어려운 주문을 수주한 공장의 지원 요청을 자주 받았다.

이것이 추레라 숙련공의 삶이다. 여러 공장을 전전하며 다양한 차종의 제작 방식을 모방하고, 다른 숙련공에게서 더 나은 작업 방식을 배운다. 그리고 이렇게 누적된 기술이 대체할 수 없는 자신만의 무기가 된다.

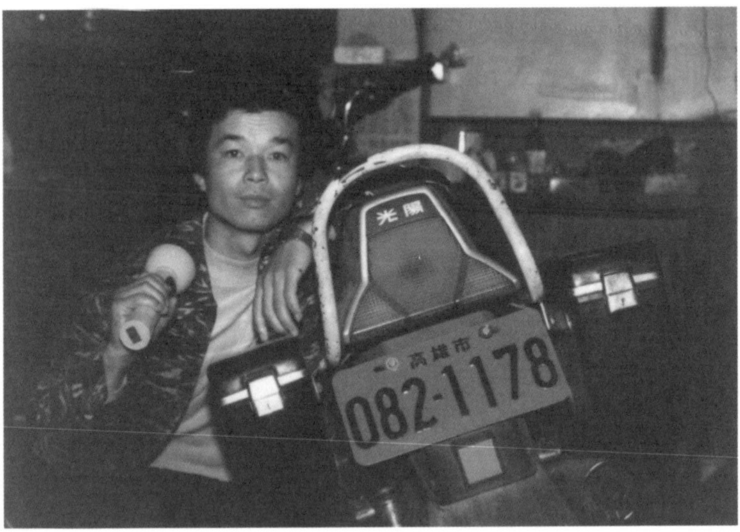

아버지는 오토바이를 타고 샤오강 첸전구를 헤집으며 구인 중인 공장을 물색했다. 젊은 시절 아버지는 사진의 KYMCO의 왕패135 오토바이에 어머니를 태우고 데이트를 즐겼다. 아버지는 이 오토바이를 너무 아낀 나머지 버리지 못했다. 사진의 오토바이는 지금도 고향집 근처 공터에 세워져 있다.

인맥 관리가 중요해

아버지는 몇 곳의 공장에서 일한 후 프리랜서 숙련공의 길을 걷기로 했다. 한 공장에 얽매이지 않고 작업장도 고정되지 않는 길이었다.

인터뷰로 만난 다른 숙련공들은 아버지가 간 길이 숙련공의 선택지 중 가장 좋은 것이라고 입을 모아 말했다. 자유롭고 일한 만큼 받는다. 사장에게 휘둘릴 필요도, 사장과 좋은 관계를 유지하기 위해서 불합리한 요구를 수용해야 하는 상황도 없다. 다만 그들은 모른다. 자유로운 프리랜서 숙련공이 자신의 작업 형태와 위상을 지키면서 안정적인 수입을 유지하기 위해 지불해야 할 피땀을.

비장의 무기,
음료

아버지는 사교성이 좋은 편은 아니다. 내 기억 속 그는 매일 같은 시간에 출근하고 같은 시간에 퇴근해서 집으로 돌아왔다. 친구와 술을 마시거나 밖에 나가 유흥을 즐기지도 않았다. 사람과 어울리는 것은 그의 삶과 거리가 있었다. 아버지는 일과 일상 사이에 단호하게 선을 그었다. 사적 영역에서 연락을 유지하며 친구라고 호칭하는 직장 동료가 손에 꼽을 만큼 적었다. 그러나 그는 일과 관련된 인간관계에는 소홀하지 않았다.

아버지는 프리랜서 숙련공이므로 특정 공장에 소속되지 않았다. 그러니 회사로부터 지급되는 고정적인 급여는 없었고, 일거리를 수주하지 못하는 그 순간 우리 집은 다음 한 끼를 걱정해야 하는 상황이었다.

나와 동생이 어릴 때 부모님은 우리 앞에서 일과 관련된 이야기를 절대 하지 않았다. 아버지는 비교적 정기적으로 쉬는 기간이 있었는데, 가끔 그 휴식이 길어지곤 했다. 그럴 때마다 우리는 눈치챘다. 아무 말도 하지 않고 조용히 쉬고 있는 아버지가 지금 '꽤 힘든 시간'을 보내고 있다는 사실을.

작업복을 입고 집을 나선 아버지가 작업복이 깨끗한 채로 일찍 돌아올 때가 있었다. 이럴 때 그의 표정은 대부분 어두웠고, 집을 감싸는 분위기도 내려앉았다. 이런 날이 이어질 때면 결국 소란이 일어났다.

일이 없어도 그는 매일 작업복을 챙겨 입고 집을 나섰다. 드라마 속 실직한 중년 남성이 매일 양복을 입고 출근하는 척하는 것처럼 말이다. 물론 아버지는 작업복을 입었지만. 아버지는 집을 나서 공장을 돌아다니며 일을 물색했다. 그러다가 일감을 받으면 그 공장에 머무르면서 차량을 수리하거나 종육* 같은 간단한 작업을 해주

---

* 종육剒肉(thâi-bah)은 폐차나 폐선을 사들인 후 해체해서 쓸 만한 부속과 강재를 수습한 후 재판매하는 행위다. 살육殺肉이라고도 한다.

고 약간의 수입을 얻었다.

일이 부족한 시기면 아버지는 바오리다保力達*와 녹차 따위를 선물로 들고 안면이 있는 숙련공과 공장 사장 혹은 업계 관련자를 만났다. 일거리와 일감을 찾으러 다닌 것이다.

아버지 세대 노동자들은 대개 일하지 않는 상태를 견디지 못했다. 아버지도 마찬가지였다. 일거리가 없을 때면 자신만의 방식으로 영업을 뛰고는 했다. 그는 말재주도 없었고 양복을 입고 스스로를 마케팅하지도 않았지만, 인맥 관리의 중요성은 잘 알았다. 그래서 아버지는 기술에 매진하는 한편 인맥 관리를 위한 '비장의 방법'을 만들었다. 이런 과정을 통해 그는 좋은 입소문의 주인공이 됐고, 덕분에 특정 회사에 의지하지 않고도 한 가정을 지탱할 수 있을 정도의 일거리를 얻을 수 있었다.

차주나 부품상과 친해지기

숙련공에게 가장 중요한 자산은 기술력의 꾸준한 보강이다. 공업계는 기술로 말하는 세계다. 탄탄한 기술을 보유한 사람은 굶어 죽을 걱정은 하지 않아도 된다. 합격만 하면 정년을 보장하는 공무원과는 다른 의미로 '철밥통'인 셈이다.

그래서 숙련공은 기술을 중시한다. 이직을 통해 기술을 증진하고 월급을 인상할 수 있다. 그러나 모든 숙련공이 중시하는 자산이 하

* 한국의 박카스처럼 타이완의 대표적인 자양강장 음료다. (옮긴이 주)

나 더 있다. 바로 인맥이다.

숙련공의 인맥은 대개 이직 과정에서 쌓이는데, 이 인맥은 숙련공의 직업 생애에 큰 영향을 미친다. 산업계의 정보와 주요 지식의 흐름은 숙련공의 일거리와 업계 내 위상에도 중요하기 때문이다.

앞에서 말한 것처럼 함께 일하는 숙련공과 제대로 소통하고 관계를 잘 유지하는 것은 매우 중요하다. 또한 숙련공에게 중요한 관계의 대상은 바로 차주와 부품상이다.

차량을 운행하며 전국 곳곳을 누비는 차주는 많은 숙련공과 공장 사정을 알고 있다. 부품상은 공장과 거래하면서 여러 회사의 소식을 듣게 된다. 공장 사장은 유능한 숙련공을 물색할 때 차주 혹은 부품상을 찾기 마련이다. 그러니 차주와 부품상에게 좋은 인상을 남긴 숙련공은 쉽게 일자리를 얻을 수 있다.

차주가 무리한 주문을 했다고 가정해보자. 숙련공은 차주가 요구한 사항을 반영해 차량을 제작해야 한다. 이때 공장주, 차주, 부품상은 서로 긴밀하게 관련 소식을 교환하고 인력을 소개하며 문제를 해결하려 애쓸 것이고, 이 과정에서 새로운 일감이 창출된다. 추레라 산업에서 인맥이 숙련공에게 매우 중요한 이유다.

루강鹿港 소목 장인에 관한 허우녠쭈侯念祖의 연구를 보자.* 목공 산업에서 비공식적인 관계가 어떤 역할을 하는지 가늠하게 해주는 대목이 있다. 현지 목공 집단은 비공식적으로 상호 협조, 시세 유지,

---

* 侯念祖, 『以工匠為師：對鹿港小木工匠的經驗考察』, 台中：東海大學社學系博士論文, 1999.

추레라 산업 종사자들은 종종 공구, 재료, 기술로 교류한다. 이 사진은 아버지가 다른 공장에서 일했던 몇 명의 '소년 숙련공'과 함께 놀러 가서 찍은 사진이다. 지금도 아버지(왼쪽에서 두 번째)는 사진 속 사람들의 이름을 기억한다.

숙련공 평가를 하는데, 비공식적인 노동조합과 유사한 면모를 보인다. 특정 공단의 일을 집단으로 보이콧하거나 파업을 결의할 수 있고, 상호 담합하여 작업 시간과 속도를 조절하면서 상품의 시세를 유지할 수도 있다. 동종업계가 똘똘 뭉치면 정보 교류를 넘어 상호 지지, 연대와 저항, 담합과 이익 보호까지 가능하기 마련이다.

하지만 추레라 산업 세계에서는 숙련공의 개별성이 훨씬 강하다. 산업 군집 정도가 높지 않고, 종사자의 이직 자유도가 목공 산업보다 높기 때문이다. 추레라 숙련공은 목공 산업처럼 연결성이 높지 않고, 집단성도 낮다. 대신 그들은 정보를 서로 교환하는 방식으로 협력하고, 그 협력은 어느 정도 효과를 보았다. 일자리 소개, 정체성 확립, 유통 업계와 유관 산업 소식 전달, 상호 평가 기제 제공, 노동 가치 보호막 형성 등이 대표적인 효과다.

숙련공의 인적 네트워크를 설명하기 전에 먼저 추레라 산업의 네트워크를 살펴보자. 먼저 부품 제작 공장과 판매대행점을 이야기해야 한다. 추레라는 성능 차이에 따라 필요 부품이 천차만별이다. 차체 제작에 필요한 각종 강재, 적재함에 경사를 주기 위한 유압축, 기체, 화학, 기름 등을 담기 위해 특수한 기능을 갖춘 운반통 등은 추레라 숙련공이 직접 만들 수 없으므로, 이때 각각의 부품은 전문적인 공급상이 보급한다.

자재상 직원은 매일 첸전과 샤오강 거리 곳곳의 공장을 누비며 물건을 배달한다. 그러니 자연스레 업계 내 소식이 모이고 흐르는 통로의 역할을 수행하게 된다. 어떤 공장이 우수한 차량 제작 역량을 갖췄는지, 어떤 곳이 자재를 넉넉하게 활용하고 합리적인 가격을 유지하는지, 특수 차량을 제조할 수 있는 우수한 숙련공이 어디에서 근무하는지, 구인 중인 공장은 어디인지 등의 정보와 소식이 자재상과 업계 종사자 간 네트워크로 퍼져나간다. 숙련공과 공장은 이 네트워크를 통해 서로의 필요를 충족하고 결핍을 채운다.

추레라 산업에서 가장 중요한 네트워크 행위자는 바로 운수업자다. 운수업 내에는 다양한 운영 유형이 있는데, 이 유형의 차이에 따라 종사자 대우와 노동 환경이 결정된다. 또한 운수업자의 유형에 따라 추레라 산업 종사자와의 교류 방식이 결정되므로, 먼저 운수업자의 유형을 이해할 필요가 있다.

개인형 차주, 회사형 차주

가오슝 공업 운수 종사자는 회사형과 개인형으로 나뉜다. 추레라 기사가 회사 명의로 일을 받으면 회사형, 자기 차를 가지고 개인 명의로 일을 받으면 개인형이다.

개인이 안정적으로 일을 따내기 어렵기 때문에 개인형 차주는 줄어드는 추세다. 현재 차주 대부분은 '지입' 형태로 회사에 소속돼 일한다.

지입은 자신의 차를 가진 차주가 운수회사에 소속돼 회사로부터 화물을 위탁받아 파견되는 방식을 뜻한다. 이 경우 차주의 급여는 회사의 공제를 통해 계산된다. 차량 유지 및 수리도 급여에서 공제하는데, 공제 방식은 저마다 다르다. 내 조사에 따르면 유지보수비용은 차주 개인이 100% 부담하는 방식과 회사와 공통으로 분담하는 방식이 있다. 8:2, 7:3, 6:4, 5:5 등 여러 분담 비율이 있는데, 이는 회사와 차주의 약정으로 결정된다. 차량이 차주 개인의 자산인 지입의 형태에서 수리 유지비용은 대개 차주가 더 많이 부담한다.

지입 외에 운수회사가 차량을 보유하고 기사를 채용해서 임금을 지급하는 방식도 있다. 이 방식은 단순하다. 기사는 급여와 상여금만 받고, 차량 제작이나 수리보수는 모두 회사가 부담한다. 기사는 어떤 책임도 없다.

우리는 운수회사의 기사 운용 관련 제도를 먼저 이해해야 한다. 기사 운용 형태는 차량 수리 및 제조와 직접적으로 연관되고, 추레라 산업에 종사하는 노동자 간 관계에도 영향을 미쳤다. 대형 운수회사는 한 번에 대량으로 차량 제작을 발주한다. 이 경우에는 보통 공인된 차체 제작회사에 맡긴다. 반면 신차 제작 주문을 소량으로 넣는 개인 차주는 자신과 친한 숙련공에게 주문을 넣거나 수리 전문 공장 및 대형 회사의 자격 명의를 빌려서 제작하는 경우가 많다.

대형 운수회사는 보통 화이트칼라, 즉 사무직이 업무 연락을 도맡고 발주 및 검수를 담당한다. 차체나 차형 관련 요구는 제조공장의 기술사를 통해 전달할 뿐 제조를 담당한 숙련공과 접촉하지 않는다. 숙련공도 마찬가지다. 제작 과정에서 의견이 있을 때는 기술사를 통해 운수회사에 전달한다.

이 상황은 주문자와 제작자의 직접 접촉을 제한하는 제도 때문이기도 하지만 더 본질적으로는 '화이트칼라'와 '까만 손 숙련공'이 업무 때 사용하는 언어 자체가 크게 다르기 때문이다. 그래서 기술사가 중간에서 통역 아닌 통역, 번역 아닌 번역을 담당하는 것이다. 이러면 숙련공은 차주와의 접촉이 어렵고, 따라서 일자리를 소개해 줄 인맥도 만들기 힘들다.

회사에 고용된 추레라 기사는 회사가 지정한 공장에 차량 제작을 맡긴다. 차량 수리와 관리 역시 운수업 사장과 관계가 좋은 공장이 담당한다. 회사에 고용된 기사는 차량 파손에 책임이 없으므로 유지보수에 상대적으로 소홀하고 운전도 거칠다. 한 추레라 기사에 따르면 이들이 운행하는 차량의 하부는 흙이나 기름 등으로 엉망진창인 경우가 많다고 한다.

반면 자기 차량을 보유한 차주는 개인 운영이든 지입이든 수리 및 보수를 거의 자기가 책임진다. 그러니 차량 유지보수에 대한 관심이 매우 높고 차에 정성을 기울인다. 이들은 회사의 간섭 없이 차량을 수리하기 때문에 자신이 믿는 숙련공에게 차를 맡기는 경향이 강하다. 그래서 해당 숙련공이 다른 공장으로 이직하면 차주 역시 그 숙련공의 근무지를 따라 수리 담당 공장을 바꾸는 경우가 많다.

이런 차주는 추레라 숙련공과 가까워진다. 그들은 차량 제작과 수리 때 숙련공과 소통한다. 사무직과 숙련공은 기술사를 중간에 끼워 간접적으로 소통하지만, 차주와 숙련공은 서로 같은 용어를 사용하므로 소통에 아무런 장애가 없다. 이렇게 차주는 숙련공 혹은 공장 사장과 친분과 신뢰를 쌓으면서 소소한 수리나 소량의 신차 제작을 주문한다.

차주와의 직접 소통이 원활할수록 차주는 추레라 숙련공의 인맥 자산이 된다. 또한 숙련공의 인맥이 탄탄할수록 경영자의 통제에서 벗어나는 범위가 넓어진다.

이처럼 운수업 경영 형태와 숙련공의 직업적 삶은 밀접하다. 대형 운수회사는 차주와 숙련공 사이에 사무직과 기술사가 있기 때문에 숙련공이 차주와 직접 소통하거나 인맥을 형성하기 어렵다. 과거에는 운수업자와 제조공장의 구두 약속과 상호 신뢰가 탄탄했다. 하지만 최근에는 상황이 달라졌다. 제조공장과 추레라 산업 모두 현대적인 회사의 단계별 관리 형태로 경영 방식이 변화했기 때문이다. 과거와 같은 '상호 인정'에 기반하는 연결이 약화하고 가격 경쟁이 그 빈자리를 치고 들어왔다.

운수회사는 입찰가가 더 낮은 공장을 찾는다. 그러니 제조공장 역시 영업 전문 사무직을 채용하고(지금은 사장이 영업을 직접 하는 경우가 많다), 자재 및 재료 부문에서 원가 절감을 시도하며, 인건비를 아끼려 한다. 이를 위해 공장은 세부적인 분업화로 대량 생산을 시도하며 한 명의 숙련공에게 차량 제작 과정의 전체를 일임하는 방식을 배제했다.

사례를 보자. 신샹위 공장이 납품 시기가 촉박한 대량 주문을 받았을 때다. 공장의 숙련공들만으로는 물량을 감당할 수 없어서 중국의 제조공장에 외주를 맡겼다. 그러면서 부품별 분리제작 방식을 확립했다. 나사로 잠그는 형태의 부속품을 개발한 것이다. 만들어진 각 부품을 해상 운송으로 타이완에 가져와 조립만 하면 차가 완성됐다.

사실 이런 제작 방식은 결코 원가 절감에 도움이 안 된다. 심지어 여러 번의 복잡한 절차도 필요하다. 공장은 불가피한 상황에서만 이 방식을 운용한다. 다만 우리는 이 사례를 통해 사업 환경, 경기, 운수 산업의 현황 모두가 제조공장의 경영 방침과 추레라 제작에 영향을 미친다는 사실을 알 수 있다.

숙련공, 입소문이 나려면?

추레라 산업 네트워크에서 입소문은 회사와 숙련공을 평가하는 핵심 기제다. 아버지도 입소문의 힘을 경험했었다. 아버지는 압축실린더 경사식 차량을 꽤 잘 만들었는데, 모르는 회사 여러 곳으로부터 도움을 요청하는 전화를 많이 받았다. 아버지에게 연락한 회사들은 곳곳을 돌아다니는 차주와 다른 업계 종사자에게 아버지의 정보를 들은 것이다. 누가 뭘 만들고, 누가 잘 만들고, 누가 빨리 만들고 같은 업계 주요 정보는 이처럼 사람 중심 네트워크로 유통되고 전파됐다.

공장과 사장에 대한 평가도 위와 같은 루트로 확산된다. 어느 공장이 우수한 숙련공을 보유했는지, 차량 제작이 우수하고 신속한지, 자재를 적게 쓰며 생산 원가를 과도하게 낮추려 드는지, 불합리한 가격을 제시하는지, 좋은 직원을 구하지 못하는지 등 공장의 장단점이 전파되는 정보의 주요 내용이었다.

인적 네트워크가 제공하는 정보는 공장, 숙련공, 사장, 차주에 대한 보이지 않는 평가 제도를 만든다. 동종업계에서 작동하는 평가 제도는 임금과 제조 비용의 평균과 균형을 형성하고, 제품 품질을 판단 및 공유했다. 그러니 업계 종사자에게 이 인적 네트워크는 기술력과 함께 필수 불가결한 요소였다.

인적 네트워크는 추레라 산업 현장에서 이처럼 다양한 역할을 수행했는데, 이는 추레라 산업의 차량 제작이 장인 생산 방식으로 유지됐기 때문이다.* 숙련공은 고도의 자주성을 갖고 작업에 임한다. 차체의 형태나 기능과 관련한 사안은 대부분 고객과 직접 소통하며 결정한다. 이때 숙련공의 일자리는 '입소문'으로 결정되는 경우가 많다. 여기서 평가 기제가 형성된다. 입소문을 통해 숙련공의 업계 내 위상이 결정됐다.

이렇듯 도제식 기술 전승과 장인 생산 방식으로 작업하던 숙련공에게 좋은 인맥은 중요한 자산이었다. 그렇다면 중요한 인적 네트워크를 어떻게 키워낼까?

현장에서 타인에게 베푼 선행이나 우연한 만남으로 인맥이 만들어지기도 한다. 아버지는 흡연도 음주도 하지 않았다. 회식에 가는 경우도 거의 없었다. 수학 공식처럼 날마다 퇴근과 귀가를 반복했다. 이런 그가 사람을 사귀는 방법은 단순했다. 일거리가 생기면 차량 제작에 집중해 품질이 기본적으로 보장되도록 했고, 새 동업자를 소개받으면 가격을 약간 깎아줬다. 아버지는 이 단순한 방법으로 기본적인 인적 네트워크를 만들었다.

---

* 많은 국내외 연구가 노동자와 장인의 차이를 기술했다. 장인은 기술 노동자로, 작업뿐 아니라 신체와 두뇌를 함께 활용하는 사유 역량이 있다. 그러므로 작업 과정에서 기술은 더 발전된다. 여기서 언급하고 싶은 것은 가정주부도 독립적으로 하나의 제품을 생산하는 기예를 갖고 있다는 사실이다. 가정주부의 업무 역시 '장匠'의 영역에 해당할 수 있다.

기본을 지키는 태도 외에도 훈훈한 기운이 살짝 느껴지는 아버지만의 방법도 있었다. 아버지는 일이 없을 때면 커피, 이온 음료, 바오리다, 웨이스비維士比, 포장 음료 등을 사 들고 첸전과 샤오강의 공장들을 찾았다. 은퇴 직전까지, 아버지는 음료수로 사람을 알고 만나고 사귀었다. 나 역시 논문 때문에 현장을 답사하고 사람을 만나 인터뷰를 해야 할 때 이 방법을 활용했다. '음료 영업'의 길을 따라 아버지와 가까운 관계의 크고 작은 공장을 들렀다.

아버지는 은퇴했다. 이제 일도 거의 없다. 그러니 굳이 인맥을 더 넓히려 애쓰지 않는다. 지금 그는 자기가 가꾼 농지에서 일군 채소와 과일을 들고 다니며 사이가 깊은 소수의 숙련공 및 공장과 교류하고 있다. 현재 아버지의 교제는 일감을 찾기 위한 게 아니라 우정을 가꾸기 위한 것이며, 농부가 된 사람들과 농산물을 교환하는 활동일 따름이다.

이직, 전업과 누스페어

숙련공은 이직으로 새 기술을 익힌다. 그리고 이직과 전업으로 인맥을 만든다. 이는 철공, 서공처럼 높은 기술력을 요하는 산업의 특성이다.

내가 만난 숙련공 중 3분의 1 정도만 추레라 산업에서 계속 일해 왔고, 나머지는 유사 기술을 사용하는 다른 업계에서 이직 및 전업한 사람이었다. 한편 이직과 전업으로 추레라 산업에 종사하게 된 숙련공의 약 90% 이상이 직장의 전 · 현재 동료 혹은 업계 관련자의 소개를 거쳤다. 여러 업종과 공장을 거치면서 자신도 모르게 관련 데이터가 누적된 것이다.

추레라 산업에 종사하기 전에 폐수관로를 보수했던 이 씨는 강재를 절단하고 접합하는 기술을 사용한 적이 없었다. 그래도 늘 지하에서, 복잡한 공정도를 만지며 일한 그에게 추레라 제작은 비교적 간단한 일이었다. 처음에는 설계도를 이해하고 일정 단계의 기초 기술과 지식을 얻기 위해 애를 좀 먹었지만, 작업 경험이 탄탄했기 때문에 빠르게 적응해서 추레라 제작에 참여할 수 있었다.

즉시전력감 숙련공

화이트칼라 노동자는 이직할 때 대부분 자신의 업무 경험을 활용할 수 있는 곳을 선택해서 경력을 누적하려 하고, 고용주 역시 경력자를 선호한다. 이처럼 '즉시 투입이 가능한 능력'을 보유한 인력은 시장에서 경쟁력을 갖는다.

즉전감이 중요한 건 추레라 산업도 마찬가지다. 내가 만났던 항만 추레라 숙련공의 경력은 그야말로 각양각색이었다. 대부분의 숙련공이 다른 산업에서 일한 경험이 있고, 각기 다른 경로를 거쳤다. 어떤 사람은 제조공장에서 일했고, 어떤 사람은 버스를 제작했고, 어떤 사람은 강철 골조 건축 부재나 철창 등을 만들었다. 다만 어떤 일을 하고 무엇을 만들었든, 용접과 절단이라는 냉간 가공冷作 기술과 맞닿아 있었다.

자격증 공인 시스템이 작동하지 않던 시절에는 경력이 전부였다. 관련 경험이 풍부하면 이직은 어렵지 않았다. 철공과 서공 산업 등에서 요구하는 기초 역량을 보유한 숙련공은 이직 후 적응 기간이 짧고 전업 후 소요되는 에너지가 적다. 전업에 필요한 노력이 적을수록 숙련공은 더 쉽게 산업 간 이동을 할 수 있다. 특정 공장의 관리직과 사이가 악화되지 않는다면, 숙련공은 A공장에서 일하다가 B공장으로 이직한 뒤 언젠가 다시 A공장으로 돌아올 수 있었다.

나는 견습공과 반숙련공의 기술 습득 과정을 설명하면서 그들이 이직과 전업을 통해 기술을 축적하고 이후 선택할 수 있는 직업 다양성을 확보하며 동시에 인맥을 쌓는다고 적었다. 이 인적 네트워크는 일자리 공급, 정체성 형성, 정보와 소식 교류, 상호 평가기제, 노동 가치의 보호망 등의 기능을 하면서 숙련공의 역량에 걸맞은 위상을 만들어낸다.

아버지 같은 프리랜서 숙련공에게 이직 네트워크는 중요하다. 공장이 그의 존재를 인식하고, 나아가 그의 작업 세부, 이를테면 작업 품질과 작업 차량의 형태 및 명세를 알아야만 그에게 주문할지 말지를 결정할 수 있으니 말이다.

견습 생활을 끝내고 본격적으로 업계에 투신한 아버지는 초기 몇 년 동안은 전략적으로 공장을 선택해서 일했다. 각 공장에서 동종업계 종사자를 알게 됐고 이 인적 네트워크에서 정보를 제공받았다. 어느 공장이 어떤 주문을 받았는지, 일거리와 급여가 비교적 안정적인 공장은 어디인지 같은 중요한 정보였다. 아버지는 네다섯 곳의 공장에서 일하며 기술력과 인맥을 확보한 다음, 그 어떤 회사에도 소속되지 않고 일하는 프리랜서 숙련공으로 거듭났다.

프리랜서 숙련공의 장점은 공장의 통제를 받지 않는다는 것이다. 수주의 규모, 업무 시간의 조율, 작업의 내용과 형식 등이 비교적 자유롭다. 물론 아버지는 더 많은 돈을 더 빨리 벌 수 있는 방법으로 일했다.

회사 사장이나 영업팀처럼 일거리를 따오는 사람이 없다 보니 아버지는 스스로 일을 찾아 나서야 했다. 이전부터 쌓아온 인맥이 바로 이때 효력을 발휘하게 된다. 아버지는 같은 공장에서 일했던 숙련공 혹은 이전의 동료, 공장의 사장으로부터 자동차 공장의 정보와 일거리를 알게 되었을 뿐 아니라, 길거리에 지나다니는 추레라의 흙받기를 관찰해 공장의 정보를 얻었다.

공장에서 수리받았거나 갓 출고된 추레라 후미의 흙받기에는 보통 차량 제조 회사의 정보가 기재돼 있다. 아버지는 눈길을 끄는 차량을 보면 먼저 흙받기에 쓰인 이름과 전화번호를 적었다. 그리고 하고 있던 작업이 끝나고 다음 작업을 개시하기 전의 공백기에 오토바이를 몰고서 샤오강, 첸전, 린볜林邊 등의 공장을 돌면서 자신을 홍보했다.

누적된 인맥을 활용해서 새 일자리를 찾는 것은 화이트칼라 노동시장과 마찬가지이지만 숙련공은 직업 특성상 인맥의 영향이 더 컸다. 여러 공장을 전전하는 숙련공에 대한 평가, 이를테면 성격이나 기술 판단도 인적 네트워크로 유통된다. 숙련공뿐 아니라 사장, 영업사원, 차주, 자재상도 모두 이 네트워크에 참여하면서 독특한 산업 울타리를 형성한다. 공장이나 숙련공, 부품 및 재료에 대한 평가 역시 이 울타리 안에서 교환되고 유통된다.

인터뷰 중에 자주 들었던 구절이 바로 "누가 말하기를"이다. "누가 말하던데 그 사장이 가격 흥정을 잘한다더라", "누가 말하기를 그 친구 솜씨가 뛰어나다더라", "누가 그러던데 그 공장이 해당 차종을 전문적으로 만든다더라", "누가 그러던데 추레라 산업이 앞으로 더 흥한다더라"… 같은 온갖 정보가 "누가 말하기를"을 통해서 빠르게 유통된다.

빠른 속도로 돌고 도는 정보가 평가 기제와 노사 간 균형을 만들어낸다. 차량 품질이 좋은 공장, 싸고 빠르게 차량 수리가 가능한 공장, 통이 작은 사장, 얇고 취약한 강판을 사용하는 공장 등 유통되는 정보로 전체 산업종사자에 관한 평가가 이루어진다. 그래서 급여가 적은 공장은 숙련공 채용이 쉽지 않다. 마찬가지로 기술이 좋지 않거나 작업을 대충 하는 숙련공은 일을 따내기 힘들다.

추레라 산업처럼 기술력에 기반하는 산업은 실력과 품질이야말로 밥벌이 걱정을 없애주는 '철밥통'을 보장한다. 이러한 특성 때문에 숙련공은 부단하게 자신을 단련하고, 공장 사장은 원가 절감을 위해 가격을 후려치는 행위를 자제하는 등 자기 단속에 힘쓴다. 현재 가오슝의 중공업은 경기 악화와 경제 환경 변화로 큰 타격을 받아 차체 제조가와 숙련공의 연봉이 줄어들고 있지만, 그럼에도 이런 작동 기제가 있어 여전히 일정 수준을 유지하고 있다.

노동자가 없으면 생산도 없다. 한 공장에 최소 10여 명의 숙련공을 보유한 경우는 더 그렇다. 숙련공에게 좋은 평가를 받기 위해 공장은 가격을 마음대로 낮출 수 없고, 숙련공도 자기 이익을 지키기 위해 후려친 가격을 받고서는 일하지 않는다.

이직과 전업이 사람과 정보의 유통을 통해 이뤄졌다는 것은 산업 내 행위자의 보호 기제가 형성됐다는 뜻이다. 추레라 산업은 명문화된 규약 없이 오랜 기간 이어져 왔지만, 암묵적인 규율의 작동으로 제품의 품질과 안정적인 급여를 유지할 수 있었다.

추레라 산업과 누스페어

사람과 기술의 유통은 또 하나의 흥미로운 현상으로 이어졌다. 바로 누스페어noosphere*다.

인터뷰 때 '타이중 더우台中斗[**]', '시과 더우西瓜斗', '화롄 더우花蓮斗' 같은 단어를 자주 들었다. 지명이 포함된 모델명은 추레라의 외형 정보뿐 아니라 추레라 산업의 지역적 차이도 보여준다.

당연한 일이다. 도제식 기술 전승은 몸을 활용한 체험과 실습을 강조하고, 방언처럼 지역성을 반영한 수요가 많으며, 오랜 기간 이어져 온 제작 방식의 전통을 고수하고, 다양한 사람의 의도가 결합한다. 이 모든 요소의 융합으로 각기 다른 제품이 탄생하는 것이다. 이것이 바로 표준화된 제작 프로세스에 의지하지 않는 산업이 가진 매력이다.

숙련공만이 가진 솜씨는 수년이 지난 후에도 그들이 만든 제품을 알아볼 수 있게 해준다. 이렇게 개인 특색이 반영된 제작 과정은 특정 구역에서 시간과 기술에 의지해 전파되고, 전파의 범위는 숙련공의 이직과 전업의 범위와 직결된다. 그리고 숙련공 간 상호작용에 따라 일정한 시간이 지나면 그 일대에서 통용되는 언어가 만들어진다. 이 언어는 온갖 기계와 공구, 부품의 속칭과 차량 모델의 별칭 같은 신조어를 낳았고, 나아가 기술의 지역성도 표상했다.

---

* 누스페어는 정신을 뜻하는 '누(noo)'와 시공간계를 뜻하는 '스페어(Sphere)'의 합성어로, 프랑스 철학자 레비(Pierre Levy)가 제시한 개념이다. 레비는 『세계철학 World Philosophy』(2000)에서 인쇄·통신·운송 등의 기술을 이용한 인류가 지적 능력과 자산의 소통으로 집단지성(collective intelligence)을 구축했고, 디지털 기술의 발달에 따라 집단지성이 시공간의 제약을 극복해서 새로운 진화 및 보편성의 세계를 구성할 것이라고 주장했다. 본문에서는 '집단지성' 정도의 용법으로 이 단어를 활용하고 있다. (옮긴이 주)

** 더우斗는 특정한 무엇을 담는 용기를 뜻한다. (옮긴이 주)

‘타이중 더우’, ‘화롄 더우’ 같은 명칭의 의미를 살펴보자. 타이중 더우라는 단어가 어떻게 만들어졌는지는 알 수 없다. 내가 만난 숙련공 중 그 누구도 명쾌한 답을 주지 않았다. 다만 그들은 입을 모아 타이중 더우는 ‘반원형 모델’을 뜻한다고 말했다. 추레라 위쪽이 사각형이고 아래쪽이 원형이면 시과 더우다. 흔히 보이는 장방형 추레라와 기능은 비슷하지만 제작 과정은 매우 다르다. 숙련공의 설명에 따르면 가오슝에는 시과 더우를 제작하는 공장이 거의 없고 대부분 타이완 중부에서 생산된다고 한다.

시과 더우와 달리 화롄 더우는 그 내력이나 기능이 모두 뚜렷하게 구별된다. 화롄 더우는 흔히 보이는 추레라와 마찬가지로 8개의 직각으로 이루어진 정방형이다. 다만 전장이 비교적 짧고 적재용량도 적다. 아버지에 따르면 화롄 더우는 화롄 일대의 굴곡진 산길에 대응하기 위해 만들어졌다고 한다. 좁은 공간에서도 견인차가 쉽게 회전할 수 있도록 조정한 모델인 셈이다. 이 모델은 견인차와 추레라 전장을 짧게 만들어서 회전 때 필요한 공간을 최소화하고, 적재용량을 줄여서 산길 운행 때 수반되는 위험을 줄였다.

화롄이 위치한 북부 산악지대의 도로망이 정비돼 도로가 넓어지고 노면도 평탄해졌다. 그러자 추레라 규격 역시 정규 규격에 가깝게 조정됐다. 숙련공이 직접 제작하는 추레라는 반드시 현장 사용자의 필요에 부응해야 하므로 탄력성과 민감성이 뛰어나고, 이는 수요의 변화에 즉각 대응할 수 있는 역량으로 이어졌다. 추레라 산업 혹은 수공업 산업의 특색이다.

추레라 산업에서는 그 어떤 제작 기술도 반드시 기밀로 유지해야 한다고는 할 수 없다. 한 지역의 추레라 숙련공은 상호 학습을 통해 기술을 현지 추레라 산업군에 광범하게 전파한다. 따라서 타이완 각지는 비슷하면서도 다른 추레라 제작 기술이 퍼졌고, 이 과정에서 기술은 지역성을 머금는다. 상호 학습과 모방을 거듭하며 점진적으로 개량이 이뤄지기 때문이다. 그리고 이 과정에서 제품의 외양과 구성을 조율해서 안전성을 높이고 현장의 여러 요구에 부합하는 제품을 생산한다.

아버지가 담담하게 털어놓은 그의 작업 인생 40년에는 타이완 추레라 산업의 탄생과 변천이 녹아 있다. 그가 직접 동참한 최적화, 개량은 시대의 변화에 발맞춰 성장시킨 기술이다. 이것들은 실험 기구로 가득 찬 연구실에서 태어난 것도, 학술 논문 등으로 세상에 발표된 성과도 아니다. 아버지는 추레라 산업 40년이라는 장구한 세월을 관통하는 단어가 바로 '변통變通'이라고 했다.

숙련공들은 그 누구의 인도도 없이 스스로 방법을 찾아야만 했다. 참고할 표준화 공정도 없이 누적된 경험에 의존해 자신만의 공정을 만들 수밖에 없었다. 과정보다 결과, 즉 품질을 중시했으므로 추레라 산업은 저마다의 방식으로 꽃을 피웠다. 구매자의 요구에 부합하기 위해 간단하면서도 효율적인 원칙을 만들었고, 이 원칙은 산업의 인적 네트워크를 통해 전파되고 교환됐다. 여기에다 숙련공의 적극적인 이직과 전업이 더해졌다. 기술은 숙련공과 함께 움직였고, 각지의 또 다른 숙련공들에 의해 교환, 전파, 학습되는 것을 반복하며 자가 발전했다. 이렇게 추레라 산업의 인적 네트워크는 숙련공의 기술 확보와 현지에서 작동하는 '누스페어'의 창출을 이끌었다.

기술이 왕도다

4장

추레라 공장의 형태와 숙련공 취업 방식

샤오강 공항 인근에는 광활하게 펼쳐진 빈 땅이 있다. 속칭 '타이탕 정거장'이라 불리는 이 부지는 타이탕 회사 소유의 땅이다. 이곳을 지날 때면 담벼락 밖에서도 마치 나무 블록처럼 높게 쌓여 있는 컨테이너가 보인다.

그렇다. 여기는 해운 회사가 운영하는 컨테이너 야적장이다. 여러 해운사가 타이탕 정거장을 임대해서 자기 구역에 컨테이너를 쌓아 둔다. 공간을 절약해서 더 많은 수량을 보관하고 싶으니 컨테이너를 최대한 높게 쌓는 것이다.

가오슝 사람은 컨테이너가 가득한 이런 풍경에 익숙하다. 하지만 타이탕 정거장에는 컨테이너와 달리 정거장 부지 안에 들어가야만 볼 수 있는 또 다른 경관이 있다. 바로 컨테이너 사이에 들어앉은 수리 공장이다.

정비 공장과 '종육' 공장

일반인은 정비 공장에 들어갈 일이 없다. 나 역시 어렸을 때는 이곳을 일상적으로 지나쳤지만 부지 내부에 들어간다는 생각 자체를 한 적이 없었다. 연구를 위해 공장을 돌면서 숙련공을 인터뷰할 때에서야 아버지는 나를 이 비밀의 공간으로 안내했다.

이곳에 발을 디뎠던 그날의 정경이 아직도 생생하게 기억난다. 까마득하게 쌓인 컨테이너 사이를 누비는 우리 차는 마치 거대한 협곡을 지나는 듯했다. 컨테이너로 둘러싸인 도로 끝자락에는 개조된 컨테이너와 공터가 있었는데, 이곳에 수리를 기다리는 추레라들이 있었다. 거세게 휘몰아치던 빗줄기가 때마침 잠시 멎었으나 땅바닥은 이미 진창이었다. 해 질 무렵의 햇살이 비친 물웅덩이는 스치듯 반짝였다. 휴게실로 개조한 컨테이너 바깥에는 숙련공 두어 명이 앉아서 쉬며 시간을 보내고 있었다.

타이탕 정거장에 정비 공장이 우후죽순 들어섰던 이유는 무엇일까? 컨테이너와 추레라가 빈번하게 들락날락하면서 자연스레 이곳이 추레라 업자의 중계역이 됐기 때문이다. 그러자 업주들은 타이탕 측에 더 편하게 수리와 제작을 할 수 있도록 야적장 내부에 정비 공장을 운영하게 해달라고 요청했다.

양자 간 협의 후 타이탕은 부지 제공에 동의했고 업주들을 정비 공장으로 등록해 영업허가를 받아냈다. 다만 야적장 안에 새 건축물을 짓지 않겠다는 조건이 있었다. 그래서 야적장 내부의 정비 공장들이 컨테이너를 개조해서 만든 숙련공 휴게실에는 보통의 공장에서 흔히 쓰는 파이프로 제작한 가림막조차 없었다.

정비 공장은 쉽게 볼 수 있는 추레라 공장의 형태 중 하나다. 영업허가증과 관련된 법령 때문에 정비 공장은 추레라 제작을 할 수 없다. 오로지 이미 제작이 끝난 차량의 개조, 수리, 정비만 가능하다. 그럼에도 불구하고 공장에는 신차를 제작할 수 있는 역량을 보유한 숙련공이 있었다.

이런 정비 공장은 규모가 크지 않다. 숙련공 2명 남짓을 보유한 작은 공장이 많고, 숙련공이 사장을 겸하는 더 작은 공장도 있다. 평소에는 자신의 속도로 작업하다가 특수 주문이나 급한 주문, 대량 주문이 들어오면 아버지 같은 프리랜서 숙련공을 불러 협업한다.

그리고 규모는 정비 공장과 비슷하지만 성격은 조금 다른, 속칭 '좀육剷肉'이라는 폐차 공장도 있다. 이 공장의 주 업무는 폐차 해체와 관리다. 낡은 차체를 해체해서 쓸 만한 부속과 강재를 뜯어서 재활용하고, 형태를 유지하고 있는 차체를 자체적 원가 계산 후 중고차로 만들어 재판매한다.

정비 공장이나 폐차 공장은 공간이 작아도 된다. 휴게 장소, 물품과 폐기물을 쌓아두는 곳, 2대의 차량 정도가 들어갈 공터 정도만으로 운영하는 공장도 봤다. 정비 공장과 폐차 공장은 차량을 제조하지 않는다. 따라서 천장 크레인이나 평형교정기 등의 대형 기계를 운용하지 않으므로 굳이 큰 공간이 필요 없고, 공장에서 발생하는 소음과 오염 및 공장 부지 사용료 부담 등이 비교적 적다. 이런 공장들 대부분은 제조업과 중공업 공장이 밀집된 첸전과 샤오강 일대에 모여 있다.

폐차 공장 업무는 상대적으로 단순하고 대량 주문도 드문 편이다. 공장의 조직 구성도 단순하다. 하지만 공장과 종사자 규모는 공장마다 차이가 크다. 소형 정비 공장은 대개 사장 한 명(사장의 부인이 일반 사무를 담당하는 경우가 많다)과 숙련공 한 명이 일한다. 반면 20여 명이 일하는 대형 제조 공장도 있다. 이런 공장은 사무직과 현장직을 나누고 직급도 확실하게 구분한다.

내가 필드 조사를 진행한 최근 몇 년 동안 가오슝시는 쉴 새 없이 개발됐다. 첸전, 샤오강 일대에 상업 지구와 주택 단지가 늘어났다. 구이린에서 가오슝 방향으로 가는 도로변 풍광의 주인공이었던 논밭과 돼지농장, 작은 정비 공장들이 어느새 사라져버렸다.

개발사가 주택 단지 개발을 위해 대규모 토지를 매입한 상태일 수도, 지주가 지가 인상을 기다리는 상태일 수도, 최근 증가한 주택 단지에 거주하는 주민들이 환경 문제를 제기해서 소요가 발생한 상태일 수도 있다. 최근 소규모 정비 공장의 유지비도 급증했다. 공장 사장은 인상된 토지 임대료를 감당하면서 늘어난 주민들의 항의나 진정과도 대면해야 하는 상황이다. 여러 어려움에 둘러싸인 업자들은 선택의 기로에 놓였다. 영업을 계속하려는 업자는 현재 부지보다 더 변두리를 찾아 외곽으로 공장을 이전했고, 은퇴를 앞두거나 더 버틸 힘이 없는 업자는 폐업을 선택했다.

문을 닫는 소규모 정비 공장이 점점 늘어났다. 영업을 이어 나갈 여력이 있는 중대형 공장들이 소형 공장이 감당하던 수요를 흡수했다. 소형 공장의 사장들은 경기가 계속 나빠지면서 이 산업에 활력이 없어졌다고 말한다. 그런데 뜻밖에도 지금까지 영업을 이어가는 공장들은 공장의 몸집을 키우는 추세다. 최근에는 린볜 일대로 이전하는 공장이 많아지며 추레라 수리 공장의 새 집결지가 조성되는 분위기다.

샤오강 추레라 공장의 유형

지금까지 기술과 법규를 기준으로 공장의 유형과 별칭을 검토했다. 초기 공장은 대부분 간단한 설비를 썼고, 추레라 제작 관련 법규도 허술한 상태였다. 그래서 공장의 차량 제조 능력은 설비나 제도가 아니라 기술을 가진 숙련공의 보유 여부에 달렸었다. 뛰어난 숙련공만 있으면 신형 추레라를 제작할 수 있었던 것이다.

1997년, 「차량 형식 안전 및 품질 일치성 심의 검사 작업 요점車輛型式安全及品質一致性審驗作業要點」이 제정됐다. 이에 따라 타이완에서 제조하는 모든 차량은 정부가 인증한 제조사를 통해 안전 검사 심사에 합격하고 관련 증명서를 발급받아야만 운행이 가능했다.

증명서 발급을 하려면 차량을 검사장(가오슝의 차량은 대부분 창빈彰濱 공단의 검사장에서 심사를 진행한다)으로 보내 안전 검사를 받아야 한다. 이때 차량은 제작 당시 썼던 설계도와 오차가 있어서는 안 된다.

이처럼 신차는 안전 인증이 필수다. 또한 신형 차량을 만들 때는 제조 허가를 받아야 하고, 만약 차체 설계를 조금이라도 변경하면 반드시 제조 허가를 재신청해야 한다. 이 신청은 한 번에 1만 위안 이상의 만만치 않은 비용이 든다.

이런 사항을 강제하는 법안이 시행된 이후 추레라 공장의 제작 기능은 점차 분화됐다. 어떤 공장은 차량을 제조할 수 있는 기술과 실력을 보유하고도 생산을 할 수 없는 상황에 빠졌다. 또한 정부 인증을 받은 제조 공장은 전자설계도를 만들 수 있는 전문 기술사를 고용해야만 했다.

소위 유한회사급 이상의 단위에, 경제부의 심사를 거쳐 등록된 회사만이 관련 인증을 신청할 수 있다. 여기서 유한회사라는 자격 요건은 일정 정도의 자본금과 복잡한 등기 수속이 필요하기 때문에 개인이 운영하는 소형 공장이 넘기 힘든 문턱이다. 최소 자본금 역시 개인이 경영하는 정비 공장에는 힘에 부치는 조건이었다. 따라서 소형 공장은 신차 제작과 관련된 인증을 받기 몹시 힘들었다. 이런 일련의 상황이 가오슝 추레라 산업의 현재를 낳았다.

수집한 자료를 종합해 가오슝 추레라 산업의 형태를 〈표 1〉로 정리했다. 이 표를 보면 공장 유형별 차이를 더 명확하게 이해할 수 있다. 나는 직원 수, 공장 형태, 사업 분야, 변화 양상 등 4개 지표로 가오슝 추레라 공장을 살펴보았다. 사업 분야와 공장 형태에 따라 숙련공의 작업 환경과 숙련공-고용주 관계가 제각기 달랐다.

유한회사는 규모가 비교적 크고 설비도 많이 보유하고 있다. 작업장의 지붕이나 천장크레인 등의 설비는 소규모 정비 공장이 보유하기 힘든 것이다. 또한 유한회사는 대량 주문으로 이익을 내는 편이다. 많은 서류를 처리해야 하므로 사무직 직원도 많이 뽑는다. 사무직은 사장의 친인척(사장의 부인이 담당하는 경우가 많다)이 자리를 차지하는 경우가 많고, 전자설계도 제작 기술을 가진 기술사는 외부에서 채용한다.

〈표 1〉 샤오강 추레라 공장의 유형

	유한회사(속칭 공업회사*)	일반 정비 공장(속칭 기업사)
직원 수	평균 15인 전후	공장 규모에 따라 1~10명 사이
공장 내 인사배치 및 관계	사장, 사무직, 기술사, 현장 관리직(공장장, 주임 등 회사별로 직책 규정이 다름), 현장 작업자(숙련공, 반숙련공, 견습공 등) 등이 공장에 근무한다. 사장은 직접 현장을 관리하지 않는다. 사장이 현장에 참여하거나 숙련공과 직접적인 관계를 맺는 경우는 드물다.	관리직이나 사무직이 없는 공장이 많다. 문서 작업이 많지 않으므로 대개의 행정사무는 사장 혹은 여사장(대부분 사장의 부인)이 직접 처리한다. 공장 내 인력은 사장, 여사장(공장에 따라 다름), 소수의 현장 인력 등이다. 사장이 직접 현장을 관리하며 때로 작업에 참여한다. 사장과 숙련공 관계는 매우 친밀하다.
사업 분야	제작, 신차 설계, 차량 수리, 차량 개조 및 상품화, 중고차 판매	차량 수리, 차량 세부 개조, 차량 상품화, 중고차 판매
변화 양상	차량 제조 전문에서 운수회사와의 협력 및 합작을 통해 화물운송 시장까지 진출한 상태다. 공공기관에서 사용하는 차량 제작 입찰에도 참여한다. 산업용 운송 수단과 공공기관 차량 모두를 제작한다.	위탁 제조 주문을 받으면 제조허가를 가진 공장과 합작하고, 제조한 신차를 이미 정부 심사에 합격한 공장이 대리해서 차량 검사를 받도록 일정 비용을 지불한다. 자영업에 속하고 유한회사 영업허가서와 기업사 영업허가서도 없는 수리 공장이다.
고객과의 관계	대형 운수회사와 협력하는 경우가 많다. 영업사원이 영업을 전담하는 방식으로 일감을 수주한다.	고객과 비교적 직접 소통하고, 사장 및 숙련공이 개인적인 친분을 가진 고객이 많다.

* 공업회사工業公司, 기업사企業社 등 숙련공마다 저마다의 호칭이 있다. 표의 호칭은 아버지의 언어습관을 따른 것이다.

유한회사 사장과 일반 정비 공장 사장의 차이는 수주에 드는 시간과 고객 교섭 및 관계 맺기 같은 영업 행위의 유무 정도다. 유한회사는 자기 힘으로 공장을 열어 창업한 까만 손 사장이든 부모의 사업을 물려받은 2세대 사업주든, 모두 별도의 직책을 만들어 작업 현장을 관리했다.

유한회사의 사장이 추레라 숙련공 출신이든 아니든, 작업 현장에 얼마나 관여하고 있든, 대형 제조공장은 보통 기술주임 혹은 공장장 같은 직책을 만들어 경력이 있는 숙련공에게 맡겼다. 이들은 작업 일체를 지휘하며 현장의 숙련공을 지도하고 대소사를 관리한다.

일반 정비 공장은 규모가 작고 고객과 직접 소통하며, 합작 및 협력 관계도 비교적 단순해서 사무직이나 영업 사원의 필요가 적다. 따라서 사장이나 사장의 부인이 직접 처리하는 경우가 많다. 일반 정비 공장은 두 부류로 나뉜다. 사장이 직접 현장에 참여하는 경우와 참여하지 않는 경우가 있다. 숙련공이 창업해서 사장이 된 경우는 대개 사장이 직접 현장을 관리한다.

두 유형의 공장 조직 차이는 아래처럼 표로 요약할 수 있다. 초기 공장 및 현재 정비 공장의 구성원 관계는 유형 A다. 규모가 약간 큰 정비 공장은 서류 작업을 전문으로 담당하는 사무직 직원이 한 명 정도 추가되기도 한다. 유한회사, 즉 대형 제조 공장은 사무직이 비교적 많고 추레라 제작 과정이 분업화됐다. 유형 B다.

A. 일반 정비 공장 조직도

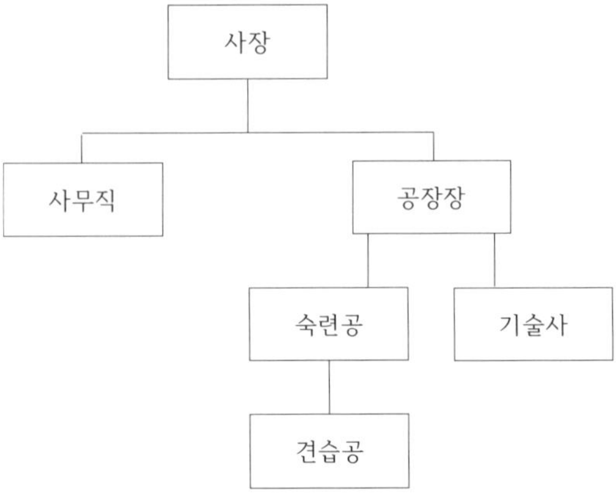

B. 대형 제조 공장 조직도

운영방식은 공장마다 다르다. 산업 운송 수단만 제작하는 공장, 대형 산업 운송 수단과 추레라를 모두 제작하는 공장, 수리부터 제작을 전부 처리하는 공장, 공업 운수 차량뿐 아니라 청소차 같은 정부 기관용 차량 제작 역량을 갖춰 정부 공개 입찰에 참여하는 공장 등이 있다.

신차 제작 기술은 제조 공장에 독점된 게 아니라 숙련공에 의해 좌우된다. 따라서 정비 공장도 회사 내 숙련공이 신차 제작 기술을 보유했다면 제작 관련 주문을 받을 수 있다.

그래서 '명의 대여'가 자주 이뤄진다. 정비 공장에서 제작된 신차도 제조 공장의 협조를 받아 안전 시험을 통과하면 합법적으로 출고할 수 있기 때문이다.

일종의 '자영업 공장'도 있다. 어떤 영업허가 등록증도 없는 상황에서 주로 '종육'을 전문으로 하는 공장이다. 이런 공장은 보통 사장을 포함해 직원이 2~3명에 불과할 정도로 작다. 당연히 고객은 사장이나 직원의 인맥에 의존하는 편이다.

숙련공 임금 계산 방식-프리랜서, 월급제 그리고 유동식

추레라 산업은 제작 과정이 분업에 크게 의존하지 않고, 종사자가 제작 기술을 완전히 보유하고 있으므로 공장 유형이 복잡하지 않다. 다만 공장 규모는 제각각이므로 추레라 숙련공의 작업 환경은 이래저래 다르다. 숙련공이 일하는 형태가 공장의 유형보다 더 다양할 정도다.

신문에 게재된 전통적인 구인 광고를 보면 추레라 공장은 대부분 '숙련공'을 모집하고 있다. 그러나 추레라 제조업의 노동 시스템에는 다양한 직무 형태가 존재한다. 개인 프리랜서, 도급업자, 일당제, 월급제, 유동식 등이다.

업계 종사자들은 숙련공들을 기술 수준, 작업 태도, 경력 기간 등의 기준으로 나눠서 판단한다.

개인 프리랜서는 흔히 일당제와 결합되고, 고정적으로 근무하는 공장이 있는 경우와 없는 경우로 구분할 수 있다. 고정 근무는 숙련공이 한 공장에서만 고정적으로 일하는 것이다. 이 경우 공장은 숙련공을 위해 4대 보험에 가입한다. 공장에 주문이 들어왔을 때, 특정 숙련공이 이를 담당하면 건별로 보수를 책정하는데, 이를 속칭 '바우貿'라고 부른다. 만약 해당 건이 하루 이틀 안에 마무리할 수 있는 간단한 작업이면 건별로 계산하기 어렵기 때문에 일당으로 계산한다. 이를 '바우를 한다做貿的'고 한다.

〈표 2〉 추레라 숙련공 노동 시스템 유형

	고정 회사 여부	임금 형태	업무 내용	기타
프리랜서 (유동)	X	완성 건수를 따져 월마다 수령한다. 건별 임금은 제품과 제작 기간에 따라 2~7만 위안으로 차등을 둔다.	공장 사장에게 직접 위탁받는 제작 주문으로, 숙련공이 독립적으로 완성한다.	업무 시간이 자유롭고, 해당 건을 할지 말지 스스로 결정하며, 보유한 기술 역량에 따라 임금이 달라진다.
프리랜서 (고정)	O	완성 건수를 따져 월마다 수령한다. 건별 임금은 제품과 제작 기간에 따라 2~5만 위안으로 차등을 둔다.	공장 사장에게 직접 위탁받는 제작 주문이다.	업무시간은 자유롭지만 들어오는 일을 자유롭게 선택하기는 힘들다. 동일 공장에서 위탁받아 제작하는 제품은 가격이 고정되고, 고정 개인 프리랜서가 건별로 받는 임금은 차이가 없다.
도급업자	X	재료값과 인건비를 포함한 제조 비용을 사장과 협상한다. 때로 자동차 공장으로부터 직접 주문을 받는다.	자기만의 팀을 꾸려 작업한다. 자재 구매부터 제작과 완성까지 모두 도급업자의 계획으로 추진된다.	도급업자가 다른 숙련공의 채용과 인건비를 도맡는다.

월급제	O	매달 약 3만 5천~4만 위안의 고정 월급을 받는다. 경력이 긴 숙련공은 5만 위안까지도 받는다. 견습공은 하루에 약 1,200위안을 받는 일당제다.	작업 현장의 각종 사무를 담당하거나 임시직으로 공장의 각종 안건을 처리한다.	반숙련공, 견습공, 독립하지 못한 숙련공 등이 모두 이 유형에 해당한다. 급여 차이는 기술 수준에 따라 정해진다. 공장 일반 사무직, 기술사, 공장장, 기술주임 등이 이 유형에 속한다.
유동식	X	업무 내용과 작업 조건에 따라 유류비나 야간 수당 등 각종 부대비용이 필요하다.	차주와 기사가 직접 연락해서 일을 맡긴다. 대부분 도로 위 긴급 상황 구조 및 노상 수리 등의 일이다.	자신에게 필요한 간단한 공구를 갖고 업무를 처리하므로 수리 정도만 담당한다.

* 표의 내용은 2014년 조사 및 인터뷰한 결과를 정리한 것이다.

공장에 상주하는 숙련공만으로는 주문을 기술적으로 소화할 수 없거나 작업량을 기존 인력으로 감당할 수 없을 때, 공장은 공장에 소속되지 않은 숙련공에게 연락한다.

프리랜서 숙련공은 주로 건별로 임금을 책정하는 편이다. 이들의 보수는 공장에 소속돼 일하는 숙련공보다 약간 높은 편이고, 사장과 임금을 협상하므로 약간의 탄력성이 있다. 다만 공장은 이들에게 4대 보험을 제공하지 않고, 임금 역시 현금으로 지급한다. 최근에는 이런 식으로 일하는 숙련공이 드물다. 프리랜서 숙련공은 기술과 인맥이 탄탄해야 생존이 가능하다. 경력이 짧고 거쳐온 공장이 적으면 일거리를 잡기 힘들고 생계는 위험해진다.

월급제 숙련공을 살펴보자. 이들은 제작 기술을 갖추지 못했기 때문에 공장에 접수된 차량 수리를 도맡는 경우가 많다. 급여는 일별로 계산해서 월마다 수령한다. 작업 시간의 자율성은 없다. 흔히 '월식자食月仔'라고 부른다. 간단히 말하면 공장에 상주하는 평사원인 셈이다.

공장 숙련공들은 그들 중 누가 '바우'를 하고 누가 '월식자'인지 잘 알고 있다. 주로 기술 역량과 독립 제작의 가능 여부에 따라 나뉜다. 숙련공은 공장에 입사할 때 '바우'를 할 것인지 아니면 일당제나 월급제를 선택할 것인지 고용주와 논의해서 정한다. 쌍방의 동의로 임금 형태가 결정된다.

또 하나의 형태로 '유동식'이 있다. 이 방식은 상당히 독특하다. 숙련공은 자기 소유의 발재차發財車*에 추레라 수리 공구를 싣고 다닌다. 차주가 차량을 수리하고 싶거나 추레라를 공장까지 옮기기 힘들 때 이 숙련공이 발재차를 몰고 현장에 가서 '도로 구조'를 하는 것이다.

이 유형의 숙련공은 대개 수리만 전문적으로 하며 신차 제작은 불가능하다. 차주가 어디에 있든 언제 전화하든, 일을 받으면 바로 현장에 출동한다. 그래서 수리에 들어가는 실비 외에도 기름값과 출장비 명목의 추가 수당을 숙련공에게 지불하는 차주가 많다.

---

* 한국의 다마스 혹은 라보 같은 소형 밴이나 트럭이다. 돈을 벌어주는 차량이라는 의미로 발재차라고 부른다. (옮긴이 주)

앞서 살폈듯이 숙련공의 형태는 다양하다. 인터뷰 때 어떤 고용 형태가 좋은지 물어봤는데, 숙련공의 답변은 저마다 달랐다. 가령 밍 씨는 공장에 출근만 하면 월급을 받을 수 있는 '월식자'가 좋다고 답했는데 정작 월식자인 직원 중 많은 사람이 일하는 만큼 벌 수 있는 '바우'가 더 좋다고 말했다.

공장에 고정적으로 출근하지 않으면서도 공장과 밀접한 관련을 갖고 일하는 형태를 선호하는 숙련공도 있다. 그들은 이 방식이 많은 고객을 유지하면서 동시에 더 높은 수익을 올릴 수 있다고 믿는다. 반면 어떤 숙련공은 공장에 소속돼 일하는 것을 선호한다. 이리저리 뛰어다니며 고객을 물색하지 않아도 되고 비교적 안정적으로 일거리가 들어오기 때문이다.

나는 아버지에게 발재차를 몰고 다니며 유동식으로 일하는 방식을 선택할 생각은 없었는지 물어봤다. 그러자 아버지는 답했다. "차주가 언제 어디서든 너를 부른다고 생각해봐라! 피곤하지 않겠냐? 나는 그렇게는 일 못 한다!" 모든 숙련공은 고용 유형의 장단점을 잘 이해하고 평가한다. 안정적인 일감을 중시하는 숙련공도 있고 고수익을 원하는 숙련공도 있다. 숙련공마다 바라는 것이 다르기 때문에 '비교적 좋은 고용 형태'를 추려내기 힘들다. 이는 항만 추레라 산업 시스템의 다양성을 방증한다. 숙련공은 자신의 상황에 맞게 고용 형태를 결정하는데, 기술이 일정 수준 이상인 숙련공은 업무 형태나 임금 협상에서 자기 의사를 더 많이 관철할 수 있다.

숙련공, 기술을 믿는다

추레라 숙련공의 직업 세계에서 기술은 그 무엇보다 중요하다. 기술은 숙련공의 생계를 결정짓는다. 또한 숙련공의 경험이 누적돼 형성되는 각기 다른 기술과 생산품은 식별할 수 있는데, 이는 숙련공이 지닌 자긍심의 원천이기도 하다.

숙련공, 추레라에 '모반'을 남긴다

어떻게 식별하는 것일까? 나도 이 부분은 가늠하기 힘들었다. 나는 일본에서 LED등, 무늬가 있는 도장, 화려한 색상으로 독특한 장식을 한 트레일러를 본 적이 있다. 하지만 이런 장식은 그저 차에 대한 차주의 개인적인 애정을 표현한 것에 불과하지, 차량을 만든 기술자와는 아무런 관계가 없다. 그러나 항만 추레라 숙련공은 생산된 모든 차에서 일반인은 식별할 수 없는 '모반'을 포착해낸다.

타이완에 추레라 제작 규범이 정비되지 않았던 추레라 제작 산업 초기, 숙련공은 차주의 온갖 요구에 맞춰 차를 만들었다. 그러다 보니 차의 모습은 제각각 다를 수밖에 없었고 자연스레 식별됐다. 하지만 관련 규범이 계속 엄격해지면서 추레라 외관의 차이는 점차 줄었고, 언젠가부터는 차이를 찾기 힘들 정도로 비슷해졌다. 그러나 아는 만큼 보이는 법이다. 추레라 숙련공은 '비드'로 자신이 만든 추레라와 다른 이가 만든 추레라를 구분해낸다.

비드는 금속 부품을 용접할 때 생기는 흔적이다. 모든 숙련공이 견습공 시절에 반드시 익혀야 하는 기술이기도 하다. 사람마다 필체가 다른 것처럼, 비드 역시 저마다 다르다. 비드의 디테일 수준은 제품의 정밀도와 아름다움을 보여주므로, 제품의 품질을 가늠하는 척도이기도 하다.

정원창曾文昌은 『철공 하는 사람做鐵工的人』이란 책에서 인테리어 업계에서는 비드가 멋지면서도 눈에 거슬리지 않는 제품이 고객의 높은 만족도를 이끌어낸다고 썼다.* 추레라 제품은 인테리어만큼 미관을 중시하지 않고 다수의 차주 역시 하부 프레임의 비드에 관심을 갖지 않는다. 그러나 숙련공 사이에서 비드는 매우 중요한 상호 평가의 기준이다.

몇 년 전, 나는 영원히 잊지 못할 장면을 목격했다. 가오슝에 새 시립도서관이 완공된 지 얼마 지나지 않았을 때였다. 아버지와 함께 시립도서관을 들렀다. 외관은 미려했고 내부는 화려했다. 장서는 또 얼마나 풍부했던지, 나는 감탄사를 연발하고 있었다. 아무 말도 하지 않던 아버지는 도서관 전망대 계단을 올라가며 한마디

---

* 曾文昌, 『做鐵工的人：無極限的生活工法，不被彎折的意志，與鐵共生的男人』, 臺北：柿子文化, 2018.

를 툭 던졌다. "이거 비드가 엉망이구만." 그 한마디로 도서관에 대한 나의 감탄은 산산이 부서졌다. 부서진 감탄을 부여잡고 주변을 자세히 관찰했다. 강철 구조물인 전망대 계단은 외부로 노출되어 있었는데, 이는 계단이 건축 외관의 하나로 느껴지게 하려는 시도였다.

당시 나는 형언하기 힘들 정도의 충격을 받았다. 보통 도서관을 들르는 사람이라면 건축 양식이나 실내 장식을 먼저 주목하거나, 책을 좋아한다면 전시 구성이나 서가의 장서에 관심을 가질 것이다. 책을 좋아하지 않고 건축 양식에도 흥미가 없는 철공 전문가는 도서관을 한 바퀴 둘러본 다음 '비드가 엉망'이라는 평가만을 남겼다. 나는 그 순간 '아는 사람만 안다'라는 말을 철저히 믿게 됐다. 나아가 비드가 정말로 식별의 기능을 하고, 숙련공 사회에서 기술 및 제품을 평가하는 기준이 된다는 것도 실감했다.

공장 밖의 숙련공은 비드를 통해 추레라 제품의 품질을 평가할 수 있다. 공장 안의 숙련공은 '솜씨'로 기술의 우열을 가린다. 여기서 솜씨는 작업 공정에 관한 것이다. 크게는 차체의 틀을 전면부에서 시작하여 후면부로 나아가며 서서히 만들 것인지, 아니면 양 측면에 철근을 가설해두고 부품을 먼저 또는 나중에 조립할 것인지, 혹은 차체를 만들면서 동시에 조립할 것인지 등을 겨룬다. 작게는 작업할 때 '교로'*를 남겨야 하는 것을 알고 있는지, 이후 작업 공간

---

* 타이완어 교로跤路(kha-lōo)는 이어질 공정을 위해 충분한 공간을 남긴다는 뜻이다.

에 실수가 있었을 때 조정이 가능하도록 공간을 남기는지, 길이를 재고 수평을 측정하는 '손재주'가 있는지 등을 의미한다. 상술한 내용을 통해 숙련공의 경력 정도를 살펴볼 수 있다.

제품이 끊임없이 흘러나오는 생산라인을 지키는 노동자와 달리 추레라 숙련공은 자신이 만든 제품에 감정을 이입하는 경우가 많다. 그들은 비드를 통해 자신의 제품을 식별하고, 솜씨를 통해 동종업자와 자기 기술을 비교한다. 예전에 아버지에게 길에서 보이는 추레라와 당신이 만든 추레라를 비교하는지 물어봤다. 그는 "당연하지. 대개는 내가 만든 게 다른 사람이 만든 것보다 나아. 나는 내가 만든 추레라가 더 마음에 든다."고 답했다. 제품 간 식별이 가능하므로 타인과의 비교가 가능하다. 제품에 대한 숙련공의 자부심은 자기 기술에 대한 신뢰에서 나온다. 이렇게 그들은 자기 일에서 자신의 가치를 느낀다.

'노동자'와 '장인'이 제품을 보며 느끼는 감정은 다르다. 항만의 추레라 숙련공은 자신을 '노동자'라고 자조하지만, 내가 보기에 그들은 '장인'에 더 가깝다.

펜의 기술사,
현장의 숙련공

추레라 숙련공의 기술에 기반하는 자부심을 말하려면 먼저 '기술사'의 존재를 언급해야 한다. 추레라 산업의 기술사는 시대와 법규의 변화에 따라 파생된 직업이다. 아버지가 젊었을 때는 공장에 기술사가 배치되지 않았다. 이후 교통 환경이 복잡해지고 공업 운송 관련 사고가 빈번해지면서 교통 관련 법규는 갈수록 꼼꼼해졌다.

현행 교통법에 따르면 공장이 신차를 제작하려면 정부가 발급하는 영업허가증이 필요하다. 또한 모든 차량(신차 포함)은 규격화된 전자설계도가 있어야 하며, 차량 설계는 반드시 법률 규정대로 이뤄져야 한다.

전자설계도를 제작하려면 전자 제도기술을 갖춰야 하는데, 이 기술은 새로운 도구와 전문 훈련 과정이 필요하다. 기존의 숙련공과 공장 사장에게 이런 신기술은 그들이 배우고 익혔던 지식이나 훈련과는 크게 다르다.

정부는 차체 설계도의 법률적 효력과 규범성을 전제하기 위해 고심했고, 특정 훈련 과정을 거치거나 관련 자격증을 취득한 전문 제도사가 제작한 설계도만을 인정했다. 새 정책이 시행되면서 추레라 산업에 '펜을 손에 쥔 견습공'이 유입되는데, 이들이 바로 기술사다. 기술사는 숙련공과는 완전히 다른 배경에서 태동했고, 완전히 다른 훈련 과정을 밟았다.

솔직히 말하자면, 경력이 오래된 숙련공은 '기술사'를 좋게 말하지 않는다. 그들은 기술사라는 중간 단계를 거치지 않고 직접 차주, 업주, 파견 사장과 소통하며 작업해왔다. 작업 때는 동종업계에서 통용되는 전문 용어를 썼고, 관련자와 소통할 때는 약칭으로도 충분했다.

그러나 기술사는 달랐다. 기술사는 자격증과 고학력을 무기로 삼아 에어컨이 빵빵한 사무실에 틀어박혀 있을 뿐, 현장 작업이 어떻게 돌아가는지 잘 알지 못했다. 대부분의 숙련공이 기술사를 '에어컨만 쐬는', '무용지물', '말귀를 못 알아듣는' 등의 표현으로 폄훼하는 이유다.

폴 윌리스Paul Willis가 『학교와 계급 재생산Learning to Labour』에서 주장한 내용을 살펴보자.* 노동자의 자녀는 학업에만 전념하는 '공붓벌레'와 스스로가 다르다고 여긴다. 자신들이야말로 어른들 세계의 직업, 즉 '진짜 일을 하는' 사람과 접촉한다고 여기고 이 지점에서 우월감을 가지는 것이다. 이 과정은 그들의 노동자 계급 정체성을 강화하고 부모 세대의 계급을 복제한다. 이 관점을 빌리면, 항만 추레라 숙련공은 기술사와 자신을 비교하면서 '무언가를 만드는 일'과 '만들지 않는/못하는 일' 사이의 차이를 강조하며 우월감을 드러낸다.

가령 신상위 공장에서는 현재 기술사가 숙련공의 일을 배정하고 차체 세부 사항에 관한 소통을 담당하고 있다. 하지만 기술사는 차체 제조에 관한 개념적 이해가 매우 부족하고 실제 제작을 경험한 적도 없다. 숙련공이 차체를 제작할 때, 에어컨 냉기로 가득한 사무실을 벗어나 현장을 관찰한 적도 없는 기술사도 적잖다.

이런 기술사들은 추레라 산업에 종사하기 전까지는 추레라 제조와 아무 관련이 없었던 사람들이다. 그래서 추레라 관련 기본 개념이나 전문 지식과 관련해서 숙련공에게 의존하는 경우가 많다. 심

---

* Paul Willis, 秘舒·凌旻華 譯, 『學做工：勞工子弟何以接繼父業？(Learning to Labour：How Working Class Kids Get Working Class Jobs)』, 臺北：麥田, 2018. (옮긴이 주: 한국어판 『학교와 계급 재생산』, 이매진, 2004)

지어 숙련공이 기술사의 주 업무인 컴퓨터 제도 방면 오류를 교정하기도 한다.

신샹위처럼 규모가 크고 주요 책임자가 현장 출신이 아닌 회사에서 기술사는 고객과 숙련공이 소통하는 다리 역할을 수행하기도 한다. 이 과정에서 고객의 요구에 맞추기 위해 숙련공의 제작에 관여할 때도 있는데, 기술사가 수업에서 배운 이론과 숙련공이 현장에서 쌓은 경험이 충돌하기도 한다.

과거에 필요 없었던 직책이 갑자기 생겨났고 현장 경험이 거의 없는 기술사가 노련한 숙련공을 지휘하게 됐다. 때로 기술사의 나이가 숙련공 나이의 절반도 채 되지 않는 경우도 있다. 이런 요인들이 뒤섞여 숙련공은 기술사의 실력을 의심하고, 때로 기술사를 조소한다.

내가 현장조사 때 만난 아카이 씨는 숙련공들이 내게 앞다퉈 소개하려 한 유일한 기술사로, 당시 숙련공과 사이가 좋은 단 한 명의 기술사였다.

그는 다른 기술사들처럼 학교에서 바로 공장에 들어왔다. 그도 '펜을 든'* 사람이었다. 그런데 어떻게 기술사를 무시하기 일쑤인 '노련한 숙련공'**의 인정을 받게 됐을까? 숙련공들은 아카이 씨와 함께 일하고 싶어 했고, 그에 대해서는 그 어떤 나쁜 말도 하지 않았다.

---

* 여기서 '펜을 든'이라는 표현은 작업 관련 기술을 배워서 문서작업을 주로 하는 사람 혹은 고등교육을 받은 사람을 가리키는 것이다.

** '노련한 숙련공'은 경험과 경력이 많은 숙련공을 의미한다.

아카이 씨는 자신만의 생존 방식을 갖고 있었다. 과학기술대학교를 졸업한 그의 배경은 숙련공들과 분명 달랐다. 그러나 그는 대학 졸업장 하나로 이 업계에 들어온 자신이 숙련공 앞에서는 아무것도 모르는 신입이자 견습공에 불과하다는 사실을 정확히 인지했다. 그래서 그는 '도제'의 정신으로 일을 배우기로 다짐했고, 이러한 그의 마음과 태도가 숙련공에게 전달됐다. 그제야 숙련공들은 그를 인정했다.

기술사에 대한 숙련공의 고압적인 자세는 그들이 현장에서 고등교육 출신 기술사를 신뢰하지 않는다는 뜻이다. 추레라 업계에서 숙련공이 신봉하는 유일한 진리는 기술이다. 기술은 배우기 힘들고 배운 후에도 오랜 기간 누적된 경험이 필요하다. 그들이 긍정적으로 평가하는 '솜씨'는 그들이 가진 기술에 자부심을 부여한다. 숙련공에게 있어 이 자부심은 학력이나 자격증 따위와는 비교할 수 없는 가치를 지닌다.

숙련공의 '철밥통'

아버지는 어린이가 몸을 많이 써야 한다고 생각하는 사람이었다. 덕분에 나와 동생은 서너 살 무렵부터 자전거를 타며 놀았다. 정확히 언제부터 세발자전거 위에 올라탔는지는 기억나지 않지만, 보조 바퀴를 뗀 날은 생생하게 기억한다.

아버지는 보조 바퀴 같은 건 필요 없다고 생각했고, 자전거에 조금 익숙해지면 바로 보조 바퀴 두 개를 떼내야 한다고 믿었다. 하지만 나는 무서워서 일단 바퀴 하나만 떼겠다고 우겼다. 그러니 좌우로 받는 힘의 균형이 망가졌고 자전거는 좌우로 흔들거렸다. 아버지가 손을 떼면 그대로 넘어질 운명이었다.

아버지는 어렸을 때 형들에게 자전거를 배웠는데, 보조 바퀴 같은 건 없었다고 했다. 그저 몇 번 넘어지면서 자연스레 자전거를 익혔다는 이야기다. 정리된 방법이나 이론 없이 몸이 적응하고 기억하면서 천천히 알아가는 방식으로 기술을 배우는 방식을 '암묵지暗默知'라고 한다.

숙련공의 암묵지

대학에서 노동 연구를 배울 때 교수님은 쉽게 '암묵지'를 이해할 수 있게 '자전거 타기', '스케이팅', '수영' 등 일상에서 자주 접하는 운동을 예로 들었다. 이런 운동들은 노력을 기울여 배워야 하지만, 일단 배운 후부터는 쉽게 잊히지 않는 일종의 기술이다.

숫돌로 칼을 갈 듯 다져진 암묵지는 타인이 쉽게 모방하거나 습득할 수 없는 고유한 무기가 된다. 예를 들어 우리 모두, 조금만 노력하면 '스케이팅'을 할 수는 있지만 일본 국가대표 하뉴 유즈루羽生結弦의 몸은 오래고 고된 훈련과 연구를 통해 아름다운 트리플 점프, 쿼드러플, 심지어는 쿼드러플 악셀을 구사한다. 하뉴처럼 쿼드러플 악셀을 뛰고 싶어 하는 피겨 선수들은 많지만, 문자나 구두 설명으로는 이 기술을 결코 습득할 수 없다.

노동 세계에서 암묵지는 교과서나 명문화된 표준 작업공정 같은 것으로 완성되지 않는다. 가령 공구 사용 요령이나 손재주 등은 문자, 그림, 언어 같은 방법으로 배우기 힘들다. 시간을 들여 경험하면서 축적되는 작업 기술과 지식이기 때문이다.

예전에 숙련공에게 추레라 제작 과정을 설명해달라고 요청한 적이 있다. 숙련공은 그저 다음과 같이 답했을 뿐이다.

> 어떻게 만드냐면… 음… 그래. 먼저 큰 대들보 두 개를 가지고 와. 오목한 각도여야 해. 그다음에 테두리를 두르고 그 중간에 가로대

를 용접해. 만약 평판 트레일러면 여기서 작업이 끝나는데, 적재함 형이면 옆에다가 벽을 붙여. 또 어떤 건 유압실린더가 필요한데, 이건 가로대 붙이기 전에 먼저 부착해야 하고. 무얼 만드냐에 따라 다르지! (밍 씨)

밍 씨는 대수롭지 않게 대답했다. 주변의 숙련공들도 고개를 주억거리며 동의했다. 멍하게 듣고 있던 내 머릿속에만 물음표가 둥둥 떠다닐 뿐이었다. 꼼꼼하게 물어볼 게 많은데, 그때는 도대체 어디서부터 무엇을 물어봐야 할지 짐작조차 할 수 없었다.

'그렇게는 뭐가 그렇게지? 대들보는 뭐야? 각도는 어떻게 결정하지? 뭐가 오목하다는 거지? 테두리를 어떻게 두르고 가로대는 뭐야? 벽은 뭐고 어떻게 만들지?' 숙련공의 답변은 채 2분도 걸리지 않았지만 문외한인 내 마음은 온갖 질문으로 가득 찼다.

나를 미궁에 빠트린 저런 진술에 숙련공은 되레 공감을 표한다. 그들은 오랫동안 저런 언어와 프로세스로 작업했다. 암묵지가 발현하는 방식이다. 암묵지는 쉽게 습득할 수 없고 시간과 경험의 축적으로만 배울 수 있다. 암묵지는 외부인이 쉽게 이해할 수 없는 언어다. 마치 아버지가 자전거를 배운 방식처럼 한 환경에서 오랫동안 머물고 만들며 자연스레 익히는 것이다.

그렇다. 암묵지는 오래 학습하고 누적해야만 가질 수 있는 지식이다. 이런 종류의 지식은 문자로 서술하기도 힘들고 전수하기도 어렵다. 당신은 뛰어난 기술로 빠르고 정확하게 작업을 완성할 수 있는 숙련공에게 일을 맡길 수는 있지만, 모든 숙련공이 누군가를 잘 가르치리라고 기대해서는 안 된다. 암묵지는 오직 몸으로 깨닫고 전수될 뿐이다.

손보다 머리를 먼저 굴려라

추레라 숙련공에게 "추레라 제작 과정은 어떻게 되나요?"라고 물어보면 그들은 앞서 언급했듯이 짧은 답안을 툭 던져놓을 뿐이다. 하나하나 꼼꼼하게 질문해야만 주문 접수부터 제작 완성까지의 전체 과정을 알 수 있다.

추레라 숙련공의 일은 어느 지점부터 시작할까? 나는 처음에 단순하게 생각했다. 그들의 공구가 작업 재료에 닿는 순간부터 차량 제작이 시작된다고 여긴 것이다. 하지만 실제 작업은 내 생각처럼 단순하지 않았다. 숙련공의 일은 주문이 접수되는 그 순간부터 시작된다.

나는 추레라 제작이 주문 접수, 자재 발주 및 수령, 숙련공 제작 및 완성, 검수 후 차량 납품 순서대로 진행되고, 이 모든 게 끝나는 순간 일이 마무리된다고 여겼다. 하지만 주문 접수 후 제작 개시 전에는 '계산'이라는 과정이 필요하다. 그리고 이 계산 과정은 우리의 짐작과 달리 모두 숙련공에 의해 진행된다.

한 대의 추레라를 주문받고 제작을 시작하기 전까지의 과정을 정리하면 아래의 표와 같다. 그중 '제조 과정 시뮬레이션'은 숙련공이 주문서를 받고 차체의 모델을 이해한 후 브레인스토밍으로 제작 흐름과 필요한 재료 및 부품 등을 검토하는 과정이다.

보통 숙련공은 이 단계에서 작업의 밑그림을 그리고 필요한 재료의 종류와 수량을 계산한다. 주문자의 요구와 작업 방식 및 제조 단가 등을 고려해서 어느 곳의 자재를 사용할지, 어떤 품질의 강재를 어느 정도 써야 할지를 결정하는 것이다. 동시에 부대 기능을 장착할 때 필요한 부품도 미리 계산해둔다. 구체적인 품목과 수량이 계산된 후 회사 사무직이나 사장에게 자재 구매를 신청한다.

언급했듯 진짜 작업에 착수하기 전에 '머리를 굴리는' 과정이 필요하다. 그런데 내가 숙련공에게 추레라 제작 과정을 물었을 때 그들 대부분은 이런 시뮬레이션과 계산 과정을 언급하지 않았다. 지금 설명하고 있는 이 단계는 내가 현지 조사를 하면서 어쩌다가 알게 된 부분이다. 당시 내가 현장답사를 진행하던 공장에 때마침 주문이 들어왔는데, 사장의 지시를 받은 숙련공이 석필*로 공장의 바닥에 뭔가를 쓰고 그리는 모습을 봤다. 그들이 뭘 하고 있는지 긴가민가했던 나는 아버지에게 그 정경에 관해 물어보고서야 그 행동의 의미를 알았다. 주문을 접수한 숙련공이 하는 첫 번째 일은 바로 펜을 들고 작업에 관한 계산을 하는 것이었다.

숙련공마다 계산하는 방법이 다르다. 가령 한 번 생각하고는 바로 석필로 땅바닥에 기록하는 사람도 있고, 간단한 연구 후에 공장에 널브러져 있는 박스나 달력 뒷면에 연필 혹은 볼펜으로 흘겨 쓰는 사람도 있다.

---

* 석회필石灰筆, 타이완어로 속칭 석필이라 한다. 수도, 전기, 철공, 목공, 건축영역 공정에서 마킹할 때 자주 사용한다.

숙련공의 작업은 '펜을 드는' 순간부터 시작되지만, 숙련공이 의자에 줄곧 앉아서 책상 위의 종이에 하나하나 일일이 그리고 계산하는 모습은 보기 힘들다. 노련한 숙련공은 주문을 접수하는 즉시 판단을 마치고 30분도 안 되는 짧은 시간 안에 작업 관련 계산을 끝낸다.

추레라 제작 전 작업 단계

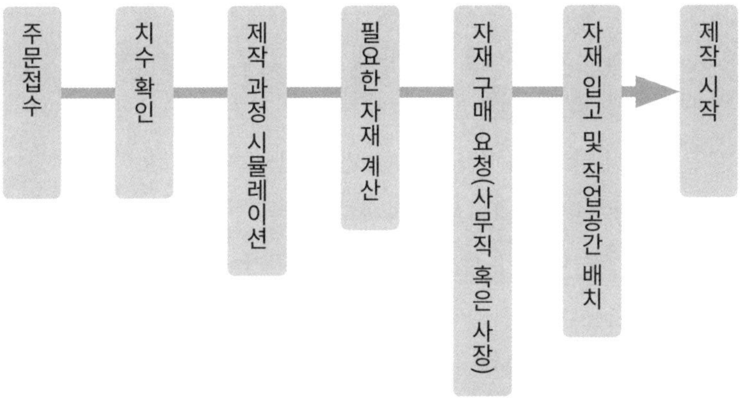

제작 과정 시뮬레이션과 소요 재료 계산 외에도 일부 숙련공은 간단한 설계도를 만들기도 한다. 아버지에게도 오래된 작업 수첩이 있었던 게 기억난다. 어떤 보험사에서 선물받은 수첩이었는데 10년도 더 된 낡은 물건이었다. 그 수첩 안에는 아버지가 그린 설계도가 가득했다. 아버지가 식사 후 식탁에서 뭔가를 그리는 데 열중하던 모습은 지금까지도 선명하다.

설계도라고 표현했지만 사실 아주 단순한 그림이다. 대략 10개의

선으로 차체 외관을 그린 다음, 길이나 높낮이, 대략적인 치수, 구체적인 용접 지점과 구조, 부품 위치 등의 관련 정보를 한 장의 설계도에 표기한다. 모두 손으로 그리기 때문에 간결하고 거칠다. 작도 과정에서 치수가 사용되면 그냥 직선을 하나 그을 뿐이다. 그러니 비율이나 축적은 정확성과는 거리가 멀다.

이런 설계도는 오직 숙련공 자신을 위한 것이다. 아버지도 제작해야 하는 차종이 생경하거나 구매자의 특수한 요구가 있을 때만 자신이 확인할 용도로 설계도를 그렸다. 대략적인 설계도는 보통 상급 기관이나 관련 기관의 심사가 필요 없고, 작업하는 숙련공 자신만 알아볼 수 있으면 그만이다. 더 간략하거나 부정확해도 아무런 문제가 없다. 따라서 설계도를 만들 때 추가적인 노력을 기울이거나 별도의 연구가 없어도 무방하다.

하지만 교통 법규가 개정된 이후 작업 현장에서 쓰였던 숙련공의 수제 설계도는 자취를 감췄다. 전문적인 '기술사'가 작업 설계를 도맡았다. 제도 도구와 도면에 표기해야 할 정보는 복잡해졌고, 숙련공은 점차 이 단계와 멀어졌다.

'작업 영역 구획'

추레라 차체는 무겁고 크기 때문에 큰 테두리를 만든 후 부품을 더하기 시작하면 완성되기 전에는 다른 곳으로 옮길 수 없다. 게다가 무거운 강재 하나하나는 천장 크레인에 걸어서 옮겨야만 한다. 전후좌우의 이동 공간 확보가 중요한 이유다. 숙련공이 작업 때 쓰는 용접기와 절단기 등의 도구를 놓을 공간도

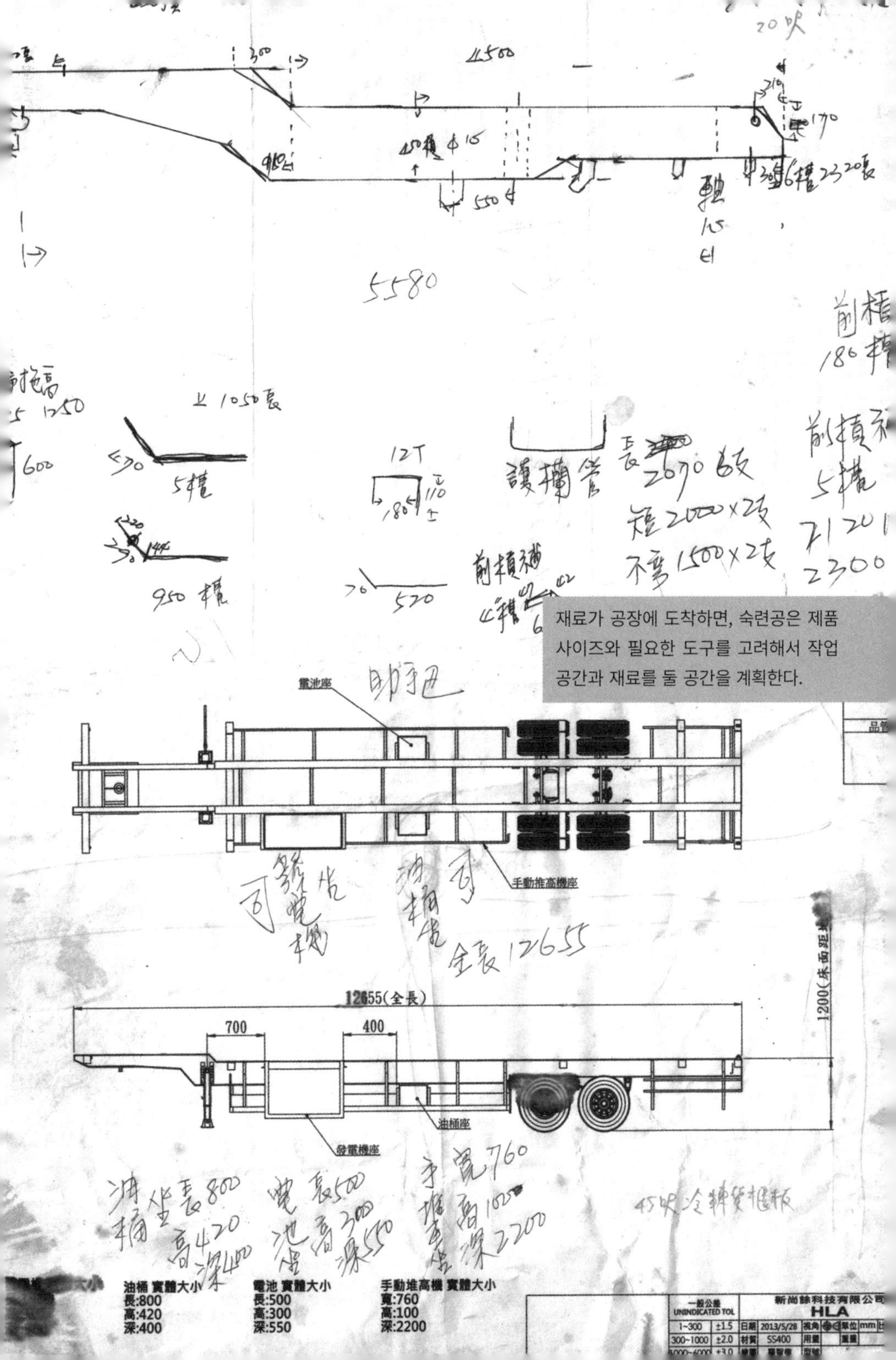

재료가 공장에 도착하면, 숙련공은 제품 사이즈와 필요한 도구를 고려해서 작업 공간과 재료를 둘 공간을 계획한다.

필요하다. 그러므로 작업 개시 전에 기계와 재료, 그리고 숙련공이 일하는 작업 장소 등을 보장하는 공간 확보가 숙련공의 중요한 숙제다.

주문이 들어오면 숙련공은 한 번의 작업으로 몇 대를 제작할 수 있을지 미리 판단해야 한다. 공장에서 다른 작업이 진행 중인 상황이라면, 이 주문은 몇 명의 숙련공이 달려들어야 하는 걸까? 작업 위치를 어떻게 배치해야 공구 및 공간을 사용할 때 다른 차체를 작업하고 있는 동료와 충돌이 발생하지 않을까? 수리만 하는 작업이라면 공구 시용이 다소 불편한 공장의 안쪽에서 진행해야 할까? 차량 수리 작업은 빠르게 마감할 수 있으니, 출입이 편한 입구 근처에서 진행하는 게 합리적일까?

차량 두어 대만으로 가득 차는 공장이라면 고민은 거의 필요 없다. 하지만 규모가 어느 정도 있는 공업회사라면, 동시에 여섯 대의 차량과 여섯 팀의 숙련공이 작업을 하므로 상호 소통이 가장 중요하다.

특히 아버지처럼 단일 공장에 소속되지 않은 외주형 숙련공은 주의할 게 많다. 이 단계를 매끄럽게 진행하기 위해서는, 함께 오래 일한 동료가 아닌 사람과 숙련공이 아닌 사람을 배려하면서 일상에서 인간관계에 주의해야 한다.

원활한 소통과 숙련공 사이의 암묵적인 약속이 작동하면 위 과정은 물 흐르듯 진행된다. 내가 목격했던 장면이 떠오른다. 한 숙련공은 30분 만에 주문 접수부터 재료 계산을 바로 진행했고, 동시에 사무실 직원에게 재료 구매를 요청하고 동료 숙련공과 작업 공간 협의까지 끝냈다.

내가 갔었던 많은 철공장에서 작업 영역을 두고 다투는 모습은 찾아 볼 수 없었다. 모든 숙련공은 독립적으로 작업하면서도 서로에게 방해가 되지 않았고, 서로를 곤란하게 만들지도 않았다. 숙련공은 작업 공간을 계획할 때 타인을 위한 여분의 공간도 함께 계산한다. 자신이 필요한 공간을 계산할 때 타인을 위한 공간도 함께 고려하고, 도구와 기계가 움직일 수 있는 노선도 따진다. 이 모두는 각종 차체의 제작 과정에 대한 숙련공의 이해에 기반한다.

지금까지 이러쿵저러쿵 설명했지만, 사실 아무리 큰 차체를 작업할 때도 필요한 공간은 성인 기준으로 열 걸음 안에서 해결된다. 길이, 넓이, 높이 모두 일정한 규격이 있다. 숙련공이 필요한 작업 영역도 사실 전체 차체 구조에서 성인 남성이 앉거나 움직이고 중형 기계를 놓을 수 있는 정도의 공간이면 충분하다. 그래서 공간을 두고 숙련공 간 다툼이 일어나는 경우는 드물다. 공간에 대한 협의가 순탄하지 않으면 사장에게 중재를 요청한다. 작업에 익숙하고 상호 작업 방식을 이해하는 상황에서의 협의는 대부분 순탄한 편이다.

기술사와 견적사

숙련공은 '손으로 작업'하는 역량을 중시한다. 숙련공의 실력은 그가 작업하는 '솜씨'에서 나온다. 그러나 계산 시뮬레이션도 가볍게 볼 수 없다. 한 대의 추레라를 제작하는 모든 원가와 일정을 좌우하기 때문이다. 내가 숙련공에게 깊이 감탄한 부분 역시 그들이 제작 전 수행하는 시뮬레이션 작업이었다. 그런데 숙련공에게 이 작업은 외부에 특별히 언급조차 하지 않을 정도로 소소한 일에 불과하다.

일본어 공부를 할 때가 떠오른다. 일본어 선생님이 일본어로 부모를 소개하는 과제를 냈을 때 나는 앞이 까마득했다. 추레라 숙련공을 타이완 친구들에게 소개하는 것도 간단하지 않은데, 일본어로 소개해야 한다니! 나는 일본어 선생님에게 아버지가 하는 일의 내용을 간단히게 설명했는데, 듣고 있던 선생님이 그건 '엔지니어'가 하는 일이라고 답했다. 그 답을 들은 나는 충격을 받았다. 자신이 하는 일을 높이 평가하기는커녕 오히려 비하하는 숙련공은 상상할 수 없겠지만, 외부인이 볼 때 그들의 일은 '엔지니어'의 일이었다.

인터넷 매체 『환르셴換日線』이 견적사Quantity Surveyor에 관해 보도한 적이 있다. 건축계에서 견적사로 부르는 이 전문가는 시공 전에 미리 전체 빌딩의 건축 자재 분배와 계획 및 가격 평가를 진행하고, 설계기획을 담당하는 건축사와 공사를 감독하는 기술사와 상호적으로 작업한다. '건축계의 회계사'로 불리는 견적사는 전 세계에서 수요가 많다. 그런데 이 보도는 이미 건축 분야에서 어느 정도 규모를 가진 타이완에서는 이런 정밀한 분업이 꼭 필요하지는 않다고 지적했다. 타이완 건축업계에서 건축사와 기술사는 그야말로 팔방미인과 같아서 건축 관련 전반을 담당해야 한다.

나는 이 글을 읽고 바로 내 연구에 접목했다. 그만큼 깊은 인상을 받았다.

타이완은 왜 정밀한 분업체계를 갖추지 않았을까? 인건비를 절약하려는 업자들 때문이기도 하지만, 내 짐작으로는 전통 도제식 인재 육성 방식이 더 큰 이유인 듯하다. 타이완 공업화 과정에 큰 영향을 미친 도제식 시스템은 무에서 유를 창출할 수 있는 독립적이고 전방위적 업무를 소화할 수 있는 인재의 육성을 지향했다.

추레라 한 대를 제작하는 작업은 당연히 방수, 방진, 통풍, 뛰어난 채광, 빼어난 동선 등을 고려하는 집을 만드는 일보다는 간단하다. 추레라 구조는 단순하고, 때로 두세 개의 기능이 부가될 뿐이다. 그러니 추레라 숙련공의 일을 건축과 비교하는 것은 억지일 수도 있다. 다만 숙련공이 추레라 제작 과정에서 필요한 견적사 역할도 혼자 수행할 수 있는 만능형 공업인이라는 점을 강조하고 싶다.

견적사처럼 세련되게 영어로 병기되는 명칭을 아버지나 다른 숙련공에게 적용하려 하면 그들은 바로 손을 휘휘 내저을 게 분명하다. 작업을 완성하기 위해 필요하지만 보이지 않는 비용에는, 오랜 훈련과 축적된 경험 및 숙련공 스스로가 인지하지 못하는 계산과 평가 과정도 포함된다. 그러나 문외한이 숙련공에게 놀라고 감탄해도 그들은 대번에 '이런 건 아무것도 아니다'라고 말하면서 그저 한 번 씨익 웃고 말 것이다.

숙련공이면 충분해

5장

숙련공과 사장

어느 설날, 아버지는 밥상에서 폐차 공장 사장 샤오팡小胖으로부터 두터운 홍바오*를 받았다고 말했다. 무려 1만 위안의 현금이었다. 샤오팡 공장의 모든 직원은 설을 맞아 홍바오를 받았다. 예전에 샤오팡 씨는 종종 아버지의 임금을 늦게 줬다. 아마도 그게 미안해서 이번에 큰돈을 쓴 것 같다며 어머니는 놀라면서 기뻐했다. 의문과 기쁨이 뒤섞인 우리의 표정을 보던 아버지는 샤오팡 씨가 고의로 임금을 늦게 지급한 게 아니라 그저 약간 지연됐을 뿐이라고 그를 두둔했다. 샤오팡 씨는 명절 때 속 좁게 구는 쪼잔한 사람이 아니라면서 말이다.

사실 아버지는 임금을 늦게 지급하는 사장에 대해서는 냉정했다. 어떤 공장은 아버지에게 임금을 오랫동안 주지 않았는데 몇 번을 요청해도 임금은 지급되지 않았다. 그때 아버지는 쉬지 않고 그 사장을 욕했다. 어느 정도의 세월이 지난 후에도 그 사장의 이름이 언급되면 아버지의 어조는 불만으로 가득 찼다. 리 씨 역시 어느 제조

---

* 홍바오紅包를 직역하면 붉은 봉투라는 뜻이다. 세뱃돈이나 결혼식 축의금 등 돈을 선물할 때 '붉은 봉투'에 넣는 중화권의 문화에서 비롯한 단어다. '누군가에게 주는 돈'을 홍바오로 통칭하기도 한다. (옮긴이 주)

공장의 2대째 사장이 경우 없이 가격을 후려치는 상도덕 없는 사람이라며 투덜거린 적이 있다.

교배

사장과 숙련공의 관계는 그들의 일에 직접적인 영향을 끼친다.

언젠가 아버지는 한 공장의 종무식에 초대받았다. 그런데 아무 관심도 보이지 않길래 왜 그러냐고 물었더니, 아버지는 그 공장과는 평소에 어떤 '교배交陪'도 없었다고 대답했다.

원래 '교배'에는 함께 교제하며 유희를 즐긴다는 사전적 의미가 있지만, 아버지가 말한 교배는 평소의 왕래나 교류라는 뜻에 가깝다. 설날 안부 묻기, 가끔의 부조, 서로가 필요할 때 전력을 다해 협조하기 같은 것들이다. 이런 행위는 고용주와 피고용인 사이의 암묵적 의례일 뿐 아니라 친구와의 우정, 그리고 동종업자 간의 의리이기도 하다.

교배의 의미를 고려하면, 아버지가 샤오팡을 너그러운 시선으로 보는 이유를 완벽하게 해석할 수 있다. 아버지와 샤오팡은 오랫동안 교류를 이어왔다. 샤오팡은 아버지가 일감이 없어 곤란할 때 아무 말 없이 아버지에게 일당을 주며 자기 공장에서 일할 수 있게 도와줬고, 아버지는 다른 일거리가 있을 때도 샤오팡이 급할 때면 휴일에도 짬을 내 샤오팡의 주문을 처리해줬다.

당연히 돈을 벌려고 일을 한다. 임금 체불을 어느 정도 용인할지에는 사장과 숙련공의 관계성이 반영된다. 숙련공과 사장의 왕래가

잦고 서로 마음이 통하면 중요한 순간에 서로 돕고 양보할 수 있다. 이는 단순한 고용관계를 넘어선 정에 가깝다.

내가 본 바에 따르면, 고용 인원이 적고 인력 구조가 비교적 단순한 작은 공장은 사장과 숙련공의 상호 교류가 직접적으로 이루어진다. 차량 하부에 함께 쭈그리고 앉아 작업하는 경우도 흔하다. 자연스레 단순한 고용 관계를 넘어서는 우정이 생겨난다.

대조적으로 2대째 사장이나 대형 제조공장의 사장은 숙련공과 직접 대면하는 경우가 적다. 숙련공과 교배할 기회가 적은 것이다. 숙련공 역시 단순 피고용자의 태도로 그들을 대하는 경우가 많다. 그래서 가격 후려치기, 임금 체불, 작업 관련 부당한 요구 등이 발생하면 숙련공 대부분은 비난과 저항으로 반응한다.

두교수

숙련공과 사장의 관계를 설명할 때 쓰는 재미있는 타이완어 단어로 '두교수鬥跤手'가 있다. 돕다, 조수가 된다, 서로 평등하다, 마음이 잘 맞다 같은 뜻이다.

도제 시스템이 보편적이던 시절, 서로의 생활을 돌봐주고 오랜 세월 밤낮으로 함께 생활하면서 사장과 견습공과 숙련공은 가족 같은 사제의 정이 생겨났다. 견습공에서 숙련공이 된 뒤 이직해서 다른 공장에서 일하거나 심지어 독립해서 회사를 차려도, 사이가 크게 틀어진 경우가 아니면 보통 예전에 자신을 돌봐줬던 사장 혹은 숙련공과 우정을 이어가며 서로가 필요할 때 서슴없이 돕는다.

추레라 산업은 인재 육성부터 차량 제조까지 도제 시스템의 성격이 강하므로, 주요 종사자의 일에 대한 심적 태도 역시 도제 시스템에 기반한다. 추레라 숙련공이 보유한 기술은 생산력이자 공장의 명맥이 달린 핵심 자원이다. 그래서 숙련공과 사장의 관계는 정밀한 분업으로 작동하는 다른 산업과 달리 평등하다. 숙련공은 자신이 사장을 위해 '두교수' 한다고 생각하고, 사장 역시 숙련공을 위해 자신이 두교수 한다고 여긴다.

서로를 두교수로 여기게 되려면 사장이 현장에 머물면서 숙련공과 함께 일하는 기간이 꼭 필요하다. 그러나 최근 들어는 소규모 수리 공장 외에는 이러한 작업 방식을 선택하지 않는다. 대를 이어 사장을 맡는 사람은 당연히 그러고, 숙련공 출신 사장인 관罐 씨도 지금은 현장에서 직접 일하지 않고 감독만 하고 있다.

현장을 떠난 지 오래된 사장과 현장에서만 살아온 숙련공 사이는 미묘하다. 서로를 굳게 믿고 사장이 숙련공의 정서를 이해한다 해도 마찰은 피할 수 없다. 내가 만났던 숙련공 밍 씨의 전 직장 사장은 그에게 기술을 알려준 사람으로, 함께 10년을 일했고 사이도 좋았다. 밍 씨가 숙련공으로 독립한 이후에도 사장은 밍 씨에게 자기 공장의 일감을 맡겼다. 공장이 작았을 때 두 사람은 함께 고생했고, 손발도 잘 맞았다. 하지만 사장의 현장 출입이 뜸해지면서 점차 충돌이 생겼고, 결국 10여 년을 함께 일했던 두 사람은 큰 다툼 뒤 사이가 틀어졌다.

사이가 틀어진 이유를 묻자 밍 씨는 자신의 의견이 존중받지 못했기 때문이라고 답했다. 사장이 현장을 떠나 있을 때 밍 씨는 자기 기술 연마에 집중해서 신기술을 개발하고 작업 프로세스를 발전시켰다. 사장이 기존에 경험하고 알던 내용과는 다른 것들이다. 사장은 직접 일하지도 않으면서 본인에게 익숙하지 않은 숙련공의 새 작업 방식을 지적했고 둘은 충돌했다. 결국 밍 씨는 사장에게 마음에 안 들면 나와서 직접 하라고 일갈했고, 이 한마디는 십수 년을 이어오던 협력 관계에 마침표를 찍었다.

'마음에 안 들면 직접 하라'는 숙련공이 사장을 제압하는 하나의 수단이다. 밍 씨는 사장이 그의 작업 과정을 보고 이러쿵저러쿵하자 불만이 생겼고, 이후 사장과 충돌했을 때 스스로를 보호해야 했다. 숙련공은 이 무기를 활용해서 단가를 유지했고, 사장과의 관계에서 자신감과 존엄성을 지켜낼 수 있었다.

숙련공의 말투에서는 현장에서 일하는 사람으로서의 강렬한 정체성이 느껴진다. 밍 씨뿐 아니라 내가 접한 상당수 숙련공이 현장을 이해하지 못하거나 현장에 오지 않는 사장을 비웃듯 언급했다.

아버지는 재료 구매 담당 사무직과 충돌한 적이 있다. 작업에 필요한 강재와 재료를 요청했는데 원가를 절감하려는 사무직이 아버지가 요청한 내역과 다른 강재와 재료를 구매했고, 아버지는 그대로 파업에 돌입했다. 아버지는 사무직이 구입한 재료가 강성이 높아 절단 난이도가 올라가서 작업 프로세스 전반이 힘들어지고, 연성이 부족해서 쉽게 부러지므로 작업에 적합하지 않아서 불만을 가졌다.

그래서 여러 차례 공장 관리자에게 재료 관련 건의를 했지만 수용될 낌새가 없자, 아버지는 파업을 선택하고 작업을 그대로 내버려뒀다. 납품 기한이 가까워지자, 공장 관리자들은 아버지의 요구를 수용했고 아버지에게 복귀해서 작업을 마무리해달라고 요청했다.

이런 일은 한 번으로 그치지 않기 마련이다. 아버지는 공장의 주문을 완전히 포기한 적도 있다. 그 공장은 아버지에게 덤프트럭 제작을 꾸준히 맡겨왔기 때문에 양자가 합의로 보수를 정해둔 상태였다. 그런데 어쩐 일인지 공장이 갑자기 가격을 낮춰 불렀다. 공장이 제시한 비용은 아버지가 생각하는 하한선과 차이가 너무 커서 아버지는 협상조차 하지 않으려 들었다. 원래라면 음력 1월 4일부터 작업을 시작해야 하는 주문이었는데 협상은 1월 2일까지도 타결되지 않았었다. 아버지는 3일까지 전화가 오지 않으면 9일까지는 쉬겠다고 선포했고, 결국 다른 공장의 주문을 받았다.

이때 어머니가 아버지에게 "왜 직접 전화해서 물어보지 않는 거야?"라고 물었다. 아버지는 버럭 화를 내며 자신이 먼저 전화하면 공장은 기고만장해져서 다음부터 마음대로 가격을 후려칠 것이라고 단언했다. 그러자 어머니는 공장에서 다른 숙련공에게 주문을 맡길까 봐 걱정했는데, 아버지는 단 한마디로 대화를 끝냈다. "찾으라면 찾으라지, 나랑 뭔 상관이야?!" 그 공장은 아버지에게 끝까지 연락하지 않았고, 아버지는 선언한 그대로 1월 9일까지 쉰 다음 알고 지내던 수리 공장에 가서 일을 돕고 일당을 받았다. 수리 공장 일은 덤프트럭 건보다 돈은 적었지만, 아버지는 개의치 않고서 이 방식으로 자신의 몸값과 존엄을 지켰다.

많은 숙련공이 이런 방식을 고수한다. 밍 씨는 사장과 협상하는 과정을 내게 말해줬다. 사장이 먼저 가격을 부르면 숙련공은 그 가격과 자기 경험을 비교하면서 '과공'*한지 따져본다. 숙련공이 사장이 제시한 가격에 동의하지 않았는데 사장은 기필코 해당 숙련공에게 일을 맡겨야 하면 숙련공에게 임금을 제시하게 한다.

그러나 밍 씨는 사장이 곤란한 상황일 경우, 숙련공은 대개 적당한 선에서 가격을 협상하고 서로 양보한다고 말했다. 이런 양보가 숙련공과 사장의 관계를 단순한 고용 관계에서 우정이 형성될 수 있는 관계로 발전시킬 수 있고, '교배'의 일환이 되기 때문이다.

하지만 가격 협상에서 사장의 성의가 부족하면 숙련공은 상대방이 원가 절감만을 중시한다고 판단하고, 아버지처럼 꽤 격렬하게 저항하며 끝내는 그 일거리를 포기해버린다.

1월 2일의 저항으로 인해 아버지는 해당 건수로 얻을 수 있던 수익을 날렸다. 하지만 그 일로 공장과의 관계가 바로 끊어지지는 않았다. 기술은 아버지의 무기였으므로 공장은 아버지와 협력 관계를 유지해야 할 필요가 있었다.

아버지의 일화는 일반적인 고용관계에 비해 숙련공과 사장은 평등한 입장에서 대화할 수 있다는 사실을 보여준다. 기술 제공자와 임금 제공자의 입장이 교차할 수 있는 것이다. 숙련공이 파업을 통해 몸값을 유지할 수 있는 것은 그들이 '기술'이라는 자산을 보유하고 있기 때문이다. 기술력이 높으면 높을수록 불합리한 가격 후려치기를 우려하지 않을 수 있다.

고객의 주문을 완수하려면 공장 사장에게는 숙련공의 특수 기술

---

* 과공過工(kuè-kang)은 기대 수익과 소요 시간을 비교해서 따져보는 것이다.

이 필요하다. 숙련공을 존중할 줄 아는 사장은 그들을 단순한 직원이나 부하로 여기지 않는다. 숙련공이 일을 대강대강 하지 않고 프로답게 한다면, 사장은 숙련공의 작업 방식을 최대한 존중하고 상당한 자유도를 보장해서 그들이 작업 현장에서 자주성을 유지할 수 있게 해준다.

'교수跤手'라는 단어는 숙련공과 사장 쌍방이 각종 방식의 '교배'로 우정을 쌓았다는 뜻이다. 또한 숙련공이 자기 기술로 자부심을 품고 있다는 의미이기도 하다.

사장에게도 이토록 강경한 태도를 고수하는 숙련공이 앞에서 언급했던 공장 사무직, 이를테면 기술사 같은 사람을 어떻게 대할지는 두말할 필요가 없다. 숙련공들은 실제 차량을 제작하는 기술을 보유했다는 자긍심으로 충만하다.

이 자긍심과 자부심은 숙련공이라는 역할 정체성을 더 강하게 만든다. 이 강화 현상은 숙련공이 '숙련공을 계속할 것인가'와 '사장으로 변신할 것인가'를 결정하는 데 영향을 미친다. 숙련공 중 많은 이들이 강한 발언권과 자주성을 유지하기 위해 창업을 하지 않는다.

나는 연구를 하며 창업해 사장이 되려는 숙련공도 봤고, 숙련공 자체에 만족하는 숙련공도 만났다. 지향하는 방향은 다르지만, 그들의 선택지를 관통하는 하나의 셈법이 존재한다. 다음 절에서 숙련공이 더 높은 곳으로 나아가기 위해 진로를 선택할 때 배후에서 작동하는 기제와 고민을 더 깊게 다룬다.

까만 손은 사장이 되고 싶지 않아

인터뷰 중 뜻밖의 이야기를 들었다. 인터뷰이는 작은 공장을 운영하는 사장으로, 아버지의 오랜 지인이다. 그는 아버지가 추레라 제작에 투신한 20여 년의 세월 동안 기술과 작업 태도 모두에서 가오슝 업계의 인정을 받은 전문가였다. 나는 아버지에게 그 사람과 동업해서 공장을 차리면 사장이 되는 거 아니냐고 물었는데, 아버지는 내 생각과 달리 단칼에 부정적인 의견을 피력했다.

위 대화는 연구가 진행되며 생긴 양대 미제 중 하나이자 내가 아버지의 직업사를 직접 들여다보게 된 이유기도 하다. 양대 미제는 '숙련공은 왜 사장을 지향하지 않는가?'와 '숙련공은 자기 일에 자긍심을 갖고 있으면서도 왜 자녀 앞에서는 자기 일을 폄하하고, 나아가 아이들이 자신과 같은 길을 걷지 않기를 바랄까?'다. 이 책은 모두 이 의문을 해소하기 위한 노력이다. 먼저 내가 왜 사장이 되지 않으려는 아버지를 의아하게 여겼는지를 이야기하려 한다.

까만 손이 사장이 됐던 시절

"일을 통해 자아실현을 추구하고 자신의

가치를 찾는다"는 유서 깊은 명제. 지금도 많은 사람이 이 명제로 일을 정의하고 판단한다.

자본주의의 힘이 넘실거리는 현대 사회에서 직업은 인간 생활을 구성하는 핵심 요소 중 하나다. 그러다 보니 일로 자아를 실현해야 한다는 불문율이 자리 잡았다. 우리는 빈손으로 시작해서 언젠가 사장이 되는 서사를 꿈꾼다. 조직의 일원으로 일한다면, 조직의 구조를 평가한 뒤 이 일이 앞으로 나를 어디까지 얼마나 이끌 수 있을지 고민한다.

그렇다. 많은 사람이 일의 가치를 판단하고 자아를 실현하는 평가 기준으로 얼마나 '올라갈 수 있는지'를 전제한다. 그 누구도 이런 경향에서 벗어나지 않는다.

'위로 올라가려는' 현상을 다룬 우수한 연구를 살펴보자. 사회학자 셰궈슝은 다음과 같이 서술한다.* 1960년대 타이완 제조업은 크게 발전했고 이때 우후죽순 만들어진 중소기업은 번영했다. 이 시기 타이완 사회에 흐르던 주선율은 바로 '개천에서 용 난다'였다. 까만 손으로 출발한 제조업 종사자는 더 높은 계급이 되기 위해 부지런히 일해서 자본을 모은 후 자기 공장을 차린다. 피고용인에서 '고용주'로 승격하는 것이다. 셰궈슝이 논문에서 '까만 손에서 고용주로의 변신'이라고 표현한 현상이다.

이 시기 타이완 경제지표를 검토하면 셰궈슝이 묘사한 현상은 확

* 謝國雄, 「黑手變頭家 : 台灣製造業中的階級流動」, 『台灣社會研究季刊』, 第二卷第二期, 1989, pp.11-54.

실히 존재했다. 그리고 이 현상의 파도는 리저위李哲宇가 2007년에 발표한 논문이 다룬 자동차 수리 산업에도 닿았다.*

2007년 즈음 타이완 제조업은 이미 쇠락 국면에 접어든 포화 상태였다. 하지만 기술을 보유한 까만 손 노동자, 가령 차량 수리 숙련공은 여전히 기술이라는 무기를 철밥통으로 삼아 '고용주가 되는' 꿈을 포기하지 않았다.

셰궈슝의 연구는 산업 발전이 번져가는 불처럼 흥성했던 시대를 다루고, 리저위의 연구는 OEM** 산업의 쇠퇴와 공장의 해외 이진이 본격화돼 제조업이 저물어가던 시대를 다뤘다. 두 연구자는 각기 다른 시대에서 제조업 종사자가 일을 통해 '정체성'을 만들려 하는 유사한 시도를 포착했다. 그들은 사회 계급 전환에 성공하며 외부의 인정을 받고, 이런 인정을 통해 자아 정체성을 확립했던 것이다.

'무릇 남자라면 제대로 사업을 해야지!' 셰궈슝과 리저위는 사업가로 성공적으로 전환한 숙련공 혹은 사장이 되려고 애쓰는 숙련공이 이런 마인드를 동력으로 삼아 꿈을 향해 노력한다고 서술했다.

예전에는 2차 산업에 속한 숙련공이 사장이 되려고 노력했다. 현재 3차 산업에 종사하는 사람들도 마찬가지다. 요리사, 바리스타, 음료가게 점원, 미용사, 네일 아티스트, 설계사, 기술사, 작가, 영상

---

* 李哲宇, 『一技之長真能黑手變頭家嗎？- 機車修理師傅的維修技術, 社會關係與工作意識』, 台北：世新大學社會發展研究所碩士論文, 2007.

** OEM(Original Equipment Manufacturing)은 '주문자위탁생산' 또는 '주문자상표부착생산'이라고 한다. 유통망을 보유한 주문업체에서 생산성을 가진 제조업체에 자사에서 요구하는 상품을 제조하도록 위탁하고, 완성된 상품을 주문자의 브랜드로 판매하는 방식이다. (옮긴이 주)

종사자 등 창업 혹은 자신의 작업실을 목표로 노력하는 많은 사람이 존재한다. 그들은 피고용인에서 고용인이 되기 위해 노력하고 있다. 시대를 초월한 이 현상은 타이완 노동자가 공통으로 추구했고 추구하고 있는 자아실현의 양상을 반영하는 것이다.

전업? 숙련공?
고용주?

공무원이나 화이트칼라 같은 일은 직장이 일정 규모 이상이면 자신의 조직 내 위치와 이후 전망을 비교적 뚜렷하게 판단할 수 있다. 예를 들어 평사원, 주임, 중간관리자, 임원, 회사 경영자 등 개인의 역할이 세세하게 구분된 조직에서 일한다고 가정하자. 20년, 30년 후의 계획과 진로를 세우고, 자신의 능력, 자본, 인맥 등의 자원을 고려해서 어디까지 나아갈 것인지를 결정할 수 있을 것이다.

그러나 추레라 산업의 숙련공이 해야 할 선택은 매우 간단하다. 경력이 어느 정도 쌓이면 그들은 세 가지 정도의 선택지를 고민하게 된다. 이직하거나 계속 숙련공 일을 하거나 공장을 열어서 사장이 되는 것이다.

추레라 산업뿐 아니라 도제식으로 인재를 양성하고, 작업 내용이 종사자 개인의 기술에 의존하는 산업의 경우 사회적 계층 이동에 있어 선택지가 대체로 단순한 편이다. 차량을 수리하는 까만 손 숙련공처럼 목공, 미용사, 요새 유행하는 바리스타 등도 마찬가지다. 이런 유형의 산업에 오래 종사한 일꾼들은 대체로 피고용인으로 일하거나 자영업을 경영한다. 이를 생산 도구 유무 여부에 따라 구분하면 4가지 유형이 도출된다. 아래의 표를 참고하자.

	자영업자	피고용인
생산 도구를 소유함	I	III
생산 도구를 소유하지 않음	II	IV

기술에 의지하는 산업 영역에서 더 높은 계급으로 가고 싶은 사람은 대부분 고용주의 길을 선택한다. 이런 주선율이 지금까지 타이완 경제를 지탱한 중소기업과 거리를 채우는 소형 상점을 발전시켰다. 그러나 무너지지 않을 것처럼 지금까지 흐르던 이 주선율 속에서 내가 만난 항만의 까만 손 숙련공들과 아버지는 다른 악장을 작곡한다.

아버지에게 왜 사장이 되지 않았느냐고 물었다. 그의 대답을 함께 들어보자.

> 자유자재로 살 수 있는데 왜 굳이 공장을 열어야 하지? 공장 운영은 매우 피곤한 일이야. 숙련공도 들여야 하고, 때로는 일이 없어서 사람들이 쉬어야 하는데 그때도 비용을 부담해야 한단다. 그런데 혼자 일하면? 일이 있을 때는 일을 하고 없으면 그냥 쉬면 돼. 일거리가 없다고 고민에 빠질 필요가 없지. 하지만 숙련공을 들이게 되면 일거리를 찾아서 숙련공에게 맡겨야 해. 그건 자기 무덤을 파는 것과 같아.

> 그리고 자영업자를 하려면 궁리해야 해. 때로는 맨땅에서 시작해야 하지. 하고 싶다고 할 수 있는 게 아냐. 고민해야 할 일도 많아. 예를 들어 백수인 네가 작은 음식점을 개업한다고 생각해 봐. 처음에는 결코 순조롭지 않을 거야. 너는 밑바닥부터 시작해야 할 거야. 당연히 최선을 다해야겠지. 뭘 하든 다 같은 이치란다. (아버지)

아버지는 농촌에서 가난하게 자랐다. 이런 성장 배경은 그의 경제관념과 생활 습관을 보수적으로 만들었다. 아버지는 금융기관에서 받는 대출이나 지인에게 돈을 빌리는 일을 몹시 싫어했다. 목돈을 들여 물건을 사야 할 때, 그는 구매가 조금 늦어지더라도 돈이 다 모인 다음 샀다. 이렇게 보수적인 경제관념이 아버지가 경영자가 되는 것보다는 더 안정적인 생활을 추구하게 만들었다고 생각했다. 그러나 추레라 숙련공을 연구하면 할수록 이런 경향은 아버지 개인에게 국한된 게 아니라는 사실을 깨닫게 됐다. 안정 추구 경향은 숙련공이 굳이 사장이 되려 하지 않는 유일한 원인이 아니었다.

나는 지금까지 모두 17명의 추레라 산업 관련자를 인터뷰했다. 사장 2명, 기술사 1명, 숙련공 14명이었다. 이들의 경력은 짧은 사람은 1년, 가장 긴 사람은 47년까지로 다양했다. 이들 중 경력이 20년 넘는 사람은 모두 11명이었다.

경력 20년 이상의 숙련공은 살면서 최소 한 번 이상 사장이 될 수 있었지만, 그들은 모두 거절(혹은 실패)했다. 그들은 이후 창업 쪽으로는 눈을 돌리지 않고 '숙련공'을 자신들의 생애에서 최고점으로 상정한다.

기술사를 제외한 16명의 인터뷰이 중 14명이 창업해서 사장이 되는 길을 희망하지 않았다. 이 비율을 보며 나는 까만 손 숙련공에게는 '사장이 된다'는 게 최고의 선택지가 아니라는 사실을 확인했다.

인터뷰를 거듭하며 그들을 이해하게 됐다. 아버지나 숙련공들은 그저 일신의 안위만을 염두에 두고 안정적인 길을 선호해서 창업을 거부한 게 아니었다. 나의 오해였을 뿐이다. 그들의 결정에는 이성적이며 전략적인 사유가 깃들어 있다. 이제 나는 안다. 숙련공이 온갖 고민과 심사숙고를 통해 그 결정을 내렸다는 것을.

나는 아버지를 포함한 다른 숙련공, 그리고 사장의 설명을 듣고서 숙련공이 사장이 될 때 피할 수 없는 4대 난관을 정리했다. 바로 자본, 인맥, 성격, 책임이다. 이 4개 요소는 필수적이며 단 하나도 뺄 수 없다. 하나라도 문제가 생기면 숙련공이 사장이 될 수 없거나 사장이 되려는 마음 자체가 사라지게 된다.

자본-"문제는 돈이야"

숙련공은 자본을 가장 먼저 고려한다. 창업할 때 자본이 가장 문제가 된다는 사실은 누구나 쉽게 짐작할 수 있다.

추레라 차체는 거대하다. 내가 방문했던 추레라 공장은 제일 작은 곳도 동시에 3대의 추레라를 세울 수 있었고, 가장 큰 곳은 10여 대를 동시에 댈 수 있었다. 그러니 넓은 공장 부지를 소유해야만 공장을 세울 수 있다. 또한 무거운 강재를 옮기려면 물건을 매달아 옮길 수 있는 기중기(속칭 천장크레인)를 갖춰야 한다. 그 외에도 강재를 절단하고 용접할 때 쓸 절삭기와 이산화탄소 관련 소모품도 필요하다. 이렇듯 공장 설비 구축에는 많은 자본이 요구된다.

또한 추레라는 고가의 제품이다. 40피트짜리 추레라 한 대의 제조가는 약 50만 위안이다. 여기에다 생산 원가도 꽤 높은데, 원가의 대부분은 제작에 필요한 강재와 부속 마련에서 소모된다. 여기서 주문가의 60%를 써야 한다. 그리고 숙련공에게 지급하는 임금이 10% 정도다. 남은 이윤으로 공장 임대료, 소모품, 사무직 임금 등을 감당해야 하는 것이다.

추레라 공장을 창업하려면 공장 설비, 제작에 필요한 재료, 공장 운영에 들어가는 기본 비용 등 만만치 않은 자본이 소요된다. 보통의 추레라 숙련공이 쉽게 부담할 수준을 한참 넘어선다. 자금이 풍부하거나 개업하자마자 대량 주문을 안정적으로 수주할 수 있는 상황이 아니라면, 운영 그 자체만으로도 벅찬 상황을 마주하게 될 확률이 높다.

인맥-"누가 나보고 만들라고 해서"

사업을 시작하면 일거리가 있어야 한다. 추레라 산업도 마찬가지다. 이 산업에서 일감 대부분이 인맥에서 온다. 사장이었던 리 씨와 지금 사장인 관 씨에게 창업의 계기를 물었는데, 이 둘은 약속이나 한 듯 모두 "누가 나보고 만들라고 해서"라고 대답했다.

관 씨는 몇 년 동안 추레라 기술을 배운 후 뜻밖에도 닭고기 도매상을 하려 했다. 그러자 업계 선배는 그에게 추레라 기술을 배운 사람이 아예 다른 분야로 전업하면 모든 걸 새로 배워야 한다며 관 씨를 말렸다. 관 씨는 "그래서 나는 다시 차체를 만들려고 여기로 돌아왔지. 차를 만드는 그 길로 말이야. 처음부터 했던 그거"라며 그때를 회상했다. 관 씨에게 조언했던 사람은 바로 차주였다. 그는 조언에서 그치지 않고 자신이 소유한 땅에 평탄화 작업을 한 후 지대를 높여서 관 씨에게 빌려줬다. 관 씨가 공장을 개업할 수 있도록 전력 지원한 것이다.

차주는 추레라 공장과 숙련공의 유일한 고객이므로, 그들과의 관계가 곧 숙련공의 일거리를 결정짓는다. 몇몇 차주들은 특정 숙련공에게만 차량 수리를 맡긴다. 숙련공이 이직하면, 숙련공을 따라 수리공장을 바꾸는 차주도 많다. 물론 가격에 큰 차이가 없어야 하겠지만 말이다. 일부 차주는 공장 담당자를 건너뛰고 숙련공과 직접 연락해서 일을 처리하기도 한다.

실제로 추레라 숙련공이 창업을 고민할 때 차주는 중요하다. 차주가 고정적으로 추레라 제작을 의뢰하고 수리 건을 맡긴다면 공장은 순조롭게 출발할 수 있다. 관 씨뿐만 아니라 현재 수리 공장을 운영 중인 반타이중板台忠 씨 사례를 보자. 그가 공장에서 일했을 때 어떤 차주가 계속 수리를 맡겼고, 덕분에 그는 선박 기계 수리 기술자에서 추레라 수리 공장의 사장으로 변모했다. 밍 씨의 스승도 마찬가지다. 사이가 가까운 차주들이 여러모로 지원을 해준 덕분에 소형 제조 공장을 차릴 수 있었다.

36세의 밍 씨는 언젠가 공장을 차려서 사장이 되겠다는 포부를 서슴없이 공언하는 사람이다. 그의 말에 따르면 부지를 구하거나 대출받는 일은 어렵지 않고, 가장 중요한 문제는 바로 고객 유치다.

> 운송기사도 모르고 저상 추레라를 제작하는 공장의 사장도 모르면, 내가 차를 만들어봐야 뭘 할 수 있겠어? 고객이 없는데. 우리는 간판이 있는(영업허가증이 있는 공장) 공장과 달라. 간판이 있으면 사람들이 알아서 찾아오지만 말이야. 이런 물건들은 건당 이삼백만 위안이 필요해. 이삼백만 위안 정도의 주문이면 최소 반년 이상 걸리거든. 우리는 이런 일을 할 사람이나 숙련공은 알고 지내지만, 사장이나 기사는 잘 몰라. 이게 문제지. (밍 씨)

밍 씨가 한 이야기처럼 숙련공이 창업할 때 가장 큰 고민거리는 고객 유치다. 창업 초기를 버틸 수 있느냐 없느냐는 안정적인 고객이 있는지에 달렸다. 고객 유치에서 가장 중요한 역할을 하는 사람은 차주(추레라 기사 혹은 차량 판매 사장)다. 인맥은 숙련공의 목숨과 같다. 비단 창업이 아니더라도 숙련공에게 일감을 안겨주는 가장 중요한 요소가 인맥이기 때문이다.

차주만이 아니다. 추레라 산업 관련자 모두가 일감을 숙련공에게 연결해줄 가능성이 있는 존재다. 함께 일한 동료, 공장의 사장, 재료를 공급하는 업소 책임자나 배달원 모두가 숙련공의 인맥에 속한다. 아버지는 자재상 사장의 소개를 통해 접촉한 적이 단 한 번도 없었던 공장을 알게 됐고, 지금도 그 공장의 주문을 받고 있다.

인맥 구축은 어렵다. 큰 공장에서 일하는 밍 씨도 차주와 쉽게 접촉할 수 없다. 주문 일체를 영업사원이 관장하기 때문이다. 최근에는 수리 공장도 대부분 관리자에게 주문 관련 업무를 일임하는 추세다. 숙련공이 차주나 관련자와 직접 접촉할 기회가 더욱 적어진 것이다. 아버지처럼 40여 년이라는 긴 세월 동안 업계에서 활동한 사람이 아니라면, 특히 현재 젊은 숙련공의 경우는 많은 차주와 만날 일 자체가 없다. 그러니 고객 유치를 걱정하게 된다.

성격-"사장이 그렇게 쉬운 일인가"

숙련공이 창업을 고민할 때 고려해야 하는 사항은 자본과 인맥 말고도 또 있다. 바로 개인의 성격이다.

추레라 산업에서 숙련공이 뛰어난 실력을 가지고 있는 것과 유능한 사장이 되는 것은 별개의 문제다. 사장은 영업을 뛰며 고객을 알선해야 한다. 자금 관리, 설비 및 인력 관리, 공공기관과 관계를 유지해야 하는 것은 물론이다. 여기에 숙련공의 제작 공정과 사무직의 업무에 대한 일정 수준 이상의 지식과 처리 능력까지 필요하다.

치麒 씨는 사장과 숙련공의 업무는 본질적으로 다르다고 본다. 숙련공은 차체와 자재만 다루면 된다. 하지만 사장은 일종의 서비스업에 해당한다. 일감 수주나 경영 관리 모두 신경을 써야 하는데, 이는 그 어떤 숙련공도 쉽게 감당할 수 없는 일이다. 밍 씨의 입을 빌려 숙련공이 생각하는 사장에게 필요한 능력이 무엇인지 살펴보자.

> 물론 간판을 달아야지(영업허가서 신청). 자재도 사야 하고, 임금도 준비하고, 사람도 구하고, 부지도 빌리고. 결국 지독하게 귀찮은 일이라는 거야! 그리고 사장에게 가장 중요한 건 최고의 조수가 있느냐 없느냐야. 절친하다고 말할 수 있는 사람이 두 명, 혹은 서너 명 정도 있어서 사장을 힘써 도와줘야 해. 사장이 일을 구하고 그들과 힘을 합쳐야만 공장을 운영해낼 수 있어. 아니라면 많이 어려울 거야. (밍 씨)

차주를 대하는 숙련공과 사장의 태도는 미묘하게 다르다. 밍 씨는 이 점을 어느 정도 감지하고 있었다.

> 우리는 지금 숙련공이야, 그래서 차주에게 이거는 이렇고 저거는 저렇다고 말하고는 해. 그런데 사장이라면 이야기가 다르지. 차주가 무슨 지적을 할 때 사장은 이러쿵저러쿵 토를 달면 안 돼. 그저 "네, 좋습니다, 맞습니다, 그러면 이렇게 한번 조정하면 어떨까요?" 정도로만 말해야지. 여하튼 달라. 그런데 숙련공이면 어떨까. 차주가 문제를 제기할 때 숙련공은 그에게 이건 이렇고 저건 저렇다며 반박할 수 있어. 전문지식으로 차주와 논의할 수 있다고. 그런데 사장은 그렇게 하면 안 되는 거지. (밍 씨)

작업 현장에서 차주와 시비를 가리거나 그들에게 직언할 수 있느냐 없느냐는 숙련공과 사장이라는 주체의 역할에 따라 결정된다. 앞에서 숙련공이 장시간 현장을 떠나 실무 판단이 흐려진 사장을 어떻게 생각하는지를 살폈다. 숙련공은 그런 사장을 완곡하게 비판하거나 때로 경멸한다. 그러나 위 인터뷰에서 숙련공은 추레라 제작 과정에서 자신들과 사장의 역할이 다르다는 사실을 분명히 인지하고 있다. 나아가 숙련공은 이런 인지에 기초해서 자신이 사장이 될 수 있는지 없는지를 타진한다. 숙련공은 알고 있다. 추레라 사업을 잘 꾸리려면 사장과 숙련공이 각자의 역할에 충실해야 한다는 진리를.

책임-"사장 노릇 하면서 사람 몇 명을 고용하면 그들의 가정은 당신 책임이야"

밍 씨의 이야기를 참고하면 숙련공은 자신과 사장의 책임 범위가 어떻게 다른지 제대로 인식하고 있었다. 내가 만난 대부분의 숙련공은 경영을 희망하지 않는 이유로 '책임'을 말했다.

숙련공은 사장이 수익 창출, 품질 보장, 회사 경영, 그리고 직원이 가정을 지탱할 수 있도록 일거리와 급여를 책임져야 한다고 생각한다. 자기 삶만 책임지는 게 아니라 다른 숙련공과 기타 직원의 삶을 책임져야 하면 어깨 위의 짐은 기하급수로 커질 뿐만 아니라 자유 역시 사라진다.

중 씨는 젊었을 때 은퇴를 앞두고 있던 한 공장 사장에게 회사 인수를 제안받았다. 당시 중 씨는 자금력도 부족했고, 무엇보다 사장이 되고 난 후 져야 할 책임이 부담스러워 결국 경영의 길을 포기했다. 내가 인터뷰한 숙련공 중 샹祥 씨, 중 씨, 그리고 내 아버지까지, 이들은 사장을 지망하지 않은 이유로 먼저 자본과 인맥 문제를 제시했고, 이야기의 끝에는 입을 모아 '책임'에 대한 부담감을 토로했다.

곱씹어야 할 지점은 이들이 부담을 느끼는 근원이 직원에 대한 책임감에 있다는 점이다. 사장이 되고 싶어 하는 밍 씨의 말을 들어보자. "사장도 사장만의 걱정이 있지. 네가 사장이 되고 숙련공을 고용했는데 일이 없다고 생각해봐. 숙련공도 돈을 벌어야 하잖아. 그렇지? 사장은 사장 나름의 스트레스가 있는 거야. 오히려 노동자는 스트레스가 적어." 숙련공에서 사장이 된 경우 이 스트레스는 이루 말할 수 없다. 경제적으로 더 여유롭게 살고 싶어서 창업이라는 모험을 감행한 관 씨도 어느 정도 경제적 성취를 이뤘지만, 여전히 숙련공의 자유도를, 특히 스트레스로부터의 자유를 부러워한다.

추레라 숙련공도, 공장 사장도, 사장이 감당해야 할 책임에 대해 놀랍도록 유사한 인식을 갖고 있다. 특히 숙련공 출신의 사장과 숙련공의 생각은 토씨 하나 다르지 않다고 해도 과언이 아니다.

나는 이들의 강박, 즉 '직원을 돌봐야 한다는 책임'에 대한 단호한 태도가 이 산업의 전통에서 유래했다고 생각한다. 추레라 산업은 도제식 시스템으로 인력을 채용했다. 숙련공과 견습공, 사장과 직원 사이는 단순한 고용인과 피고용인의 관계를 넘어서 서로 돌보고 협력해야 한다는 책임을 느낄 정도로 밀접한 것이었다. 추레라 산업의 1세대 공장 사장들은 대부분 숙련공 출신이다. 그들 역시 누군가의 직원이었으므로 도제식 시스템이 자아낸 정서와 인식은 그 누구보다 강하다. 가부장제가 스며 있는 도제식 시스템에서 성장한 그들이 직원에 대해 가지는 책임감은 현재 우리가 경험하는 단순한 고용 관계와는 궤를 달리한다.

직원을 책임지지 못할까 봐 우려하는 심리 상태가 바로 숙련공이 경영을 기피하는 가장 큰 이유이다. 노동자는 노동자만의 고민이, 사장은 사장만의 고민이 있다. 항만 추레라 숙련공에게 사장이라는 직책은 '배부르고 등 따신' 것만은 아닌 셈이다.

자유롭게 일하며 스스로 결정하는

지금까지 숙련공이 사장이 되려 하지 않는 이유를 나열했지만, 사실 대부분 표면적인 이유에 불과하다. 숙련공이 굳이 사장이 될 필요가 없다고 말하는 이유로 나는 다른 더 핵심적인 이유가 있다고 생각한다. 그중 하나가 추레라 산업의 독특한 직업 문화가 만든 숙련공의 자긍심이다. 추레라 산업의 몇 가지 특징, 이를테면 도제, 표준화되지 않은 작업 프로세스, 세밀하지 않은 분업 체계, 회사와 공장의 단순한 조직 구조, 용이한 이직 같은 것들 말이다.

상술한 특징 덕분에 기술을 보유한 숙련공은 현장에서 어느 정도의 발언권과 독립성을 발휘할 수 있었다. 공장마다 규모, 관리직 운용, 분업 구조 등이 모두 다르지만, 어디서든 숙련공의 작업은 대부분 독립적으로 진행된다. 물론 관련자와의 접촉은 있다. 작업을 시작할 때 기술사와 협업해서 필요 자재를 신청하고 세부 사항을 조절한다. 차체가 완성되면 사장과 기술주임에 확인받은 후 고객에게 검수받는다. 이 외에는 5일에서 반년에 이르는 작업 기간 동안 그 누구도 숙련공의 작업 내용에 관여할 수 없다.

'사장님'으로 불릴 빛나는 기회가 사라지고 평생 '까만 손' 혹은 '노동자'라는 표식이 붙게 되지만, 이 상실과 표식보다 '자유자재'로 일할 수 있다는 매력이 숙련공에게 막대한 소구력을 가진다. 그들은 건강한 몸에 의지해서 피땀 흘리는 노력을 기울이며 일했다. 그 땀의 대가는 퇴직할 때까지 누릴 수 있는 자유였다. 하고 싶은 일로 생활을 유지할 수 있는 탄탄한 자유 말이다. 그들은 공장, 자금, 교대 근무의 속박, 급여 지급의 부담 등에서 벗어나 있다. 그래서 그들은 '숙련공이면 충분'하다.

아버지는 몇 년 전부터 이호*를 배우느라 매주 수요일 오후는 일하지 않고, 밍 씨도 자재가 공장에 도착하지 않는 날 오전은 출근하지 않는다. 숙련공은 납품 기한만 맞추면 되므로 시간과 일정을 자기주도적으로 활용할 수 있다. 자기 삶을 주도하는 것이다. 게다가 숙련공은 고객 혹은 관리직과 대등한 입장에서 일을 논의한다. 숙련공은 생계를 위해 낮은 자세로 타인에게 휘둘릴 필요가 없다.

그러므로 숙련공은 여러 위험을 감수하고 무거운 책임을 부담해야 하는 사장이라는 직책이 끌리지 않는다. '내가 내 작업의 속도를 결정한다' 혹은 '사장도 나를 마음대로 못 한다' 같은 명제는 그들

* 이호二胡는 중국 청나라 중기에 생긴 줄이 2개로 된 중국 전통 현악기다. 한국의 해금과 유사하다. 호궁胡弓의 일종으로, 줄이 둘이고 몸체는 대 또는 단단한 나무로 만들어진다. (옮긴이 주)

의 자아정체성과 가치 실현의 토대가 됐다.

숙련공의 정체성과 노동 가치는 사장과의 평등한 관계에서 실현되기 때문에 숙련공은 굳이 높은 지위를 좇아 사장이 되려고 애쓰지 않아도 된다. 그러므로 숙련공이 '숙련공이고자' 하는 선택은 여러 위험을 고려하고 자기 조건을 평가해서 내린 이성적인 판단이라고 할 수 있다.

'인분' 정신

숙련공이 굳이 사장이 되려 하지 않는 내재적 이유를 살펴보자. 이를 위해서는 먼저 '일의 목적'을 검토해야 한다.

자본주의 사회에서, 인간이 일하는 이유로 그 누구든 다음의 두 가지를 들 것이다. 첫째는 안정적인 수입 획득이고 둘째는 일을 통한 자아실현이다. 특히 숙련공은 후자와 연관된다. 숙련공은 차체를 한 대 한 대 만들어나가면서 자신의 가치가 실현되는 현장을 바로 실감하기 때문이다. 그리고 이 실감은 굳이 사장이 되어야만 얻을 수 있는 게 아니다.

물론 그들 역시 더 나은 삶을 위해 일한다. 아니, 어쩌면 그게 전부일 수도 있다. 그들에게 일은 남자의 기개나 남성의 존엄 같은 것과는 아무런 상관이 없다. 그들은 그저 '온온자진穩穩仔趁'*과 '회사사일가화자會使飼一家伙仔'**만을 신경 쓴다.

* 온온자진穩穩仔趁(ún-ún-á thàn)은 안정적인 수입을 뜻한다.

** 회사사일가화자會使飼一家伙仔(ē-sái tshī tsit-ke-hué-á)는 일가족을 부양한다는 의미다.

추레라 숙련공의 작업 현장

Chih-Hsuan Wu 촬영

台糖
台糖公司休閒遊憩事業部
BUSINESS DIVISION, TSC

숙련공들이 '타이탕 정거장'이라 부르는 타이탕 회사 소유지로 운수회사가 컨테이너를 임시로 놓아두는 야적장이다. 근처에 샤오강 공항과 상업용 항구가 있다. 컨테이너를 실어 나르는 트레일러가 자주 출입하고, 이에 따라 소형 수리 공장도 들어섰다.

추레라 공장

반타이중 씨의 공장은 소형 수리 공장의 전형이다. 에어컨이 설치된 실내 공간용 컨테이너가 보인다. 경강재로 반만 덮은 공간에는 전기 기계, 햇빛을 받으면 안 되는 공구 및 재료를 놓아둔다. 그곳에서 짧은 휴식을 취하거나 사무용 책상을 하나 두고 사무 공간으로도 쓴다. 숙련공의 작업 공간에는 햇빛을 피할 수 있는 대형 파라솔을 설치했다.

NSTF 022

NSTF 016
THERMO KING

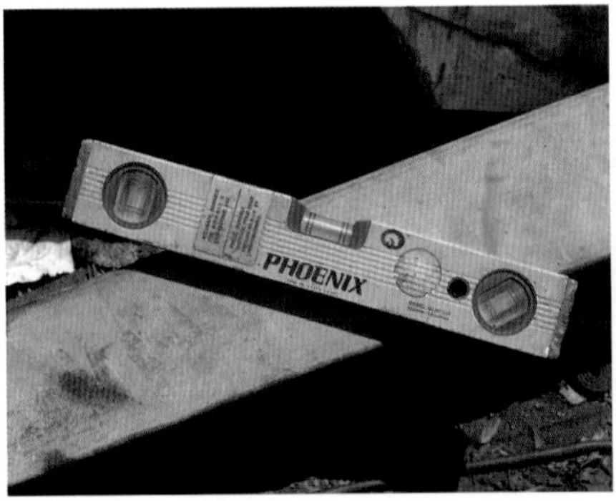

1	2	5
3	4	6

추레라 공장 내부와 숙련공의 공구

1. 줄자, 직각자, 용접면
2. 수평기
3. 강재나 부속에 구멍을 뚫는 데 사용하는 드릴 프레스
4. 용접면. 용접할 때 강한 빛을 막아 숙련공의 눈을 보호하는 중요한 공구다. 얼굴 전체를 가린다. 날아오는 불꽃을 막아주는 효과도 있다.
5. 실내 공간 곳곳에 부속과 공구가 놓여 있다. 보기에는 아무렇게 널브러뜨린 것 같지만 사실은 나름의 분류대로 놓아둔 것이다.
6. 공장의 배치도. H빔 골격이다. 숙련공의 작업 구역은 반 노천 공간으로 돼 있다. 천장의 노란색 레일은 속칭 천장크레인이다. 베이지색 벽 뒤에는 간이 공간이 있다. 1층은 에어컨이 있는 사무 공간으로 사장, 사무직, 기술사 등이 일한다. 2층은 견습공과 외국인노동자의 거주공간이다.(셰자신 촬영)

28
MG-55
FUGIMAKU

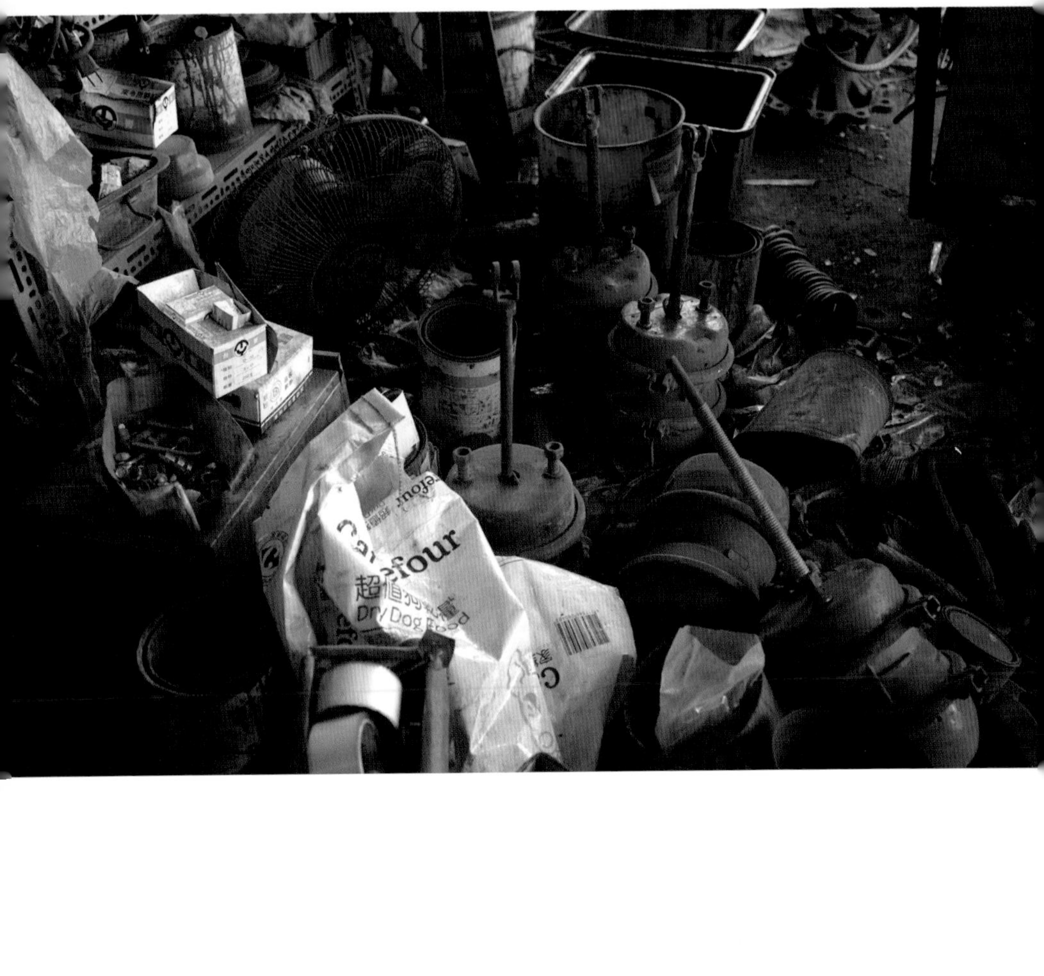

재활용의 공간

공장에는 대량의 빈 기름통, 오래된 부품, 가스통, 장갑 같은 물건을 여러 개 볼 수 있다. 오른쪽 사진 속 물건은 모두 회수해서 고철상에 팔거나 재활용할 수 있는 것들이다. 물건을 쉽게 버리지 못하는 성격이 고스란히 드러난다.

NYK

두드리기와 측량

추레라 제조 산업은 엄격히 말하면 정밀공업은 아니다. 많은 경우 숙련공의 눈대중으로 측량과 제조가 진행된다. 오른쪽 사진을 보자. 숙련공이 강재를 망치로 두들겨 굽히고 있다. 손의 감각으로 각도를 정해 두들긴다. 또한 길이, 폭, 각도는 줄자나 수평기 혹은 각도자 등으로 그려서 측량한다.

공장 근처에서 만난 어떤 숙련공의 역작이다. 그의 오토바이 흙받기 위에 부착돼 있었다.(세자신 촬영)

절단

절단은 추레라 산업에서 중시하는 기술 중 하나로 필수 입문 과목 중 하나다. 숙련공은 대개 속칭 CO_2 용접기를 사용하는데, 손에 토치를 들고 직선으로 절단(왼쪽 상단)한다. 원형과 곡선 형태 절단에서 숙련공의 경험과 기술을 가늠할 수 있다.

아버지와 중 아저씨의 장남. 숙련공은 혼자서 일하기도 하고 사진처럼 함께 협력하기도 한다. 함께 일해도 서로를 간섭하지 않는다. 사진 속 두 사람은 새 강판을 절단하는 중이다. 오랫동안 함께 일하고 서로를 잘 이해하는 숙련공들만이 복잡한 작업을 같이할 수 있다.

점용접點鎔接

점용접은 서로 다른 강판을 붙일 때 혹은 강판의 벌어진 틈을 견고히 할 때 활용한다. 강렬한 빛이 발생하므로 시력에 좋지 않다. 그래서 숙련공들은 한 손으로 용접면을 들고, 다른 한 손으로 용접한다. 사진에서 사용하는 것은 CO_2 용접기다.

1	2

페인트칠과 절단

1. 중 아저씨가 수리가 필요한 차량의 낡은 강판을 절단하고 있다.
2. 중 아저씨가 수리를 끝낸 후 작업 지점에 페인트를 칠하고 있다. 자기가 작업한 결과물이라는 표기 같은 것이다.

GOLD
FO16

022

百業風行財源暢
年年發財年年旺

금지통 수리

아버지가 공장에 있는 공구와 재료를 사용해서 중 아저씨가 자체 제작한 금지통의 밑판 교환을 도와주고 있다.

점심 휴식

숙련공은 보통 현장에서 쉰다. 비교적 서늘한 곳을 찾아 선풍기를 틀어두고 식사한다. 온도 차가 클수록 더위를 먹게 된다. 그래서 에어컨이 있는 곳은 피한다. 대부분의 공장에는 식탁이 없다. 그래서 숙련공은 도시락을 손에 들고 주변에 있는 스툴에 앉아 식사한다.

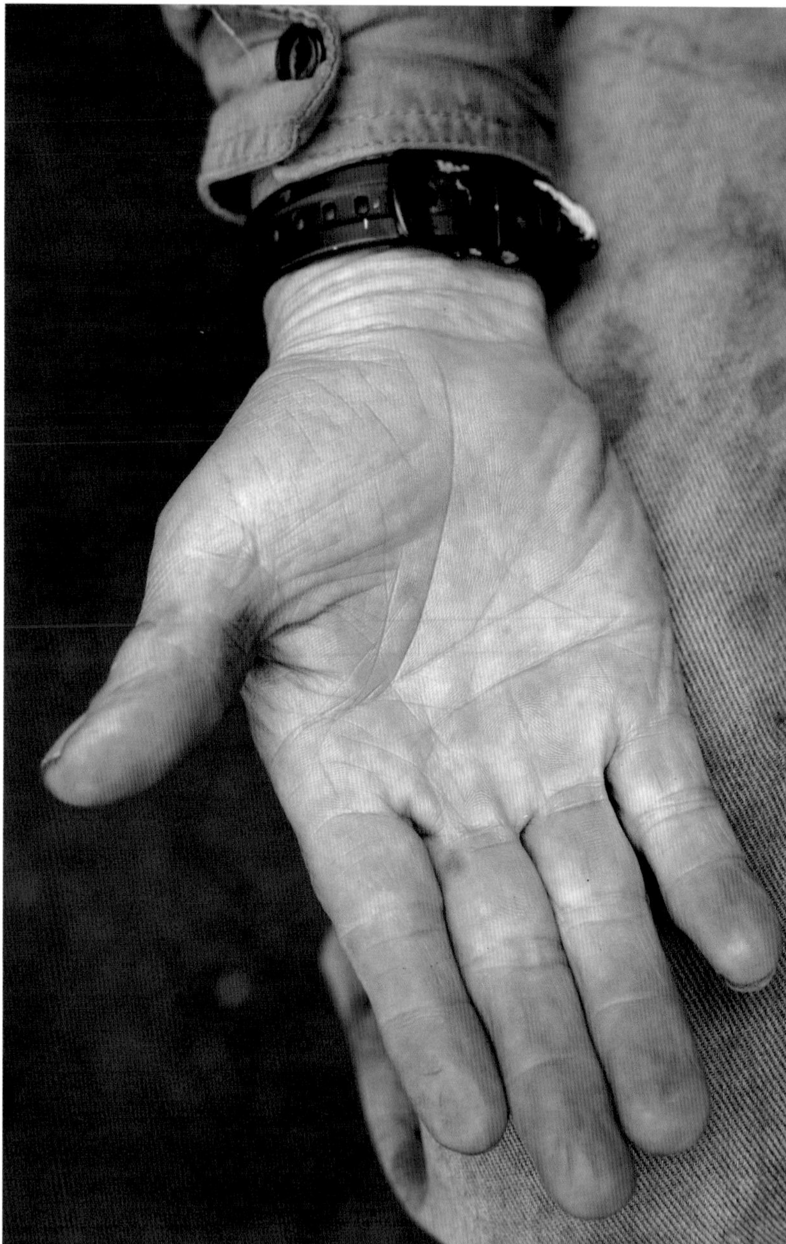

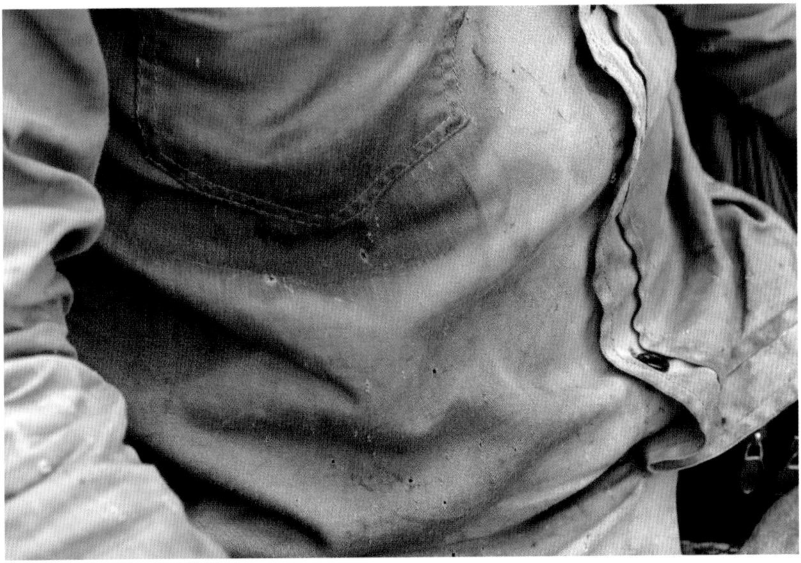

까마귀손

장시간 기계를 만지므로 자연스레 두 손은 늘 기름 범벅이다. 이런 일에 종사하는 사람을 일컬어 '기름쟁이'라 한다. 그들의 옷과 신발도 그들의 손과 마찬가지 상태다.

사양 산업

중공업과 지역 발전은 동행하기 힘들다. 공항 인근에 있었던 기계 공장과 수리 공장 모두 주민의 항의를 이기지 못하고 다른 곳으로 이전하는 추세다. 따라서 가요슝시의 좋은 입지에 자리 잡고 있던 추레라 공장과 수리 공장의 수가 급감하고 있다.

중 아저씨는 큰 병을 앓고 곧 공장 운영을 그만둔다. 폐업 때문에 밤마다 잠을 이루지 못하지만, 언제나 쾌활한 그는 은퇴해도 즐겁게 살 것이다.

아버지는 열다섯 살부터 지금까지 약 50년 동안 일했다. 아직 완전히 은퇴하지는 않았다. 원래의 일, 이호 연주, 기쁨 농장 운영, 이 모두를 온몸으로 즐기고 있다.

아버지(오른쪽 첫 번째)와 중 아저씨 가족. 중 아저씨의 부인(왼쪽 두 번째)은 공장의 간단한 행정 업무를 담당한다. 그녀는 중 아저씨(오른쪽 두 번째)와 함께 하루 종일 공장에 머무르는, 전형적인 무급 '여사장'이다. 중 아저씨의 장남(왼쪽 첫 번째)은 자신의 아버지와 같은 일에 종사하기로 했다. 원래 여기에서 일을 배우려 했지만, 공장이 문을 닫는 바람에 중 아저씨가 소개해준 공장으로 간다.

'온온자진'은 안정적인 급여를 받는다는 뜻이다. 농사일은 하늘에 성패가 달렸다. 풍해, 홍수, 가뭄이라도 닥치면 반년 동안 심혈을 기울인 농사가 모두 물거품이 된다. '온온자진' 하기 힘들다는 이야기다. 그렇지만 고정적인 소득을 보장한다는 이유 하나만으로 섣부르게 일을 선택해서도 안 된다. 가령 월급제 숙련공을 보자. 일자리는 안정적이지만 급여는 많지 않다. 그러니 가족을 넉넉하게 부양하기 힘들고 자녀에게 좋은 교육을 제공하기에도 벅차다. 그래서 프리랜서 숙련공은 좋은 선택지다. 자기 노동력으로 일단의 성과를 얻는다면, 고객과 조건을 조정하며 더 나은 보수를 얻을 수 있으니 말이다.

이런 경향은 근래의 산업 사회보다는 조금 더 초기의 타이완 사회의 특성에서 실마리를 찾을 수 있다. 산업사회에서는 '남보다 더 뛰어나야' 한다. 그러나 숙련공들은 산업사회의 특징보다는 타이완 농업사회의 특색인 '타이완 소의 정신'과 더 닮아 있다.

'타이완 소'는 높은 지위를 추구하지 않고 땅을 밟으며 묵묵하게 농사로 살아가는 사람을 말한다. 나는 까만 손 숙련공의 직업과 생활을 관통하는 자세가 타이완 소의 특징에 상당히 부합한다고 본다.

아버지도 마찬가지였다. 당신은 근검절약을 가훈으로 삼아 어지간한 문제는 직접 해결했고, 사치보다는 실용을 추구했다. 아버지의 삶은 타이완 소의 정신이 체현된 것처럼 느껴졌다. 물론 아버지나 숙련공은 자신을 설명할 때 '타이완 소' 같은 문학적 표현을 쓰지 않는다. 그들은 '인분認份'이라는 두 글자로 듬직한 성실의 정신을 소박하게 읊조린다.

> 우리는 인분이야. 숙련공이면 오히려 자유롭거든. 뭐가 있든 없든 상관 없어. 숙련공은 있는데 일감이 없다거나, 일은 있는데 숙련공이 없다든가 하는 문제로 골머리 썩힐 일이 없으니까. 숙련공을 좇고 일감을 좇고 일이 끝나면 돈을 좇고… 이런 식으로 하루 종일 이러저리 좇고 좇기다 보면 제풀에 지쳐 쓰러지잖아. 그렇다고 돈을 확실히 펑펑 버는 것도 아니고. 기력 낭비야! 나는 숙련공에 만족해. (리 씨)

타이완어 사전에서 정의하는 '인분'은 주어진 운명을 인정하고 자신의 본분을 잘 지킨다는 뜻이다. 숙련공이 말하는 인분은 현재에 만족하고 자기 능력에 맞지 않는 일을 추구하지 않는다는 의미다. 그들은 여러 제한 때문에 더 높은 곳을 지향하지 않는 게 아니라 스스로 현재를 살아가는 길을 선택한 것이다.

"나는 숙련공으로 충분해" 같은 정신을 나는 '인분 심리 상태'라고 지칭한다. '인분 심리상태'는 세궈슝 혹은 리저위의 연구가 공통으로 언급하는 '남보다 뛰어나려' 하는 경향 혹은 '무릇 남자라면 사업을 제대로 해야지' 같은 사고방식과는 다르다. 숙련공은 안정적으로 가족을 부양하기 위해 일을 하는 것이지 결코 남자의 기개 따위 때문에 일하는 게 아니다.

물론 현재 타이완의 주선율은 '남보다 뛰어나야 한다'는 것이지만, 숙련공처럼 달갑게 일하면서 '인분'을 중시하는 정신도 동시에 존재한다. '탁월'을 지향하든 '숙련공으로 자족'하든 우열을 가릴 수는 없다. 이 두 특질을 가진 노동자들은 모두 중요하다. 그들은 농업사회에서 산업사회로의 전환, 그리고 경제 기적을 이끈 공업 제국을 만든 주역이다. 이 두 특질은 타이완 사회의 전환이 반영된 것으로, 타이완인의 가치관 역시 다양화됐다.

나는 아버지의 생애와 직업을 하나하나 검토하면서 두 개의 수수께끼와 당면했다. 지금까지 그중 하나에 관한 실마리를 찾아 이를 해석해낼 수 있었다. 그렇다면 이제 나머지 하나의 수수께끼를 살펴보자. 숙련공은 자기 일에 대해 강렬한 자긍심을 갖고 있다. 그 일이 숙련공의 정체성을 형성하기도 한다. 그런데 숙련공은 집에 들어서는 순간 서슴없이 자신을 '폄하'한다. 자녀들이 까만 손의 길을 걷지는 않을까 노심초사하면서 말이다.

지금부터 내 가족의 이야기에서 이 두 번째 수수께끼의 답을 찾아보려 한다.

나처럼 되지마

6장

아부지 뭐 하시노?

초등학교부터 중학교 때까지 모든 학교는 정기적으로 학생의 가정환경을 조사했다. 학생들에게 조사표를 나눠주고 적어 오라고 하는 조사방법이었던 것으로 기억한다. 조사표에는 경제 상황, 부모 직업, 가족 구성원 등의 항목이 있었다. 학생들은 조사표를 들고 집에 돌아가서 부모님과 함께 하나하나 채워나갔다. 나는 부모님과 조사표를 순서대로 작성했던 것 같다. 먼저 이름을 적고 그다음으로 경제 상황을 기재했다. 그때는 무슨 뜻인지 몰랐던 '중산층小康'에 체크한 후 아버지 직업란에는 간단하게 '工(공업)', 한 글자만을 써냈다.

부모님은 내가 어릴 적부터 가정환경 같은 사적인 정보는 다른 사람이 알게 하면 안 된다고 가르쳤다. 그래서 나는 다른 친구들이 뭐라고 적었고 나와 무엇이 다른지 알려고 하지 않았다. 그저 내 상황을 기준으로 같은 반 친구들의 경제적 상황을 대충 가늠했을 뿐이다. 이 친구는 집에서 더 많은 지원을 받는구나, 저 친구는 매주 용돈을 받기 힘든 집이구나 하는 식의 어림짐작 정도였다.

'노동자'에 대한 내 인상은 친구들과의 비교가 아니라 부모님의 간곡한 당부에서 비롯됐다. 부모님은 나를 타이를 때 "공부 못 하면 나중에 노동자가 될 거야.", "공부 안 하고 기름쟁이나 하고 먹고살 거냐?", "나중에 아빠처럼 내리쬐는 햇볕 속에서 일하게 될 거다.", "아빠처럼 공장에서 일할 거니?" 같은 말을 속사포처럼 쏟아내며 경고했다. 나와 동생을 공부시킬 때마다 썼던 부모님의 방법이다.

밝히자니 민망하지만 나와 동생은 어릴 때부터 부모님이 걱정하지 않아도 될 수준의 성적은 줄곧 유지했었다. 뛰어나지 못한 과목도 몇 개 있었지만 운 좋게 국립대학에 합격했고, 석사 학위도 취득했다. 부모님은 내가 중학교에 진학한 이후부터 내 공부를 도와줄 수 없었다. 나와 동생은 고등학교 졸업 전까지 학원에서 공부를 보충했다. 그때부터 부모님은 성적표만 봤다. 대학에 진학한 이후에도 성적표를 계속 확인했는데, 그 목표가 달라졌다. 예전에는 '딸이 공부를 어느 정도 잘하고 있는가'를 확인하기 위해서였다면, 대학 진학 이후부터는 '딸이 타지에서 문제없이 지내고 있는지'를 탐색하는 용도로 성적표를 봤다.

이렇듯 부모님은 내게 "공부 안 하면 나중에 노동자가 될 거야."라는 말을 자주 했다. 그냥 자주가 아니라 너무 자주였다. 게다가 이 말을 할 때의 부모님은 정말 진중하고 진지했다. 그래서 나 역시 이 말을 무겁게 받아들였고, 의문을 품지도 않았다. 우리 가족 모두 이 문제를 제대로 이야기한 적도 없었다. '노동자가 될 거야.'라는 위협이 내게 준 큰 영향을 그저 나 혼자 느끼고 있었다.

나는 아버지의 동료를 마주친 적이 거의 없다. 그러니 어릴 적의 내게 가장 '노동자'다운 사람은 바로 아버지였다. 아버지는 매일 아침 7시면 절대 지워지지 않는 얼룩이 군데군데 묻고 곳곳에 작은 구멍이 난 청재킷을 입고, 일한 흔적이 문신처럼 자국으로 남은 안전화를 신고서 오토바이를 타고 출근했다. 저녁 5~6시 무렵이면 햇살을 맞은 얼굴이 벌겋게 익어서 아침보다 더 많은 얼룩이 생긴 옷차림으로 돌아왔다. 땀범벅이 되어서 말이다.

초등학교 3학년 때부터 학교는 방과 후 수업을 시작했다. 8교시가 끝나면 퇴근한 아버지가 나를 데리고 학원으로 직행하는 패턴이 시작됐다.

온몸이 땀에 젖은 아버지가 오토바이 앞에 앉는다. 뒤에 탄 나는 언젠가부터 그 땀 냄새에 약간의 거부감을 느꼈다. 두 팔로 오토바이 뒤편의 바를 잡고 몸을 지탱해서 아버지의 몸에 닿지 않으려 했다. 거리를 둔 것이다.

내 기억 속 아버지는 일감이 적을 때면 성마르게 변했고 어머니와 자주 다퉜다. 우리 집은 항상 검소해야만 했다. 텔레비전 한 대와 컴퓨터 한 대를 제외하면, 오락성이 있는 그 어떤 물건을 사는 일은 결코 없었다.

부모님의 경고, 어린 시절 내가 가졌던 이미지, 항상 아껴야만 했던 집안 상황 이 모든 게 내가 진로를 고민할 때 '노동' 분야를 배제하도록 만들었다. 공업뿐만 아니라 농업도 마찬가지였다. 부모님은 농사일하던 할아버지 할머니를 보며 그 일이 얼마나 힘들고 불안정한지 잘 알았다. 그들이 농사일을 피해서 선택한 게 바로 공업 분야였다. 자연스레 그들은 나와 동생의 미래를 고민할 때 전통적인 사농공상 중에서 공과 농을 지웠다. 내가 선택할 수 있는 직업 영역 중 무려 절반을 치워버린 상태였다.

어렸을 때 아버지의 직업란에 '工(공업)'이란 한 글자만 쓰고, '工人(노동자)'라는 두 글자를 쓰지 않은 이유를 누구에게도 말할 수 없었다. 내가 직업 분야를 광범하게 적어서 아버지가 '노동자'라는 사실을 모호하게 만들려 했다는 사실을.

'노동자', '까만 손', '숙련공'의 차이는?

나는 공업이란 단어를 둘러싼 앞의 일화를 뒤늦게 반성했다. 대학교 입학 전까지의 나는 오로지 공부만 생각했다. 대학에서 사회학을 전공한 후에야 직업 분류와 계급적 의미에서 '공업'을 다시 이해하게 됐다. '노동자'라는 단어의 의미 역시 마찬가지였다. 아버지의 이미지와 어린 나의 흐릿한 인식을 벗어나기 시작했다.

내가 아버지와 같은 일을 할 가능성이 없다는 사실을 깨달아서였을까. 아니면 질풍노도의 사춘기가 지나서였을까. 아버지의 직업과 신분에 대한 나의 저항 심리는 저 멀리 사라졌다. 나는 사회학이라는 렌즈를 통해 '노동자'의 여러 정의를 만났고, 직업을 통해 형성된 아버지의 정체성이 복잡하다는 사실을 알 수 있었다. 결국 나는 자신을 줄곧 '노동자'라고 부르는 아버지가 자신의 직업을 어떻게 바라보는지 제대로 파헤쳐보기로 했다.

학술적으로 거칠게 분류하면 노동자는 기술력 정도에 따라 '기술 노동자'와 '비기술 노동자'로 구분된다. 기술 노동자는 조립 라인에서 일하는 비기술 노동자와 다른 노동 행위를 수행한다. 노동 행위는 보통 '일반 노동'과 '특수 노동'으로 구별할 수 있다.

특수 노동은 원료의 성질과 제품의 특수성이라는 이중 제한으로 인해 각종 규정의 제약을 받고, 일반 노동자는 훈련과 숙련을 통해서만 특수 노동자로 전환된다.

조금 더 쉽게 이야기해보자. 노동력을 가진 노동자가 소속된 산업의 수요에 의해 장기간의 훈련을 받으며 경험이 누적된다. 이렇게 노동자는 해당 산업에 반드시 필요한 지식과 기술을 갖춘다. 바로 특수 노동의 노동자, 우리가 흔히 말하는 기술 노동자다.

기술 노동자가 되려면 항만 추레라 숙련공 양성 과정처럼 많은 시간이 필요하다. 이들이 받는 대우 역시 비기술 노동자와는 다르다. 그러나 훈련 시간만으로는 종사자의 기술력을 완전히 측정할 수 없다. 미국의 정치경제학자 해리 브레이버만Harry Braverman은 기술, 비기술 혹은 특수, 비특수 등의 노동자 분류는 자연스럽게 설명되지 않고, 기술의 수준도 이런 명칭으로부터 판단하기는 힘들다고 주장했다.* 실제로도 학술적인 정의나 분류보다 종사자의 느낌에 기반하는 분류가 현실에 더 부합한다.

아버지는 상대가 누구냐에 따라 자신을 다르게 소개한다. 제조업 영역에서 일하지만 추레라 산업 관련자가 아닌 사람에게는 자신을 '트레일러를 제작하는' 혹은 '까마귀손' 등으로 설명하고, 제조업 종사자가 아닌 사람이나 나와 동생을 윽박지를 때는 자신을 '추레라

---

* Harry Braverman, 번역 미상,『勞動與壟斷資本Labor and Monopoly Capital』, 台北 : 谷風, 1988.

노동자' 혹은 '노동자'로 부른다. 직업을 설명하는 방법이 달라지는 것이다.

어머니가 아버지의 직업을 지칭할 때는 '트레일러 만드는 사람', '까마귀손', '노동자' 같은 단어를 섞어 사용한다. 어렸을 때 어머니가 다른 사람에게 아버지의 직업을 '까마귀손'이나 '트레일러 만드는 노동자'로 소개하는 모습을 자주 봤다. 시간이 조금 더 지나자, 어머니는 주로 '트레일러 만드는 노동자'라는 표현으로 아버지를 소개했다.

아버지의 직업을 부모님이 각각 다르게 부르며 구별했다는 점이 흥미롭다. 이는 종사자와 비종사자가 이 직업 명칭을 다르게 인지했다는 사실을 뜻한다.

타이완의 경우, 기술 노동자는 대개 숙련공으로 부른다. 그리고 기름때, 녹슨 쇠, 작업 환경이 어지럽고 더러운 곳에서 일하는 산업에 종사하는 사람을 '까마귀손'이라고 지칭한다.

이 단어들을 조금 더 들여다보자. 이 호칭들 속에 종사자가 반드시 갖춰야 할 기술적 조건, 작업 내용, 사회적 신분 등이 내포됐다는 사실을 알 수 있다. 여기서 숙련공 몇 명의 진술을 들어보자.

> 까만 손은 수리 공정을 담당하는 사람이야. 이런저런 수리를 책임지는 거지. 아침부터 기름을 만지고 온몸이 까맣게烏趖趖 돼. (아버지)

> 숙련공이 조금 더 높다고 봐야지. 숙련공이라고 할 만한 기술을 갖

고 있어야 하니까. 일반 노동자는 숙련공보다 기술이 좋지 않아. 비교하자면 이렇다는 거야. 까마귀손은 그냥 기름을 좀 더 묻히는 것뿐, 기술 수준이 낮다는 건 아니야. (치 씨)

깊게 생각해본 적은 없는데, 모두를 '숙련공님'이라고 불러. 누구도 '노동자'나 '근로자'라고 부르지 않아. 수리하다가 질문을 할 때면 모두 '숙련공님, 제가 무엇을 해야 합니까'라고 물어. 숙련공, 까마귀손, 노동자 이렇게 구분해서 부르는 일은 없어. 내 생각에는 다 같은 거야. (치 씨)

보다 면밀한 주의를 기울여 보면 '까만 손(까마귀손)'이란 단어는 노동자의 작업 내용을 반영한다. 차량 수리공이나 선박 기계공처럼 쇠와 기름을 다루는 직업을 부를 때 쓰는 단어다. 또한 '숙련공'은 도제식으로 기술이 전수되는 분야에서 독립적인 작업이 가능하고, 견습공을 가르치기 충분한 실력과 경험이 있는 사람을 뜻한다.

타이완의 사회적 맥락을 고려하면 치 씨의 말처럼 '숙련공'은 대중이 전문기술을 보유한 사람을 지칭할 때 사용하는 일종의 별칭이다. 반면 노동자는 제조업과 가공 산업 등 2차 산업 종사자(기술 보유 여부와 무관)가 자신을 설명할 때 사용하는 단어다. 의미 범위가 넓은 '노동자'에 비해 '까만 손'이라는 단어는 더욱 선명한 이미지를 동반한다. 지저분한 곳에서 온몸이 기름 범벅이 된 누군가의 모습이 떠오르게 만든다.

그러나 숙련공의 언어 습관을 세세하게 검토하면, '숙련공', '까만 손', '노동자' 각각의 단어에는 좀 더 세밀하고 다양한 경험이 반영됐다는 사실과 각각의 차이를 더 정확히 알 수 있다.

'노동자'는 많은 것을 포괄하는 단어다. 많은 숙련공이 노동자라는 표현으로 자신이 사士, 농農, 상商과 다른 일을 하고, 육체노동으로 돈을 받는 집단의 일원이라는 점을 드러낼 수 있다고 말했다. 이런 관점 때문에 숙련공은 기술 노동자와 비기술 노동자를 철저하게 구분하지 않는 편이다.

하지만 업계 종사자는 누구의 실력이 숙련공으로 불리기에 충분한지, 누가 그저 인사치레로 숙련공으로 불리는지 잘 알고 있다. 그래서 숙련공은 업계 밖 사람이 자신을 노동자라고 불러도 개의하지 않지만, 업계 안에서는 자신이나 타인을 노동자라고 표현하지 않는다. 그들은 기술과 경험을 반영한 단어인 숙련공, 반숙련공, 견습공으로 종사자의 차이를 식별할 수 있는 용어를 쓴다.

당연히 어머니는 종사자끼리의 식별 방법이 담긴 복잡한 언어체계를 정확히 알지 못했다. 그러다 보니 어머니가 아버지 직업을 소개할 때는 아버지의 표현법과 미묘하게 다를 수밖에 없었다.

'까만 손 숙련공', 이 호칭은 업계 내에서는 우수한 기술 보유 혹은 오랜 노력과 경험 여부를 드러낸다. 하지만 이 호칭에 대한 타이완 사회 일반의 인식은 두 손에 기름을 묻히고 온몸이 땀에 젖어 까만 기름과 여러 기계 사이를 오가는 '노동자'일 뿐이다.

숙련공은 업계 내부와 외부를 다르게 대한다. 동종업계 사람이나 공장 사장을 대할 때는 어느 정도 발언권을 갖고 당당한 모습을 보이지만, 사회적 관념 앞에서는 스스로 타협하고 물러선다. 그래서 자녀를 교육할 때 자기 폄하 현상이 발생한다. “공부 안 하면 나처럼 된다”라는 말을 습관적으로 하게 되는 이유다.

자녀의 출세를 바라는 숙련공

언젠가 동생이 일 때문에 천장크레인 자격증을 준비한다고 말했다. 나는 천장크레인이 뭔지 선뜻 생각이 나지 않아 머뭇거렸다. 찾아봤더니 아버지가 공장에서 일할 때 봤었던 기계였다. 공장 천장에 달려 있는 그 기계로 무거운 물건을 옮겼었다.

나의 다음 반응은 "그걸 조작하기 위해 자격증이 필요하다고?"였다. 그러자 동생은 천장크레인 시험은 실기뿐 아니라 필기도 통과해야 자격증을 주고, 자격증이 있어야 조작이 가능하다고 답했다. 그런데 내 기억 속 아버지는 그런 시험을 보지도 않았지만, 아무 문제없이 업무에 천장크레인을 사용하곤 했다.

동생은 국가가 관할하는 금속공업연구센터에서 일하고, 재료공학 박사 학위를 소지하고 있다. 상식적으로 생각했을 때 그가 천장크레인 자격증을 딸 필요는 전혀 없다. 하지만 인생은 알 수 없는 것. 그는 회사의 인사이동 때 풍력 발전 인재 교육 관련 산업 쪽으로 발령받았고, 천장크레인 자격증에 관심을 가졌다.

아버지도 동생이 천장크레인 자격증 시험을 준비한다는 사실을 알았다. 아버지는 마치 선배가 후배를 보듯, 약간의 뿌듯함을 느끼는 듯했다. 물론 이들 부자의 일은 많이 다르다. 까만 손과 화이트칼라, 제조업과 연구개발, 전통산업과 하이테크산업. 그러나 동생의 자격증 시험이 그들에게 약간의 교집합을 선사했다. 아버지는 이런 날이 올 거라고 전혀 상상하지 못했을 것이다.

이 기간, 아버지는 가족 채팅방에서 동생의 시험 준비에 많은 관심을 보였다. 그 모습을 보며 나는 동생이 어렸을 때 아버지를 따라 공장에 갔다가 눈물콧물 범벅이 돼 집으로 돌아왔던 일이 생각났다.

동생이 학원에 가기 싫어서 발버둥 치고 있었던 여름방학 때였다. 아버지는 '공부 안 하면 나처럼 노동한다'식 교육의 일환으로 동생을 공장에 직접 데리고 갔다. 이른바 '실습'을 위해서였다. 공구에 익숙하지 않았던 동생은 망치로 고무 타이어를 때렸다가 되레 튀어나온 망치에 코를 맞았다. 이번에는 아파서 발버둥 치게 된 것이다.

동생은 오전 내내 드러누웠다가 점심시간이 돼서야 아버지 손에 이끌려 집에 돌아왔다. 이 사건 이후 녀석은 여름방학 내내 아무 말 없이 학원에 다녔고, 다시는 반항하지 않았다.

우리 남매는 이런 교육환경 아래서 자랐다. 그리고 둘 다 펜으로 먹고사는 길을 걷게 됐다.

'공부 안 하면'으로 시작하는 훈계를 받으며 자란 우리가 아버지의 직업과 맞닿게 되리라고는 아무도 생각하지 못했다. 나는 석사 논문을 쓰며 아버지의 직업을 연구했고, 이를 계기로 아버지와 전에 없던 대화를 할 수 있었다. 그리고 집에서 최고 학력을 가진 동생은 크레인을 공부하게 되면서 아버지의 일과 교집합이 생겼다.

까만 손 집안의 가정교육

발레, 피아노, 주산, 도예, 서예, 수묵화, 회화. 이 모두는 내가 유치원부터 초등학교 5학년 때까지 배웠던 문예 과목이다. 문예 과목 외에도 정식 교과와 관련된 영어, 작문, 수학, 심지어 암기 및 웅변 학원도 다녔다. 열 곳이 넘는 학원 중 오래 다닌 곳은 없다. 돌이켜보면 딱히 도움이 된 것 같지도 않다.

노동자 계급 가정의 자녀 교육 양상을 분석한 한 연구는 다음과 같이 지적한다.* 노동자 가정의 교육은 대체로 경제 자본으로 문화 자본을 획득하려는 경향을 지니고, 교육을 통해 다음 세대의 사회적 위치를 변화시키려는 의지가 강하다. 쉽게 말하면 교육을 아웃소싱하는 것이다. 부모가 직접 자녀를 인도할 수 없는 영역을 경제력을 활용해서 보완하고, 이를 통해 자녀가 더 많은 문화 자본을 얻도록 한다. 자녀가 부모와는 전혀 다른 길을 갈 수 있도록 기회를 제공하려는 게 핵심 목표다.

문예 영역이 위 분석에 가장 부합한다. 아버지는 평생 피아노를 연주한 적이 없었지만, 내가 유치원에 다닐 때 아버지는 업라이트 피아노를 사고 가정교사를 고용했다. 나는 매주 아버지가 고용한 가정교사에게 피아노를 배웠다.

어머니는 원래는 수납도 편하고 유지비도 저렴한 디지털 피아노

---

* 陳如涵, 『台灣勞工階級的孩童照顧安排與養育風格』, 台北 : 台灣大學社會學系碩士論文, 2011.

를 사려 했다고 회상했다. 그런데 뜻밖에도 아버지가 전자식보다 소리가 더 좋다는 이유로 업라이트 피아노를 사야 한다고 밀어붙였다면서 어리둥절한 표정을 지었다.

당시 나는 노는 걸 좋아했다. 키도 큰 편이 아니었다. 발은 페달에 닿지 않았고, 손가락은 피아노 연주에 적합하지 않았다. 매주 피아노 앞에서 엄격한 가정교사의 교정을 받으며 열심히 피아노를 공부하는 건 너무나 고통스러웠다. 과외비, 피아노 조율비, 악보값 등은 모두 바닥에 흘리는 돈과 같았다. 그나마 피아노를 중고로 팔 수 있어서 다행이었다.

비슷한 일이 몇 번이나 반복됐다. 집이 그렇게 부유한 것도 아니었는데도 부모님은 우리 교육에 있어서는 인색하지 않았다. 당신들이 평소 아끼고 아껴서 남긴 돈을 교육 전문가들에게 넘겨준 셈이다. 부모님은 이 전문가들이 당신들을 대신해 자녀들을 '우리와는 다른 길'로 안내하기를 희망했다.

아버지는 고등교육을 받지 못했지만, 문화 자본으로 충만한 삶을 꿈꿨다. 나는 차이관 씨에게 아버지의 젊은 시절 모습을 들은 적이 있다. 그의 기억 속 아버지는 매우 깔끔한 성격이었다. 까만 손 노동자였지만 차체 밑에서 구멍을 뚫을 때도 꼭 보드지를 등에 대고 일했고, 몸에 기름때나 더러운 물이 묻게 하지 않으려 애썼다. 일이 없을 때는 하얀색 셔츠와 바지를 깔끔하게 입고서는 '학자풍이 가득한' 차림새를 갖췄다.

농촌 가정에서 태어난 아버지는 어릴 때 공부에 전념하기 힘들었다. 버퍼머퍼* 발음도 표준적이지 않은 그에게서 '학자풍'의 모습을 연상하기는 쉽지 않다. 하지만 아버지의 평소 언행이나 행동, 그리고 젊은 시절의 사진을 보면 차이관 씨의 묘사를 충분히 이해할 수 있다.

집에는 직원 기숙사에서 기타를 들고 있는 젊은 아버지를 찍은 사진이 있다. 처음 그 사진을 봤을 때 묵직한 울림과 짜릿한 인상을 동시에 느꼈다. 그 사진 속 아버지는 마치 왕자님 같았다.

어쩌면 아버지의 기타와 나의 피아노는 닮았을 수도 있다. 아버지는 문화 자본을 축적하며 시간의 흐름에 따라 삶의 어느 모퉁이에 묻혀버렸는지도 알 수 없게 된 자신의 '이상理想'에 좀 더 가깝게 다가가려고 시도했던 것 같다. 그리고 자식이 태어났다. 그는 직장에서 기술을 쌓으며 까만 손 숙련공의 자부심을 키웠고, 또 다른 한편으로는 자신의 이상적 미래를 자식들에게 덧씌우려 했다.

이 양측면을 잇는 키워드는 '좋은 직업'이다.

공부 제대로 안 해서 나 같은 까마귀손이 되려고?

앞에서 숙련공이 고등교육을 받은 기술사를 얕잡아보는 경향이 있음을 언급했었다. 숙련공은 작업 현장에서 기술에 절대적으로 의지하므로, 펜만 잡고 실무 경험이 없는 동료

* 타이완의 중국어 발음기호인 주음부호注音符號이다. 첫 시작 발음이 버ㄅ, 퍼ㄆ, 머ㄇ, 퍼ㄈ로 시작해 타이완 사람들은 이를 버퍼머퍼라 한다. 한글의 ㄱㄴㄷㄹ인 셈이다. (옮긴이 주)

를 경시한다. 그런데 귀가만 하면 돌변한다. '공부만이 답이다'는 기조로 자녀들을 다그치기 일쑤다.

이런 일화를 경험하고 듣고 볼 때마다 나는 숙련공들이 전망하는 고학력자의 진로에 대한 범위가 매우 좁다는 사실을 새삼 깨닫는다. 그들은 자녀의 미래를 이야기할 때 의사, 변호사, 교사, 공무원 등의 선택지만 말한다. 수입이 많고 안정적이면서 세상의 존경을 받는 직업, 그들의 인식에서 빛나는 진로. 그리고 이 길을 가기 위해 열심히 공부해서 시험을 잘 통과하고 좋은 졸업장을 획득해야 한다는 게 그들의 생각이다.

이러한 사고방식은 단지 노동자 계급만 가졌던 게 아니라 아버지 세대의 모든 타이완 사람이 지향한 것이기도 하다. 계급을 불문하고 아무 의문 없이 모두가 졸업장에 연연하는 시대였다.* 당연히 부모님과 내가 여기서 다루는 숙련공도 당시 만연하던 사회적 가치의 영향력에서 벗어날 수 없었다. 그래서 아버지는 집에서 항상 "공부 열심히 안 하면 나 같은 까마귀손이 된다."라고 말했던 것이다. 그리고 이런 발언은 당시 시대적 분위기를 감안하면 전혀 이상한 말이 아니었다.

'기름쟁이'는 모순으로 가득하면서도 설득력이 강한 단어다. 기름쟁이는 작업 환경이 좋지 않고, 기름을 묻혀가며 일하는 사람을 뜻한다. 자연스레 사회적 지위가 높지 않으면서도 기술이 중요한

---

* 黃毅志, 『社會階層, 社會網絡與主觀意識：台灣地區不公平的社會階層體系之延續』, 台北：巨流, 1999.

어떤 일이 연상된다. 그래서 '기름쟁이'라는 단어는 일찍 학업을 포기하고 기술에 전념했다는 기호와 같다. 그리고 이 기호는 당시 사회의 전통적 가치에서 높은 평가를 받기 힘들었다.

'기름쟁이'의 양면성이 숙련공의 정체성의 모순으로 이어졌다. 까만 손의 자녀 교육에서 이 모순은 도드라진다. 아버지는 자기 기술에는 자부심을 품으면서도, 다른 한편으로는 '나처럼 될 거냐?'라고 위협할 때 자기 직업을 사용했다. 다른 숙련공도 마찬가지다. 그들은 자녀가 자신의 이상에 부합하기를 기대하고, 자녀가 높은 점수를 받고 좋은 대학의 졸업장을 취득해서 훌륭한 직업을 얻기를 희망한다.

아버지와 까만 손 숙련공에게 좋은 직업이란?

나는 아버지와 까만 손 숙련공들에게 도대체 무엇이 '좋은 직업'이냐고 물어봤다. 그들의 답은 대체로 비슷했다. "우리처럼 온몸에 더러운 거 안 묻히고, 뜨거운 태양 밑에서 일하지 않는 직업이지. 우리 일은 너무 힘들어." 연봉이나 복지의 구체적인 조건은 등장하지 않는다. 그들이 좋은 직업을 정의할 때는 언제나 자기 일과의 비교에서 출발한다. 자녀가 그들처럼 따가운 햇살 아래서 땀을 비처럼 흘리지 않기를 바라고, 끙끙 힘써야 하는 힘든 일은 피했으면 하는 것이다. 그러니 에어컨이 빵빵한 사무실에서 컴퓨터 자판을 두들기는, 깔끔하게 출근하고 멀끔하게 귀가하는 그런 일이 좋다고 여기는 것이다.

아버지나 다른 숙련공은 힘들게 일해서 번 돈을 자녀의 교육에 투자한다. 자녀들이 더 나은 삶을 살기를 소망하기 때문이다. 그들의 부모들 대부분은 자녀의 장래를 고민할 여력이 없었다. 그들 스스로가 출구를 찾아 덤벼야 했다. 아버지는 열다섯 살에 중학교를 졸업하자마자 자기 판단으로 타이둥에서 가오슝에 갔다. 견습공이 되는 길을 선택한 것이다. 그는 이후 10여 년 동안 여러 공장을 전전하며 일했다. 골재채취업*이 흥할 때는 골재채취선을 제작했고, 건축업이 호황일 때는 철창을 만들었다. 그러다가 공장이 우후죽순처럼 들어서고 중공업이 발전하던 가오슝 샤오강에서 안정적인 일거리를 찾았다. 바로 추레라였다.

아버지는 자기 판단을 믿고 추진해서 수십 년간 안정적으로 일할 수 있는 직업을 찾았다. '까만 손'으로 평생을 얽매여 살았지만, 이는 자신이 선택할 수 있는 최선이었다.

아버지는 자신의 삶은 바꿀 수 없었지만 자녀에게 전력을 다했다. 우리가 좋은 직업을 갖고 더 평온한 일상을 살기 바랐다. 이런 신념이 그가 직장에서 쌓아 올린 자부심마저도 스스로 폄훼하게 만들었다. 자식들 앞에서 자신과 자기 일을 반면교사로 삼기 일쑤였고, 자신이 종사한 직업을 공부하지 않은 '결과'라며 비하했다. 자신을 비교 사례로 삼아 자녀들이 '이상적인 직업'이 무엇인지 깨닫게 하려 애썼다.

---

* 모래와 돌을 채취하는 일이다. 당시는 환경 보호라는 개념이나 관련법이 정비되지 않았다. 급성장하는 경제는 많은 건축 자재 관련 수요로 이어졌다. 많은 업자들이 강에서 모래를 채취해서 납품했다. 훗날 악명이 높았던 '바다모래집'이다.

자녀의 장래만 고려하는 까만 손 숙련공은 모순적이다. 자신은 직장에서 뛰어난 기술력으로 인정받고, 졸업장 하나 달랑 들고 현장에 온 기술사를 멋대로 대하면서도 자기 아이들은 까만 손의 길에 들어서지 않기를 간절히 바란다.

이 모순된 논리에는 좋은 직업에 대한 그들의 상상이 스며 있다. 그들은 그저 자녀들이 더 편한 일을 하고 더 좋은 삶을 살기 바랄 뿐이다.

그런데 좋은 학교의 졸업장이 정말 밝은 미래를 보장하는 것일까? 어떤 이들은 여전히 공부와 학위를 통한 성공을 고집한다. 하지만 우리는 졸업장을 손에 쥐고서도 스스로가 아무런 장점이 없다며 고심하는 많은 사람을 보곤 한다. 도대체 무엇이 중요한 것일까? 졸업장일까, 아니면 기술일까?

졸업장이냐
기술이냐

최근 전 세계적으로 졸업장의 기능과 역할에 관한 논의가 분분하다. 우리는 짧지 않은 기간 동안 교육을 받은 후 졸업장을 손에 쥔다. 졸업장은 사회적으로 인력자본재의 기능을 갖는다. 또한 개인이 직업 기술을 습득하고 여유롭게 살 수 있도록 도와주며 중요한 상징적 기능도 보유한다. 고용주는 직원을 채용할 때 졸업장이라는 문화적 상징을 크게 참고하기 마련이다.*

---

* Gary S. Becker, Gary Stanley, *Human Capital: A Theoretical and*

산업화와 현대화를 두 축으로 삼는 자본주의 사회에서 졸업장은 구직 활동 때나 더 높은 사회적 지위를 확보하려 할 때 요긴하며 계급이동의 주요한 통로이기도 하다. 타이완에서는 주로 정규 교육과정을 통해 졸업장을 얻는데, 때로는 검정고시나 기타 시험을 통하기도 한다.

타이완 사회에는 교육을 숭상하는 유교적 가치관처럼 교육을 중시하는 전통이 존재한다. 대학이 우후죽순 설립됐고 고등교육이 보편화되면서 이제는 인구의 상당수가 고등교육을 받을 수 있다. 대신 대학 졸업자 비율이 높아져 학력의 가치는 오히려 낮아졌다. 그러니 기업은 직원을 고용할 때 더 높은 학력을 기준점으로 삼게 됐고, 화이트칼라 고용 시장에서 대졸은 그저 출발선이지 고학력이라 부를 수 없는 지경에 이르렀다. 도제식 시스템에 기반해서 출신에 상관없이 기술만을 중시했던 추레라 제조업도 이러한 시대의 파도를 피할 수 없었다. 고학력 출신의 젊은 숙련공 밍 씨는 말한다.

> 나는 기술을 익히는 게 훨씬 낫다고 생각했어. 지금은 아니야. 공부가 더 나아. 지금은 규모가 어느 정도 되는 회사에 들어가려면 최소 전문대 이상은 졸업해야 해. 고졸은 안 된다고! 무조건 학력이 높아야 해. 실제로 공부했든 아니든 아무 상관없어! 일단 좋은 학교를 나와야 취업 때 최소한 동일한 출발선에서 시작할 수 있어.

Empirical Analysis, with Special Reference to Education, Chicago: University of Chicago Press, 1975.

고졸은 뒤에서 출발하는 거야. 시작부터 차이가 난다고. 아무리 경험이 많아도 소용없어. 경험이 있어도 입사의 문턱을 못 넘으니까, 자신을 부각할 기회 자체가 없는 거야. 사장한테 십 년 넘는 경력을 어필해도 사장은 선뜻 결정 못 하겠지. 애당초 회사의 제도 자체가 그런 거니까. (밍 씨)

밍 씨의 이야기에는 타이완 사회 전체의 변화가 반영되어 있다. 산업 영역의 채용 때도 학력이 최소한의 문턱, 즉 기본값으로 작동하기 시작한다. 타이완은 의심할 여지없는 '졸업장 사회'다.

나는 까만 손 숙련공을 연구하는 과정에서 학교 교육이 정말로 도제식 기술 전승보다 더 우수한지를 끊임없이 고민했다. 저우후이쉰周慧洵은 학교 교육의 기능을 논문으로 정리했는데, 그에 따르면 학교는 피교육자에게 졸업장과 일에 필요한 역량을 제공하고 학생의 사회화를 지원한다. 사회생활 전에 단체로 생활하며 소형사회를 먼저 경험하게 만들고, 타인과의 상호작용을 통해 처세를 배울 수 있다는 이야기다.* 그런데 이런 기능은 도제식 기술 학습 과정도 수행하는 것이다.

타이완의 도제식 시스템 속에서 사장은 견습공에게 일할 기회를 제공하고 보호자의 역할까지 수행했다. 공장의 숙련공은 견습공에게 기술을 지도하면서 작업 태도와 자세를 다듬어줬다. 견습공은

* 周慧洵, 『她們眼中的學校教育與文憑：不同口合高學歷女性的生命史研究』, 嘉義：中正大學教育研究所碩士論文, 2001.

공장에서 동료 견습공, 선배 숙련공, 사장과 하루를 통째로 같이 보냈다. 사회적 집단의 다양성이 더 단순한 학교에서 수행하는 직업 훈련과 심성 교육을 도제식 시스템도 수행했던 것이다.

장인에 관한 연구 상당수가 장인을 육성하는 과정에서 발생하는 효과를 바탕으로 현대 교육을 반성하고 비평하고 있다. 심지어 일부 연구자, 가령 허우녠주侯念祖는 자신의 연구*에서 평면적, 이론적, 암기식 학교 교육보다 노동과 실습으로 습득하는 지식과 기술이 전인적인 인재 양성에 더 효과적이라고 주장한다.

하지만 도제의 교육적 효과가 정규 교육의 효과와 비슷하다고 해도 추레라 숙련공은 여전히 자녀가 공부에 매진하기를 희망한다. 본인들이 도제식 시스템의 산물인데도 말이다. 현대 교육 시스템과 관련 제도는 졸업장을 전제로 한 교육의 발전에 유리하다. 또한 앞서 살폈듯이 숙련공은 자녀들이 자신들과 다르게 좀 더 좋은 직장에서 더 편한 삶을 살기 바란다. 이 모든 게 숙련공이 자녀의 좋은 졸업장을 갈망하는 이유다. 이에 관한 숙련공의 생각을 들어보자.

> 나도 마찬가지야. 자식들이 공부하는 게 무엇보다 중요하다고 생각했지. 그때 나는 애들이 공부하는 그만큼 삶이 잘될 거라고 봤어. 우리는 그저 비용을 대는 거고. 돈이 얼마나 들고 뭐 그런 거는 중요하지 않았어. 우리는 부모니까 말이야. 애들이 좋은 학력 덕에

---

* 侯念祖, 『以工匠為師：對鹿港小木工匠的經驗考察』, 台中：東海大學社學系博士論文, 1999.

더 편하게 사는 거, 그걸 바랐지. 우리처럼 거친 일, 무거운 물건 들고 다녀야 하는 일 이런 거 말고. 그냥 책상 앞에서 펜대를 잡고 살면 좋겠다고 생각했지. (난南 씨)

아, 당연히 공부시켰지. 애들이 더 공부하고 싶다고 그러면 얼마든지 하라고 했지. 공부야 책을 조금 더 읽고 그러면 되잖아. 그런데 애들이 이걸(추레라 산업) 한다고 하면 절대 안 되지. 그러면 안 되지. (리 씨)

공부를 열심히 해서 고학력을 취득하는 것에 대한 숙련공의 생각은 단순하다. 그저 자식들이 좋은 직업을 가졌으면 하는 것이다. 또한 그들이 생각하는 좋은 직업은 이미 어느 정도 정해진 이미지에 국한된다. 숙련공들은 자녀들이 자신처럼 땡볕을 맞으며 거친 일을 하지 않기를 바라므로, 사무실에 앉아서 일하는 화이트칼라 계급이 숙련공이 상상할 수 있는 최상의 좋은 직업이 된다.

정말 화이트칼라가 더 좋은 걸까?

하지만 결국 화이트칼라 계급의 길을 걷고 있는 나는 위 내용에 쉽게 동의하기 힘들다. 최근 화이트칼라 직종의 연봉이 추레라 숙련공보다 많다고 장담하기 힘들다는 것을 점점 더 느끼고 있다. 일할 때의 독립성도 숙련공보다 더 보장된다고 말하기 힘들다. 고학력의 신화가 점점 수그러지는 추세다.

많은 취업 조사 보고서를 보면 석박사의 연봉은 대졸 직원보다 약간 높다. 유의미한 차이라고 말하기는 힘들다. 게다가 점점 더 많은 기업이 신입사원 채용 때 실습 경험을 중요한 고려 사항으로 삼는 추세다.

그렇다면 숙련공은 도대체 무엇을 위해 자녀 교육에 그렇게 많은 힘을 쏟았을까? 무엇을 추구한 것일까?

화이트칼라 계급의 일과 추레라 숙련공 일의 차이는 학교 교육과 도제식 시스템의 차이와 본질이 같다. 전자는 '높은 사회적 지위'를 얻는 수단이다.

연구 때문에 숙련공과 처음 만나서 자기소개를 했을 때가 기억난다. 내 소개를 듣자마자 숙련공들은 다음 같은 반문을 내게 던졌다. "공부를 그렇게 많이 했는데 왜 의사나 변호사나 공무원을 하지 않았어?" 부모님이 나와 동생에게 걸었던 기대와 똑같은 이야기였다.

공장에서 견습공 신분으로 추레라(혹은 철공이나 서공) 제작을 배우는 것과 특정 분야의 전문 지식을 배우는 것은 사실 같은 일이지만, 전자와 후자가 제공하는 사회적 지위는 다르다. 그래서 숙련공은 '공부하는 게 더 낫다'라고 판단하게 됐다. 그들은 자녀가 열심히 공부해서 자신들이 갖지 못한 사회적 지위를 획득하고 더 좋은 직업을 가지기를 희망했다.

여기서 흥미로운 점은 숙련공이 사실은 학력을 무조건 숭배하지 않는다는 점이다. 아니, 오히려 그 반대다. 그들은 작업 현장에서 경험과 기술을 가진 사람의 역량에 의존하고, 그런 사람을 매우 중시한다. 졸업장만 있고 기술이 없는 사람은 실무에서 효용이 없다는 사실을, 숙련공은 그 누구보다도 잘 알고 있다.

네가 공부 좀 했다고 치자. 말도 잘하고 이론도 탄탄하고. 우리는 말로는 너를 절대 이길 수 없을 거야. 그런데 너한테 이거 만들라고 하면 할 수 있겠어? 그들도 마찬가지야. 말은 잘해도 만드는 건 우리를 이길 수 없어. (난 씨)

단순한 졸업장에 대한 숙련공의 불신은 아래 아버지의 이야기에서도 또렷하게 드러난다.

그래, 나는 고등학교도 졸업하지 못했지. 그래서 견습공이 된 거야. 그때는 고등학교만 졸업해도 공공기관에서 일할 수 있었어. 하지만 일에는 학력과 기술 모두 필요한 거야. 너 그 공장(대형 추레라 공장)의 기술사 한번 봐라. 걔들은 학력이 전부야. 설계도만 그릴 줄 알지, 밖에 나오면 아무것도 못 해. (일에 관한) 지식이 없어. 그저 책상머리에 앉아 있는 거야. 내가 언젠가 재료 품목을 줬는데도 나한테 틀린 설계도를 주더라. 심지어 내가 걔들이 설계도 그리는 걸 도와줘야 할 때도 있어. 설계도조차 잘 못 그리면 뭐 사실 무용지물이지. 그래서 기술과 학력 모두 중요한 거야. 모두 중요해. (아버지)

이처럼 숙련공은 현장에서 축적된 경험과 기술을 중시한다. 하지만 집에 돌아와서는 아무렇지 않게 안면을 바꿔 자신을 반면교사로 삼아 열심히 공부해서 졸업장을 따 오라고 다그친다. 이들의 모순된 심적 태도에는 나름의 이유가 있다. 오랜 기간 일하면서 받은 느낌과 사회적 환경의 변화에 대한 관찰이 합쳐져 자녀가 다른 길을 택해 더 잘살기를 희망하는 것이다. 이런 바람이 숙련공이 집에서 자신을 애써 깎아내리며 자녀를 교육하는 길을 선택하게 만들었다.

다시 천장크레인 자격증을 준비하는 동생 이야기로 돌아가자. 나는 그에게 시험 준비 기간 동안 천장크레인 조작법을 아버지와 의논한 적이 있는지 물었다. 동생의 말에 따르면 아버지는 정식 조작법과는 거리가 먼 조작법을 알려줬는데, 그 어떤 규정에도 부합하지 않았다고 한다. 결국 동생이 아버지에게 정확하고 안전한 조작 프로세스를 알려주는 웃지 못할 장면이 연출됐다.

그런데도 아버지는 당당히 말했다. “나는 교통안전 준수의 대표자야. 법규를 위반하지 않아.” 아버지의 항변은 이상하다. 천장크레인 조작과 교통안전은 아무 관계가 없기 때문이다. 다만 이 항변의 행간에는 지기 싫어하는 아버지의 마음이 녹아 있다. 당연하다. 아버지는 50년 동안 수천 번 넘게 천장크레인을 조작한 숙련공이니까.

아버지의 반응을 보며 나는 동생이 혼자 중얼거리며 천장크레인 조작 프로세스를 읊어대는 모습이 연상됐다. 나는 속으로 웃으며 생각했다. 혹시 아버지에게는 천장크레인을 조작하는 동생이 현장으로 내려오지 않고 사무실에만 틀어박혀 있는 기술사의 모습으로 비치지 않았을까? 이 두 사람의 이야기 속에 졸업장과 기술의 모순이 은근히 드러나는 듯했다.

에필로그

‘좋은 직업’은 무엇일까?

논문을 집필하면서 나는 총 17명의 추레라 숙련공 및 업계 종사자를 인터뷰했다. 논문을 완성했던 2014년을 기준으로 이들 중 가장 젊은 사람은 41세였고, 최고 연장자는 64세였다.

2021년이 됐다. 최고 연장자 숙련공 난 씨는 이미 71세가 됐지만 여전히 활력이 넘친다. 그는 차축을 교정하는 수리 공장에서 일하다가 그만둔 이후 나의 아버지와 함께 외주를 받아 생계를 유지했다. 그와 아버지는 작업 현장에서는 서로 도와주고, 틈틈이 경작하는 농장에서는 소소한 대화를 나누며 서로의 수확물을 교환한다. 그들 모두 작업과 휴식이 결합한 반半은퇴 생활을 즐기고 있다.

추레라 숙련공은 평생 일만 하며 살았다. 농촌에서 태어난 이들은 의무교육 기간에도 논밭에서 일을 도와야만 했다. 그러다 보니 이들은 법적 정년이 돼도 몸만 허락하면 일을 하고 싶어 한다. 그들은 그저 멍하니 쉬는 은퇴 생활이 달갑지 않은 것이다. 평생 일만 했으니 노동 외에 시간을 보낼 뾰족한 방법이 없는지도 모른다.

그들에게 있어 노동은 가족을 부양하는 수입원이면서 동시에 몸을 단련하고 신체 기능을 유지하는 수단이기도 하다. 가령 아버지에게 소파 위에서 가만히 3시간 이상 빈둥거리는 일은 상상도 하지 못할 일이다.

숙련공의 은퇴는 나이를 기준으로 정해지는 게 아니다. 그들은 은퇴를 고려할 때 자녀를 기준으로 삼는다. 부모가 자식의 생활비나 교육비를 책임지지 않아도 될 때, 비로소 그들은 은퇴를 진지하게 고민할 수 있다.

추레라 숙련공과 그들의 아들딸

나는 숙련공에게 자녀 교육 상황을 물었다. 이 질문을 받은 9명의 숙련공에게는 모두 24명의 자녀가 있었다. 2014년에 대학 및 대학원에 재학 중인 사람은 14명, 고등학교 및 전문학교 재학 중인 사람은 8명, 초등학교에 재학 중인 사람은 2명이었다. 타이완에 고등교육이 보편화됐다는 사실을 반영한 수치다. 물론 숙련공의 자녀 중에도 공부에 흥미가 없거나 혹은 여러 이유로 의무교육만 받는 경우도 있었다.

연구를 진행하는 동안 나는 숙련공 자녀에 대해서는 깊게 고민하지 않았었다. 그저 숙련공이 자녀 교육을 어떻게 생각하는지만 확인했다. 나는 16명의 숙련공에게 같은 질문을 던졌다. "자녀가 공부하는 게 좋습니까? 아니면 바로 기술을 배우는 게 좋습니까?" 망설임 없이 기술이라고 대답한 사람은 단 한 명뿐이었다. 다른 숙련공은 고학력 취득과 기술 연마 사이에서 조금 머뭇거렸다. 기술이 중요할까? 아니면 학력이 중요할까? 이 질문은 마치 숙련공이 영원히 해결할 수 없는 숙제 같았다.

아직도 기억나는 일화가 있다. 숙련공 밍 씨의 집에서 인터뷰를 진행했을 때였다. 초등학교에 다니던 밍 씨의 아이 두 명이 인터뷰 중에 거실을 신나게 뛰어다녔다. 그때 밍 씨가 자녀에게 건넨 첫마디는 "숙제 다 했어?"였다. 그 후에 자녀에게 나를 소개했다. "이 누나는 칭화대학교 석사야. 너희들이 누나처럼 되면 나는 더 바랄 게 없다." 밍 씨는 자녀가 좋은 졸업장을 얻는 길, 즉 공부하기를 바랐다. 밍 씨보다 나이가 더 많은 한 숙련공의 자녀들은 제각기 다른 길을 걸었다. 한 명은 과학기술대학교를 다녔고, 한 명은 고등학교 졸업 후 바로 취업했으며, 한 명은 숙련공인 아버지와 함께 공장에서 차를 수리했다.

자녀가 성장하는 모습을 보던 일부 숙련공은 졸업장에 대한 태도가 조금 달라졌다. 졸업장이 좋은 직장을 반드시 보장하는 것은 아니라는 사실을 인지했기 때문이다. 숙련공은 최선을 다해 자녀에게 공부하기 좋은 환경을 제공하지만, 성공 여부는 결국 자녀의 '노력'에 따라 결정된다. 숙련공은 자녀가 노동시장에서 필요한 경쟁력을 얻지 못하면 성을 내며 말한다. "잘 안 되면 나랑 이거 하면 돼!"

까만 손 숙련공의 기술과 졸업장 정체성의 갈등

지금에서야 인터뷰이 숙련공의 자녀 현황을 언급하는 이유는 이 책이 마무리될 시점이기 때문이다. 논문을 단행본으로 출간하면서 구성을 크게 바꾸었다. 논문은 문제의식에 따라 현상 하나하나와 연구 과정에서 발견한 사실을 엮어서 작성했다. 하지만 단행본은 아버지의 삶을 주축으로 삼았다. 그의 60여 년의 인생 흐름을 반영해서 두 손으로 추레라를 만든 까만 손 숙련공과 그들의 일을 소개했다.

이렇듯 논문을 책으로 변환하면서 많은 변화를 주었기 때문에 나는 여기서 원래 책에 녹여내고 싶었던 연구의 주요 논점을 다시 정리하려 한다. 나는 연구에서 주로 타이완 장인(숙련공)의 사회적 이동, 기술과 졸업장 정체성의 갈등을 다뤘다. 내 연구의 핵심 질문은 다음의 한 문장이다. "타이완 장인은 자기 기술에 자부심이 있는데도 왜 자녀가 자신과 같은 일을 하지 않기를 바랐을까?"

추레라 숙련공은 타이완 중공업과 함께 경기가 요동치는 산업에 종사했다. 따라서 숙련공의 직업 생애에서 타이완 중공업의 흥망성쇠도 확인할 수 있다. 숙련공은 도제식 시스템에 참여했고, 기술 직업 교육의 발전을 목격했으며, 추레라 제조의 법제화 과정을 함께 했다. 추레라 산업의 주요 변화와 변곡점을 모두 경험한 것이다. 이 과정을 통해 숙련공은 자기 일에 대한 나름의 생각을 갖게 됐다.

추레라 숙련공 대부분은 농촌 가정 출신이다. 이후 도제식 시스템에서 관련 기술을 익힌 후 추레라 산업에 뛰어들어 지금까지 왔다. 그들은 누구도 대체할 수 없는 기술을 보유했고, 이 기술력과 추레라 산업 특유의 프로세스가 숙련공에게 자기 정체성과 자부심과 강력한 독립성을 부여했다.

하지만 숙련공은 자녀가 자신과 같은 일을 하지 않기를, 기술이 아닌 고학력의 길을 걷기 바란다. 도대체 왜 이런 현상이 생긴 것일까?

이 질문에 대한 답은 부모인 숙련공이 자녀에게 던지는 한마디에 있다. "공부 열심히 해라." 숙련공 역시 타이완에 깊게 뿌리박힌 졸업장을 중시하는 관념의 영향을 받았다. 자녀가 좋은 학교를 졸업하고 안정적인 직장에 취업하는 건 숙련공에게 일종의 성공과 같았다. 하지만 이 설명으로는 기술과 졸업장 사이를 오가는 숙련공의 모순된 정체성을 제대로 해설할 수 없다. 숙련공의 언행을 면밀히 검토하면, '기술을 배우는 것'과 '좋은 학교의 졸업장을 취득하는 것'이라는 두 명제가 이원화된 대립 구조가 아니라는 사실을 알 수 있다. A 아니면 B, 이런 식의 사유 구조가 아니다.

숙련공의 이직 경로를 살펴보자. 농업과 공업, 피고용인과 사장, 이런 선택지 앞에서 그들의 판단은 숙련공에게 직업이 어떤 의미인지를 알게 해준다. 그들에게 일은 생계 수단이다. 그들 모두 안정적인 수입을 원한다. 뛰어난 기술로 돈을 벌고 가족을 부양하는 게 그들의 실제 삶이다. 산업 내 위상이나 업계의 인정 같은 요소는 생계 다음의 문제다.

다시 말해서 그들의 직업 정체성은 기술로 가족을 부양하면서 생긴 '기술적 정체성'이지, 특정 산업과 관련한 정체성은 아니다. 이 산업이 그들에게 천직이라고 단정할 수 없다. 그러므로 숙련공은 업계에서 최고가 되겠다는 생각이나 기술로 업계의 정점에 서겠다는 각오 같은 것을 하지 않는다.

입에 풀칠하는 것을 우선하는 숙련공이 추레라 산업의 계승 같은 문제로 골머리 앓을 리 없다. 이는 숙련공이 '사장'에 집착하지 않는 이유와 직결된다. 나는 직업에 대한 숙련공의 심리 상태가 그들이 추레라 산업에 투신한 후부터 지금까지 살면서 자연스레 형성된 것이라고 여긴다.

숙련공의 직업 정체성은 산업 분야 혹은 종사자 정체성이 아니라 자기 기술에 국한된 상태로 존재한다. 그러므로 그들은 기술도 중요하지만 자녀의 졸업장도 중요하다고 믿는다. 숙련공의 입장에서 보면 기술이든 졸업장이든 모두 생계를 위한 수단이므로, 어떤 수단이든 목표에 더 부합하면 된다.

무엇이 좋은 직업인가?

그렇다면 자녀 교육의 방향을 결정할 때 '졸업장'은 어떤 부분에서 승리했을까? 숙련공은 왜 자녀가 미래의 길로 기술보다 고학력을 선택하길 바랐을까?

답은 숙련공이 '좋은 직업'에 대해 갖고 있는 이미지와 밀접하게 관련된다. 숙련공은 국가에 공헌한다든가 더 높은 인생의 가치를 추구한다든가 같은, 자기계발서에 나올 법한 추상적인 이야기를 하지 않는다. 그들이 좋은 직업을 묘사하는 방식은 더 간단하다. '펜을 들고, 책상 앞에 앉아서, 에어컨 바람을 쐬며 햇볕을 쬐지 않는' 같은 묘사. 이런 조건을 갖추면서 그들의 상상에 가장 부합하는 직업은 이른바 삼사三師(교사, 의사, 변호사) 및 공무원이다. 안정적이고 복지가 좋으며 국가의 녹을 먹고 바람과 태양을 쐬지 않는 직업들.

흥미로운 점은 하이테크 산업의 발전과 좋게 포장된 기술사에 관한 정보가 숙련공 사이에 퍼지고 있다는 사실이다. 현장 경험이 부족하다는 이유로 숙련공의 경시를 받았던 '기술사'가 점점 그들이 생각하는 '좋은 직업'의 범주에 포함되기 시작했다. 그 이유 역시 명쾌하다. 수입이 높고 사무실에 앉아서 일하며 머리와 컴퓨터로 일하니까 고생하지 않는다는 것이다. 물론 현실 속 삼사와 공무원, 기술사 역시 저마다 고충이 있지만, 이는 까만 손 숙련공의 상상 범위 밖의 일이리라.

숙련공의 직업 전망이 '농사일은 안 좋아'에서 '공장에서 일하는 건 안 좋아'로 달라졌지만, 사실 진심은 아니다. 그들은 공장일이 전망이 없다거나 등급이 낮다고 생각하지 않는다. 다시 좋은 직업에 대한 그들의 상상을 떠올려보자. 안정적인 일거리, 충분한 급여, 편안한 작업 환경. 여기서 앞의 두 가지는 그들이 농촌을 떠나 공장을 선택한 이유이기도 하다. 새로 등장한 결정적인 차이는 바로 마지막 항목, 자신의 직업을 기준으로 '상대적으로 편한' 이라는 조건을 설정했다는 점이다.

그렇다. 숙련공은 생계를 직업 선택에서 가장 중요한 조건으로 상정한다. 그들은 인생과 가치의 상호 관계 같은 고상한 사유를 직업에 구현하려 들지 않는다. 직업을 통해 얻는 명성, 기술 수준에 따른 위상, 해당 산업의 중요성과 산업의 존망 같은 것들보다 가족 부양을 우선시한다. 그래서 숙련공은 자녀가 노동시장에서 경쟁력을 잃었을 때 자신의 업종(혹은 기술 습득)이 최후의 보루가 될 수 있다고 믿는다.

이런 맥락을 모두 고려하면 숙련공에게는 기술 정체성과 졸업장 정체성이 대립하지 않는다는 사실을 이해할 수 있다. 오히려 두 가지 모두 '생계 수단' 정체성에 포섭된다고 봐야 정확하다. 숙련공이 자녀에게 갖는 기대에는, 자녀가 세상의 변화를 따라 고학력을 획득하면 좋겠다는 바람과 자녀가 상대적으로 편하게 생계를 유지하면 좋겠다는 희망이 뒤섞여 있다.

직업은 자아실현의 수단인가?

일반 사회인은 직장에서의 성취도로 서로의 우열을 평가하고, 직업을 자아실현의 주요 수단 중 하나로 생각한다. 셰궈슝은 연구에서 노동자가 사장이 되려는 가장 중요한 이유로 "남자는 반드시 자기 사업을 해야 하고, 평생 '기본급'만 받으며 살 수는 없다"는 가치관을 꼽았다.* 사장이 된다는 것은 다른 사람의 밑에서 일하지 않는다는 의미로 남자가 기개를 펼치는 방식 중 하나로 인식된다. 하지만 추레라 숙련공에게 직업은 자아실현 같은 개념과는 거리가 멀다. 오히려 그저 더 풍족한 삶을 제공하는 수단에 불과하다.

항만 추레라 숙련공은 고급 기술을 보유했고, 업계에서의 지위와 명망도 높다. 하지만 그들에게 직업은 개인의 자아를 실현하는 매개가 절대 아니다.

사회학자들은 농업에서 공업으로, 다시 공업에서 화이트칼라로

---

* 謝國雄, 「黑手變頭家—台灣製造業中的階級流動」, 『台灣社會研究季刊』, 第二卷第二期, 1989, pp.11-54.

주요 직업이 변천하는 과정을 사회적 이동이라고 부른다. 사회적 이동의 과정에서 사회경제적 지위와 문화 자본의 변화가 발생한다. 내가 연구한 숙련공은 농업에서 공업으로 옮긴 사람들이다. 사회학적 정의로 설명하면 계급이 이동한 것이다. 그들이 사장이 된다면 두 번의 이동을 뜻하는 게 된다. 사회적 이동에 대한 초기 연구의 결론을 빌리면 숙련공은 두 번째 계급 이동의 기회와 마주했을 때 망설이지 않고 사장이 돼야 한다. 그러나 내 연구의 숙련공 대부분은 그 길로 들어서기를 망설이거나 거부했다. 그 이유는 바로 지금껏 논의했던 '직업의 의미' 때문이다.

이 지점은 숙련공이 지금의 위치에 만족하는지를 설명한다. 그들에게는 더 올라가려는 의지나 욕망이 사회 이동의 동력으로 작동하지 않는다. 그런 욕망은 숙련공을 움직이기에는 힘이 부족하다.

직업의 의미?

나는 현재 타이베이에서 일하고 있다. 직장 생활을 한 지 어느덧 6년이다. 같이 졸업한 친구들 역시 여러 분야에서 일하는 중이다. 그들은 타이완 각지에서 타이베이에 왔다. 가령 가오슝, 타이난, 자이嘉義, 장화, 윈린, 먀오리, 신주新竹, 이란 등. 그야말로 타이완 전역에서 모여든 것이다. 물론 타이베이에 온 사람이 있는 것처럼 타이베이를 떠난 사람도 있다. 우리 모두 짧은 직장 생활에서 각자 저마다의 경험을 쌓았고, 약속이나 한 듯 직업의 의미를 고민하기 시작했다.

나는 칭화대학교에서 석사를 졸업하고 일본에 유학도 다녀왔지만, 연봉은 고수입과는 거리가 멀다. 나는 졸업 직후 비영리조직에 들어갔다. 내가 배운 것을 실천하는 삶을 살고 싶었고, 나의 도덕적 가치를 직업에 투영하려 했기 때문이다. 입사할 무렵의 내 마음이었다. 가치관에 부합하는 일을 하고 싶은 나의 태도는 아버지 세대의 직업에 대한 관점과는 큰 차이가 있다. 부모님은 지금도 내가 이 직업을 선택한 이유를 납득하지 못하고 있고, 여전히 내가 더 좋은 직업을 구할 수 있으리라 믿는다.

3대에 걸친 우리 집의 직업사는 타이완 노동 환경 변화와 맞물려 있다. 이 역사는 할아버지가 타이난을 떠나 타이둥으로 이주해서 더 나은 일자리를 구한 때부터 시작된다. 할아버지는 이미 포화 상태가 된 타이완 서부 농업 지대를 떠나 동쪽으로 이동해서 아직 개발되지 않은 농경지를 개척했다. 그리고 아버지는 농촌에 잉여 노동력이 넘쳐나던 시대에, 중공업 발전으로 인력을 흡수하고 있던 가오슝으로 이동해 2차 산업에 종사하게 된다.

나와 동생 세대도 타이완 산업 전환의 궤적에 발을 맞췄다. 타이완 주력 산업이 제조업에서 서비스업 및 하이테크 제조 연구 개발 산업으로 전환됐다. 나는 이 전환의 과정을 참고해서 인문사회과학 전공자가 할 만한 일, 그리고 내가 만족하는 직업을 찾기 위해 가오슝에서 타이베이로 발걸음을 재촉했다.

그렇게 몇 년이 지났다. 직장 생활을 경험한 나는 내가 정말 직업을 통해 자아를 실현해야 하는지를 고민하기 시작했다. 직업은 내 삶에서 조금 더 실질적인 역할을 해야 하는 게 아닐까? 직업은 생계를 보장하는 수단 정도로 삼고, 삶의 다른 영역에서 내 가치를 실현해야 하는 것은 아닌지 고민하게 된 것이다.

내가 이 책을 쓰게 된 것은 사회 변화의 궤적과 함께하면서도 지금의 나를 제대로 이해하지 못하고 있다는 사실을 발견했기 때문이다. 대학원에서 이 연구를 하면서야 아버지와 아버지의 직업이 내 교육과정에 미친 영향을 이해할 수 있었다. 갓 학교를 졸업한 젊은 혈기는 나를 가치관에 부합하는 직업으로 안내했다. 당시 나는 나의 도덕적 가치에 부합하는 일이 가장 좋은 직업이라고 믿었다. 그래서 연봉이나 복지 같은 조건에서 어느 정도의 희생을 기꺼이 감수했다.

그러나 약 6년을 일하면서 삶의 중요한 전환기를 맞이했다. 직업의 의미에 대한 회의가 일기 시작한 것이다. 그래서 나는 아버지와 아버지 동료의 세계에서 나를 혼란스럽게 하는 이 문제의 실마리를 찾으려 했다. 그리고 이 수색의 몸부림이 책으로 만들어졌다.

나는 고등교육이 정말로 노동 시장에서 더 의미 있고 가치 있는 활동 영역을 제공하는지 의심하면서도, 고등교육과 그 과정에서 얻은 졸업장이 취업 경쟁에서 내게 더 유리한 위치를 제공한다는 점만은 부인할 수 없다.

과거 취업 시장에서 치트키처럼 위력적이던 졸업장이 이제는 노동시장에서 가치와 효용이 사라진 게 아닐까? 우리는 이 질문을 끊임없이 던지고 해답을 궁리해야 한다.

만일 졸업장과 기술이 직장 선택에 있어 이원화된 기준점이라면, 우리는 무엇을 선택해야 할까? 나는 지금도 잘 모르겠다.

다만 나는 이런 고민이 타이완의 천만 가정 중 우리 가족과 비슷한 궤적으로 살아온 많은 이와 공명할 수 있으리라 믿는다. 또한 적지 않은 사람이 나처럼 직업의 의미에 대해 진지하게 성찰하고 있으리라 생각한다.

도대체 무엇이 '좋은 직업'일까? 타이완의 교육 환경과 타이완 사람의 가치관 모두 변화하고 있는 지금, 책에서 그려낸 숙련공과 그들의 직업 세계와 삶의 태도는 여러분이 직업의 의미를 다시금 고민하게 만들 것이다.

번외

두 명의 숙련공이 지탱한 나의 집

아버지의 식탁

아버지는 가족 중에 가장 먼저 깨어나는 사람이다. 나와 동생이 대학에 진학하기 전, 우리 가족은 대략 6시 즈음에 일어났다. 우리는 집에서 다 같이 아침 식사를 한 후 학교에 가거나 공장에 출근했다.

아침 식사 때 반찬은 많았다. 호빵, 만두, 우유, 콩국을 자주 먹었고 아주 가끔 서양식 빵이나 토스트가 식탁에 올랐다. 요새 아버지는 만두 빚는 일에 재미를 들였고, 종종 온갖 만두를 식탁에 올린다. 아버지의 만두처럼 온갖 재료가 들어간 수제 만두는 밖에서는 먹을 수 없다. 오직 우리 집, 셰謝 씨네 집에만 존재하는 만두다.

우리 집은 아침 식사에 약간 이상할 정도로 강박적이다. 약 10년 동안 단 한 번도 아침 식사를 거르지 않았다. 나와 동생이 침대에서 뒹굴뒹굴하던 휴일도 마찬가지였다. 아침을 거르면 점심도 없었기 때문에 우리는 끙끙대며 일어나 아침을 먹을 수밖에 없었다.

거를 수 없는 아침, 매일 먹어야 하는 쌀밥

'절대로 아침을 거르지 않는다'는 아버지의 신조다. 당연한 일이기도 하다. 농업과 공업의 세계에서 아침을 먹지 않으면 오전의 그 힘겨운 노동을 버티기 힘들 테니까.

아버지의 아침 식사 단골 메뉴는 호빵과 만두, 그리고 전날 저녁에 남긴 고기와 채소, 쌀밥 등이다.

나는 수십 년간 꾸준히 이어온 아버지의 조식 습관인 다양한 음식 조합을 집을 떠난 후부터 점차 지키지 못하게 됐다. 대학교 수업이나 회사 출근은 아버지의 노동처럼 막대한 체력을 소모하는 게 아니었다. 게다가 고등학교 때처럼 이른 아침부터 하루 종일 머리를 싸매며 공부할 필요도 없었으므로, 에너지를 위해 아침을 먹어야 할 필요는 없었다.

대학 입학 후부터 아침의 소화력이 예전만 못했다. 식사량도 덩달아 적어졌다. 그러니 아침 식사는 대충 쿠키나 압착귀리로 간단하고 빠르게 해결하기 일쑤였다. 하지만 집에서 아침 식사를 해결하고 외출하는 습관만은 여전히 내 몸에 남아 있다. 지금도 나는 오전 외출 한 시간 반 정도 일찍 일어나서 여유 있게 아침 식사를 챙겨 먹는다.

내 기억 속의 아버지는 엄청난 대식가였다. 저녁 식사 때 밥 두 공기는 기본이었다. 초등학교 때 아버지는 위궤양 때문에 한동안 병원에 입원했고, 결국 위의 3분의 1을 절제했다. 그때부터 아버지의 식사량은 줄어들었고, 집에서 먹는 식사도 점차 담백하고 기름이 적으며 당분과 염분이 적은 음식들로 바뀌었다. 또한 가공식품도 되도록 멀리했다. 그러나 이런 아버지가 지금까지 평생 포기하지 못한 한 가지 음식이 있다. 바로 흰 쌀밥이다.

내 친가는 농사를 지었다. 지금은 밭을 다른 사람에게 임대한 상태다. 우리는 매년 타이둥에서 생산된 쌀을 받았다. 농사의 기억이 몸에 남아 있어서인지는 모르지만, 음식에 대한 아버지의 철학은 상당히 전통적이었다. 특히 쌀밥에 대한 집념이 강했다. 쌀밥이 없으면 식사로 치지 않았다. 어머니는 매일 밥을 해야 했다.

최근 아버지는 예전만큼은 쌀밥에 집착하지 않는 듯하다. 그러나 만일 이틀 연속 쌀밥을 먹지 않는다면, 아버지는 견딜 수 없을 것이다. 물론 아버지를 제외한 나머지 가족은 며칠 동안 쌀밥을 먹지 않아도 아무 불만이 없다.

다만 아버지의 '식사 교육'은 내 습관에 흔적을 남겼다. 나 역시 밥그릇의 쌀은 단 한 톨도 남기지 않고 다 해치운다.

'누가 알 것인가. 밥그릇에 담긴 밥알 하나하나에 스민 고생을'이라고 했던가. 가족 중에 농사짓는 사람이 없으면 이 말의 의미를 가늠하기 어렵겠지. 아버지는 농사일이든 공장일이든 얼마나 많은 품을 들여야 결실을 맺을 수 있는지 온몸으로 이해하는 사람이다. 그는 단 하나의 수확도 소홀히 대하지 않는다.

그래서 아버지는 우리가 밥을 남기지 못하게 했다. 그때까지 단 한 번도 생계를 위해 땀 흘려본 적 없었던 당시의 우리에게, 아버지의 단호한 가르침은 깊게 새겨졌다. 밥그릇에 달라붙은 한 알 한 알의 밥을 긁어 먹으면서 말이다. 집을 떠난 지금도, 아버지와 함께 식사하기 힘든 오늘도, 나는 혼자서 그때의 수칙을 지키고 있다.

청결을 사랑하는 까만 손

추레라를 제작하는 숙련공은 차체 밑과 위를 끊임없이 오가며 기름으로 범벅이 된다. 그래서 이 일을 '까마귀 손'이라 부르기도 하는 것이다. 어쩔 수 없는 일이다. 그런데 아버지의 동료들은 아버지가 청결 유지에 많은 힘을 쏟았다고 말했다.

젊었을 때의 아버지는 작업복을 입고서도 차량 밑으로 들어갈 때면 반드시 깨끗한 종이상자를 깔고, 그 위에서 작업했다. 외모를 중시해서인지 물건(작업복)을 아꼈기 때문인지, 그 누구도 정답을 모른다. 이런 청결 강박은 작업 때도 마찬가지였다. 아버지는 작업 때 오염물이 몸에 묻지 않도록 신경을 집중해 움직였다. 보통의 숙련공에게서는 좀처럼 보기 힘든 스타일이었다. 그래서 다른 숙련공은 아버지가 이 현장에서 오래 일하지 못하리라 전망했다. 그러나 아버지는 50년이 넘는 세월 동안 그 현장을 지켰다.

깨끗함을 좋아했다던 아버지가 작업을 마치고 집에 돌아와서 가장 먼저 하는 일은 샤워였다. 단 하루도 예외는 없었다. 에어컨이 없는 노천 공장에는 공업용 선풍기를 아무리 틀어도 흘러내리는 땀을 피할 수 없다. 특히 가오슝처럼 여름과 겨울이 모두 더운 곳에서 아버지는 1년 내내 땀을 엄청나게 흘리며 일했다. 그런데 내 기억은 조금 다르다. 나는 식탁 앞의 아버지에게서 땀 냄새를 감지한 적이 없었다. 아버지의 땀 냄새를 맡게 되는 건, 아버지가 퇴근 후 오토바이를 몰고 나를 데리러 왔을 때뿐이었다.

아버지의 작업복은 두꺼운 청바지와 재킷이다. 작업화와 함께 평산의 군용물품전문점에서 샀다. 이런 재질의 옷만이 강재를 용접할 때 튀는 불꽃을 조금이나마 막아주기 때문에 특별히 신경 써서 구입한 것이다.

당연히 아버지의 작업복에는 기름 자국과 그을린 흔적이 항상 남아 있었다. 아버지는 이 작업복을 가족의 옷과 분리해서 세탁하고 말렸다. 우리 옷은 옥상에 있는 비교적 좋은 세탁기로 빨고 바로 옥상에서 건조했다. 그러나 아버지의 작업복은 창고에 있는, 세탁과 탈수 기능이 분리된 낡은 세탁기를 사용해 빨고 창고에서 말렸다.

아버지의 작업복은 몇 번 입으면 구멍이 났다. 모두 작업 때 흩날리는 불꽃이 남긴 자국이었다. 조금 큰 불꽃은 옷을 뚫고 아버지의 피부에 바로 닿았고, 그 접촉은 아버지의 몸에 많은 상처를 남겼다. 작업복은 쉴 새 없이 빠르게 바뀌었다. 옷에 묻은 오염물이 씻기지 않거나 작업복에 구멍이 크게 나면 바로 교체했다.

집에 경제적 여유가 없을 때 어머니는 폐기되는 청바지 중 멀쩡한 부분을 오려내 아버지의 구멍 난 작업복에 대고 꿰맸다. 지금은 조금 다르다. 일거리가 줄었고, 경제 상황도 과거보다 훨씬 낫다. 그래서 옷이 낡으면 바로 새것으로 바꾸고, 다 쓴 작업복은 창고에 모아두었다가 농사지을 때 바닥에 까는 용도로 쓰거나 걸레로 활용한다.

아버지의 작업복은 1년 내내 엉망이라서 가족의 옷과 분리해서 빨고 말렸다. 우리는 차고에 아버지 작업복 세탁 구역을 만들었다. 작업복 전용으로 쓸 오래된 세탁기와 탈수기를 설치했다. 아버지가 바로 옷을 벗고 집으로 들어오기 편리하게 배치한 것이다.

일찍 자고 일찍 깨는 가정의 휴식

일찍 자고 일찍 일어나는 것은 내가 어릴 때부터 유지된 우리 가족의 생활 스타일이다. 아침 6시에 일어나 밤 9시에 잔다. 대도시 아이들은 이해하기 힘들 것이다.

초등학교 때다. 나와 동생이 먼저 집에 돌아와 샤워한 다음 숙제를 끝낸다. 그러고는 텔레비전으로 〈슬램덩크〉나 다른 애니메이션을 본다. 그 무렵부터 어머니는 주방에서 바빠진다. 저녁 6시 정도에 아버지가 귀가해서 씻고 식사한다.

오후부터 저녁까지 애니메이션, 뉴스, 〈포청천〉 같은 연속극 등을 봤다. 온 가족이 거실에서 둘러앉아 과일을 먹으면서 말이다. 보통 8시부터 시작하는 연속극은 9시에 끝나는데, 그때부터는 잠자리에 들 준비를 해야 한다. 이렇게 정해진 규칙적인 생활 습관 때문에 밤 열 시 이후 케이블에서 방송되는 〈유☆유☆백서〉, 〈지옥 선생 누~베~〉 같은 애니메이션은 볼 수 없었다. 이렇게 친구들과의 공통 화제 하나가 사라졌다.

고등학교 진학 후 대학 입시를 준비하면서 10시에 자는 것으로 수면 시간이 조정됐다. 덩달아 아버지도 우리가 학원을 마치고 귀가하는 시간 혹은 그날의 공부를 끝내는 시간에 맞춰 잠자리에 들었다.

10시에 취침하는 습관은 대학까지 이어졌다. 대학교 1학년 때도 변함없는 '셰 씨네 휴식'을 견지한 나는 친구들에게 불가사의한 존재로 작은 전설이 됐다.

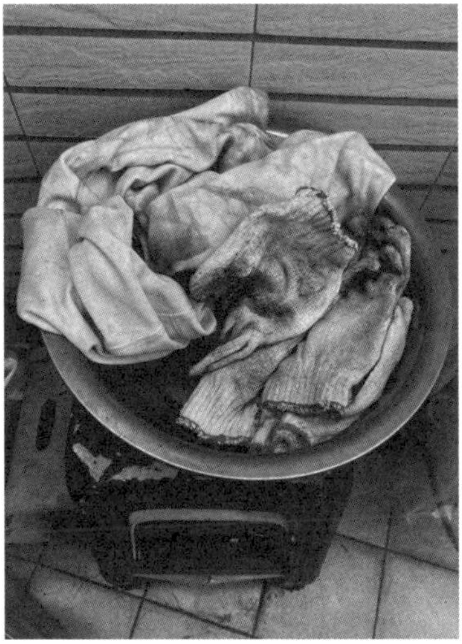

아버지의 작업화와 장갑은 모두 소모품이다. 작업화는 발끝에 철판이 덧대어진 안전화다. 작업 중에 강재가 떨어져 발이 다치는 경우를 방지한다. 아버지는 세숫대야에 모든 장갑을 보관하는데, 이런 대야는 추레라 공장에서 흔히 볼 수 있다.

그러나 지금 나는 올빼미 스타일이 돼 종종 밤을 새운다. 대학 동기와의 모임 때 밤새 노래하고 술을 마시며 수다를 떠는 날도 많다. 가족 중 여전히 '셰 씨네 휴식'을 고수하는 사람은 아버지뿐이다. 집안일을 마친 어머니는 한국 드라마를 보거나 휴대폰 게임을 하며 시간을 보내고, 동생은 방에서 자기 일을 하고 자고 싶을 때 잔다.

가끔 고향에 돌아갈 때면 나와 동생과 어머니는 아버지가 잠든 이후에도 밤늦게까지 수다를 이어간다. 12시, 아니 새벽 1시가 되어서야 잠자리에 들 때도 많다.

대부분의 식사를 집에서 하고, 쌀밥을 좋아하며, 일찍 자고 일찍 일어나고, 담배와 술은 일절 하지 않으며, 빈랑*을 씹지 않는다. 타이둥을 떠나 공업도시 가오슝에서 50년 동안 살아온 아버지다. 그러나 아버지의 생활습관과 휴식 방식은 보통의 공업 종사자와 매우 다르다. 아버지의 고집 혹은 신념인지, 아니면 어린 시절 농촌의 생활 방식이 그에게 깊이 새겨진 것인지 알 수 없다. 그의 일상생활은 노동자라기보다는 농부에 가까웠다.

그의 딸은 18세 때 집을 떠났다. 여전히 기름지고 짠 음식을 즐기지 않고, 흰쌀밥과 수면을 중시한다. 그러나 점차 늦게 자고 늦게 일어나며 외식을 즐기는 도시형 인간에 가까워지고 있다. 이제는 돌이킬 수 없을 것 같다.

---

* 빈랑檳榔은 빈랑나무의 열매로, 씹으면 각성 효과와 중독성이 있다. 인도, 중화권, 사이판, 인도네시아 등 동남아시아 일대에 많이 퍼져 있다. 과다 복용하면 구강암과 식도암 발생 확률이 증가한다. 타이완 곳곳에서 빈랑 판매점을 볼 수 있다. 또한 타이완 거리 곳곳에 묻은 붉은 흔적은 빈랑을 씹고 뱉은 흔적이다. (옮긴이 주)

가훈-근검절약

언젠가 보험회사에서 선물로 보내주는 달력을 받았다. 달력에는 우경도牛耕圖가 그려져 있었고 그 옆에 멋진 필체로 '근검'이라는 두 글자가 크게 쓰여 있었다. 아버지가 달력을 벽에 걸고서 의기양양하게 "이게 바로 셰 씨네 가훈이다!"라고 외치던 모습이 기억난다. 이 기억이 떠오를 때면 어렸을 때부터 길러진 나의 습관, 헤아릴 수 없이 들었던 훈계, 이 모든 것이 바로 저 두 글자에서 비롯됐다는 사실을 다시금 깨닫는다. 우리는 옷을 쉽게 사거나 버릴 수 없었다. 옷을 버릴 때도 통째로 버릴 수 없었다. 쓸 수 있는 부분을 잘라낸 후에야 버릴 수 있었던 것이다. 집에서 종종 목격된 옷 조각들은 어머니가 작은 걸레로 만들었다.

부모님은 군것질이나 음료수를 즐기지 않았다. 집에서 이동할 때, 가령 방에서 주방으로, 주방에서 거실로 옮겨야 할 때는 반드시 형광등 스위치를 꺼야 했다. 사용한 물도 그냥 버리지 않고 변기를 씻거나 꽃에 물을 줄 때 썼다. 차고에는 적어도 10개 이상의 물통이 있었는데, 비가 오면 온 가족이 출동해서 거기에 생활용수를 받았다.

사용하지 않는 장소의 불은 반드시 꺼야 했고, 에어컨을 밤새 켜 두는 건 절대 금물이었다. 샤워 시간이 길어지면 핀잔을 들었고, 욕실 안의 욕조는 그림 속의 떡처럼 그 누구도 사용하지 않았다.

근검과 절약은 셰 집안에서 제대로 논의된 적이 한 번도 없었지만, 모든 구성원의 모든 순간에 깊숙이 들어와 작동한 원칙이었다.

모든 것을 절약하는 생활

우리 집의 생활은 '절약'이라는 한 단어로 형용할 수 있다. 차로 여행을 갈 때면 미리 준비해야 할 게 많았다. 대량의 음식과 식재료, 냄비와 접시 등 조리를 위한 모든 것을 준비했다. 아버지는 지금까지도 '진수성찬'을 부유함의 상징으로 여긴다.

이런 식의 철두철미한 절약이 범람하는 생활은 어머니에게는 큰 부담이었다. 생활비를 아끼는 모든 노력은 사실 어머니의 노동으로 충당되는 것이나 다름없었다. 양말에 작은 구멍이 나면 어머니는 하나하나 꿰맸다. 어머니는 요리할 때 한쪽에 물통을 가져다 뒀다. 사용한 물을 담아서 꽃에 물을 주거나 어딘가에 물을 끼얹을 때 사용하기 위해서였다.

아버지가 집안일에 관여할 때마다 어머니가 스트레스를 많이 받았을 게 자명하다. 사실 어머니의 성장 배경도 아버지 못지않게 어려웠다. 외할아버지는 어머니가 어렸을 때 실종됐고, 외할머니는 이런저런 허드렛일을 전전하며 세 명의 자녀를 키웠다.

그런 집안의 장녀였던 어머니는 절대 응석받이가 될 수 없었고, 살림에는 도가 텄다. 그런 어머니조차도 아버지를 두고 속이 좁고

베풀 줄 모르며 돈을 모을 줄만 알지 어디에 어떻게 써야 하는지 모른다고 수군거리고는 했다.

어렸을 때 온 가족이 극장에 간 적이 있었다. 어느 영화관에 갔는지, 표를 샀는지도 지금은 기억나지 않는다. 다만 우리 가족이 처음으로 함께 극장에 가서 영화를 봤다는 사실 자체는 영원히 잊지 못할 것이다. 우리가 본 영화는 〈쥬라기 공원〉이었다. 그날 이후, 온 가족이 함께 일반 극장에 가서 영화를 보는 일은 없었다. 우리는 텔레비전이나 인터넷을 통해 영화를 봤고, 가끔 집 근처 자원재생센터가 주관하는 주말 극장에 가서 2주에 한 번씩 무료로 상영하는 영화를 봤을 뿐이다.

어머니의 가장 큰 불만은 여가 생활이 없다는 것이었다. 집에 돈이 크게 부족하지도 않은데 왜 자신과 가족을 위해 '좀 더 나은' 것을 할 수 없냐는 이야기였다.

하지만 아버지에게 가졌던 어머니의 불만은 시간이 지나면서 점차 시들해졌다. 어머니가 아버지가 고수하는 근검절약 방식의 생활습관에 익숙해진 것인지, 아니면 자녀들이 성인이 되면서 가정이 받는 경제적 압력이 가벼워졌기 때문인지 모르겠지만 어머니는 점차 여유를 가졌다. 그때부터 어머니는 적당히 돈을 쓰기 시작했다. 생활을 편하게 해주는 물건을 사거나 가끔은 약간 사치를 부렸다. 무엇을 선뜻 사지 못했던 나와 동생도 지금은 고가의 3C(컴퓨터, 통신, 엔터테인먼트 전자 제품)도 사고, 집 안에 많은 책과 CD, DVD를 쌓아두게 됐다. 심지어 나와 동생은 무려 해외여행도 여러 차례 다녀왔다.

나머지 가족이 근검절약의 굴레에서 벗어난 지 이미 여러 해가 지났지만, 아버지는 끝내 동참하지 않았다. 지금도 사치와는 거리가 먼 소박한 생활을 유지하면서 소비에는 아무 관심도 보이지 않는다. 그의 첫 번째 출국은 관광 때문이 아니었다. 내가 유학을 마치고 귀국할 때 짐을 옮길 손이 부족하다고 징징거리자 마지못해 움직였던 것이다. 그때 아버지의 해외여행 방식을 보면서 나는 알았다. 아버지는 두 번 다시 해외로 나가지 않을 것이다.

최근 어머니와 동생이 해외여행을 가면 아버지만 덩그러니 혼자 남아 집을 지킨다. 그를 제외한 나머지 가족 세 명은 이제 돈을 어떻게 써야 하는지 안다고 볼 수 있다. 하지만 아버지는 여전히 자신만의 소박한 근검절약을 생활에서 실천하는 중이다. 내가 대학을 졸업하고 몇 년이 흐른 지금까지, 그가 스스로 산 일상용품이 아닌 유일한 물건은 이호뿐이었다.

아버지의 여가 활동

아버지는 평소에 여가를 거의 즐기지 않았지만, 아예 여가가 없다고 말할 수는 없다. 아버지의 일은 그의 건강에 영향을 미쳤고 오랜 세월 켜켜이 누적돼 문제가 드러났다. 무릎, 눈, 귀 모두 건강 악화의 신호가 발신 중이다.

아버지의 눈이 장시간의 독서를 버틸 수 있었을 때 그는 김용金庸의 무협 소설을 즐겨 읽었다. 나와 동생은 매해 어버이날이면 아버지에게 김용의 소설 시리즈 한 질을 선물했다. 언젠가 김용의 모든 시리즈가 책장에 꽂힐 거라 기대하면서. 그러나 세 번째 시리즈를 선물했을 무렵, 아버지의 시력은 더 이상 오랜 시간의 독서를 허락하지 않았다.

시력이 나빠진 이후 아버지의 여가 활동은 더 단순해져서, 한때 나는 아버지가 즐기는 것을 여가 활동의 일환으로 볼 수 있는지 의심했다. 나와 동생과 함께 텔레비전을 보다가 자신도 모르게 본 애니메이션 〈원피스〉가 유일했기 때문이다. 〈원피스〉는 매일 딱 30분만 방송된다. 그리고 지난 방송분 설명과 붙어 있는 광고도 있어 여러모로 사람을 귀찮게 한다. 그런데도 아버지는 매일 시간을 맞춰 자리를 잡고 한 편도 놓치지 않고 집중해서 〈원피스〉를 본다. 한 편도 빠짐없이.

별다른 것 없는 일상을 보내던 아버지는 몇 년 전부터 이호를 배우기 시작했다. 이 예상치 못한 소식에 나는 놀랐고 또한 기뻤다. 아버지는 매주 사원에 가서 음악대와 함께 이호를 배운다. 가끔은 악대와 함께 신명神明을 모셔오는 할향*의식에 참여해서 도교 관련 곡들을 연주한다.

아버지가 이호를 배운 지 이미 여러 해지만, 나는 아직 몇 번 들어보지 못했다. 그리고 대부분의 연주곡은 정체 모를 도교 사원의 음악이다. 당연히 나는 그의 연주가 맞는지 아닌지 알 수 없다. 아버지의 이호 연주는 내가 처음 보는 아버지의 그럴듯한 여가 활동이었다.

---

* 할향割香(kuah-hiunn)은 다른 사원의 신명을 자기 사원으로 옮겨서 모실 때 하는 의식이다.

몸통은 공업,
뼈대는 농업

여가 활동에 대한 나와 아버지의 정의는 서로 너무 다르다. 나에게 여가 활동은 업무와 상반되는 개념으로, 평소 집중하던 모든 일을 잊게 해주는 휴식에 가까운 개념이다. 하지만 아버지에게 직업은, 그리고 이 직업을 지탱한 기술은 그의 생활과 분리될 수 없다. 그래서 아버지에게 여가 활동은 일이 아닌 곳에 시간과 마음을 투자하는데 소득과는 상관이 없는 것 정도로 정의될 것이다.

이야기하다 보니 생각난다. 어렸을 때부터 아버지는 내가 전혀 이해하기 힘든 여가 활동을 했다. 바로 '농장 만들기'였다.

아버지는 '살기 위해서는 움직여야 한다'라는 말을 입에 달고 살았다. 일을 하지 않을 때도 빈둥거리는 모습을 본 적이 없다. 일이 없는 기간이 짧을 때는 어머니를 도와 가사를 거들었고, 휴식 기간이 길어질 때는 '기쁨 농장'을 돌봤다.

내가 초등학생 때 아버지는 메이눙美濃에 자그마한 땅을 샀다. 당시 아버지가 몰던 자동차는 4인용의 작은 은색 포드 차량으로, 창문을 내리려면 레버를 손으로 잡고 돌려야 했다. 매주 주말이면 온 가족이 메이눙의 밭에서 고개를 숙이고 농사를 지었다. 부모님 말을 잘 따르던 나와 동생은 그 긴 시간 동안 부모님과 함께 땅을 파고, 물을 대고, 모종을 심고, 비료를 줬다. 물론 어린 우리의 인내심에는 한계가 있었다. 가끔은 도중에 빠져나와 근처 하천에서 물고기와 개구리를 잡으며 시간을 때우기도 했다.

아버지는 밭에 컨테이너 하나를 설치해서 '실내' 공간으로 삼았다. 경파이프로 햇빛을 피할 수 있게 철제 지붕을 세웠고, 이동식 화장실을 설치한 뒤 물과 전기를 끌어왔다. 하루 종일 머물 수 있도록 조치한 것이다.

아버지는 본인이 원하는 대로 채소나 과일, 꽃이나 관상식물, 녹나무 등을 심었다. 한때 농장의 3분의 1 정도 되는 공간에 진주 구아바를 재배했는데, 여러 차례 실패를 거듭한 끝에 마침내 판매해도 아무 문제가 없을 정도의 과일을 수확했다. 부모님이 고생하며 농장을 가꾼 덕분에 우리는 늘 상품으로 팔 수 있는 수준의 맛있는 과일을 넉넉히 먹을 수 있었다.

우리 주변의 농장은 모두 쌀이나 담배를 재배했다. 이런 농촌에서 부모님은 힘을 합쳐 기쁨 농장을 일구었다. 이런저런 시도를 하면서 다양한 식물을 재배하는 부모님의 모습이 참 특별해 보였다.

그곳에서 나와 동생은 유소년기를 보냈다. 논에 물이 빠지면 민물새우를 잡았고, 맑은 도랑에서는 송사리를 잡았다. 어두운 밤이 되면 손전등을 들고 개구리나 두꺼비를 잡으러 다녔고, 아버지가 만든 그네를 타거나 철제 지붕 위로 올라가 주변 경치를 감상했다. 겁이 없던 시절의 이야기다.

어디로 여행을 가거나 돈을 지불하고 자연체험 활동에 참여한 적도 없지만, 우리는 부모님의 기쁨 농장을 통해 자연에 무지한 '도시송'*이 되지 않을 수 있었다. 나와 동생은 도시의 아이들이 접하기

---

* 도시송都市俗(too-tshī-sông)은 도시에서 자라서 자연을 접할 기회가 없어 자연

힘든 대자연과 함께 유년기를 보내며 많은 추억을 쌓았다.

아버지는 더 많은 물건을 농장으로 옮기려고 차를 작은 포드에서 SUV로 바꿨다. 그래도 가오슝 샤오강에서 메이눙까지 갈 때는 한 시간 이상이 소요됐고, 아버지에게 이 거리는 부담스러웠다. 결국 내 어린 시절 추억이 담긴 메이눙의 기쁨 농장은 내가 아끼던 20년 된 녹나무와 함께 팔려버렸다. 그렇게 오랫동안 공들여 운영한 농장을 아버지는 선뜻 포기했다.

얼마 지나지 않아 의외라 생각했던 빠른 포기의 이유를 알게 됐다. 아버지에게는 계획이 있었던 것이다. 그는 메이눙의 농지를 팔고 집에서 15분 거리의 산룽三隆에 새 농지를 샀다. 이미 환갑을 넘긴 아버지는 다시 온갖 고생을 감수하고 원점에서 농장을 시작했다. 혼자서 지붕을 만들고, 컨테이너를 들이고, 울타리를 치고 나무를 심었다.

고향을 떠난 나는 이번 농장 건설에는 참여할 수 없었다. 가오슝으로 잠깐 돌아갔을 때 부모님의 '참관 요청'을 받았다. 현장에 가보니 새 농장은 역시나 그때처럼 주변의 논밭과는 달리 온갖 식물로 가득한 공간으로 조성돼 있었다.

새 농장은 집에서 가까웠고, 아버지의 야심은 더 커졌다. 추레라 일감이 줄어들면서 아버지가 농장에 투입하는 시간이 더 많아졌다. 예전에는 일주일에 한 번 농장에 들렀지만, 지금 아버지는 일주일에 이삼일을 농장에서 보낸다. 지금은 채소와 과일뿐 아니라 닭과

과 관련한 상식에 무지한 사람을 뜻한다.

오리도 키우고 있다. 어머니는 매일 시장에 가서 채소를 파는 상인에게 필요 없는 양배추잎을 받아 온다. 그 잎을 작게 썰어서 아버지에게 주고, 아버지는 그걸 농장의 가금류 모이로 쓴다. 부모님의 이런 노력으로 농장은 달걀과 고기까지 생산하게 됐다.

하지만 이 모든 일을 하는 건 노부부에게 힘에 부쳤고, 양계업은 2년을 채 가지 못했다. 처음 사들였던 닭들을 모두 도살한 뒤 부모님은 사육에서 손을 뗐다.

농장은 여전히 다른 일로 바쁘게 돌아간다. 이제 나와 동생은 농장에 거의 들르지 않지만, 부모님은 계속해서 농장을 관리하고 돌본다. 가오슝에서 휴가를 보내고 타이베이로 돌아오는 내 두 손은 농장에서 키운 각종 채소와 과일로 가득하다. 혼자 먹을 수 없는 양이기 때문에 언제나 주변 지인과 나눠 먹는다. 아무리 나눠도 최소 일주일은 먹고도 남는 식재료가 남는다.

농장에 힘을 쏟는 아버지의 모습을 보고 있으면, 그가 온몸으로 농사일을 사랑하고 있다는 느낌을 받는다. 생계를 위해 중학교를 졸업하자마자 농촌을 떠나 도시에서 공장일을 하며 평생을 산 사람이다. 그는 '몸통인 공업'과 '뼈대인 농업' 사이에서 균형을 찾았다. 아버지의 여가 활동은 우리 눈에는 또 다른 노동처럼 보인다. 퇴근 후에도 쉬지 않고 다른 일을 하는 것처럼 말이다. 하지만 알고 보면 내가 장기간의 휴가 때 고향 가오슝으로 돌아가는 것처럼, 아버지 역시 매주 기쁨 농장에서 '고향에 돌아가는' 것 같은 여가 활동을 즐기는 셈이다.

철공 전문가, 스스로 가구를 만들다

아버지는 평소에 자기 일에 대한 이야기를 거의 하지 않는다. 하지만 나와 동생은 아버지가 작업 때 쓰는 공구는 어느 정도 알고 있었다.

우리 집 차고에는 훌라후프, 스케이트화, 펜치, 드라이버가 뒤섞여 있다. 나는 소싯적에도 용접봉과 스파클라의 구분법을 알고 있었다. 또 종종 아버지가 일할 때 사용하는 백설패白雪牌 표 석필로 골목 아스팔트에 낙서하며 놀았다. 아버지가 일할 때 쓰는 용접면을 사용해서 동생과 같이 일식을 보기도 했는데, 용접면 사용 아이디어는 아버지 것이었다.

아버지의 작업 공구는 나와 동생의 손에 들어오는 순간 모두 장난감으로 변신했다. 아버지도 허허거리며 우리에게 공구 사용법을 하나하나 가르쳐줬다. 지금 돌이켜보면 그 공구들은 우리가 밥을 먹을 때 쓰는 수저처럼, 아버지에게는 익숙하면서도 절대 손에서 놓을 수 없는 것들이었다.

이런 환경에서 자란 나는 망치나 스패너가 뒤집개나 식칼보다 더 친숙하게 느껴졌다. '모든 일은 스스로'라는 아버지의 신조에 부응한 나와 동생은 공구의 명칭에 해박했을 뿐만 아니라 공구를 능숙하게 다룰 수도 있었다. 이때 우리는 우리가 까만 손의 자식이라는 사실을 새삼 절감했다.

DIY 금지통, 빨래 건조대 그리고 끌차

아버지는 손기술을 써서 집의 여러 필요를 해결했다.

우리 집에는 아버지가 맞춤 제작한 온갖 가구를 모든 곳에서 볼 수 있다. 주방에 있는 약 2미터에 달하는 선반장, 어머니가 주방과 거실을 오갈 때 음식을 더 편하게 옮기게 돕는 소형 카트, 물건을 옮기는 끌차, 지전을 태우는 금지통金紙桶*, 옷을 말리는 빨래 건조대, 모두 아버지가 직접 만든 것이다.

아버지가 만든 물건에는 특색이 있다. 재질은 모두 백선철白鐵仔이다. 백선철은 녹이 슬거나 쉽게 부식되지 않고 다루기 쉬우며 수십 년을 사용할 수 있는 강재다. 아버지는 이런 금속류를 가장 신뢰한다. 백선철로 만들지 않으면 제품이 무겁기 쉽고, 단열과 미감 측면에서도 부족하기 마련이다. 나는 집에 아버지가 만들어둔 찬장이 더 있을 거라고 추측하고 있다.

적절한 기능성은 아버지가 만든 가구의 두 번째 특징이다. 아버지가 만든 물건은 마치 장인이 공력을 들여 만든 듯한 느낌을 준다.

---

* 제사를 지낼 때 제물로 쓰이는 종이인 지전, 이른바 저승돈을 태우는 화로대이다. 명절이면 타이완 도처의 골목, 가게, 가정집 앞에서 사람들이 금지통에 지전을 태우는 모습을 볼 수 있다. (옮긴이 주)

그는 얼마 되지 않은 재료를 활용해서 적확하고 빠르게 고객의 요구에 부응한다.

아버지가 처음 가정용품을 만들기 시작할 때는 사용자의 필요에 제대로 응답하지 못했다. 사용자의 수요에 맞게 제작됐지만, 사용하면서 이런저런 작은 결함이 발견됐다. 금지통은 재료를 과용해서 한 손으로 들 수 없을 정도로 무거웠다. 게다가 바퀴도 달지 않아서 마치 바위 같았다. 어머니는 한참 화를 내다가 결국 박장대소했다.

세 번째 특색은 투박한 외관이다. 평생 추레라를 만든 아버지는 뭔가를 만들 때 제작 기간, 내구성, 말끔한 용접 비드에만 집중했다. 유행을 반영한 외관 같은 요소는 고민의 대상이 아니었다. 가구를 제작할 때도 마찬가지였다. 그는 항상 빠르고 간단한 방법으로 최소한의 재료를 활용해서 철판을 종횡으로 이어 붙였다. 그래서 그가 만든 수납장이나 선반 장은 반듯했다. 다만 모든 제품을 같은 금속, 같은 방식으로 만들었기 때문에 어머니의 투덜거림만은 피할 수 없었다.

이후 가정 형편이 점점 나아지고, 아버지도 기술적으로나 심적으로 여유가 생겼다. 그러자 아버지의 장난기가 조짐을 드러냈다. 가구에 스타일을 입히기 시작한 것이다.

가장 기억에 남는 에피소드 하나를 소개한다. 내가 고등학교에 진학할 무렵, 우리 가족은 이사를 했는데, 운 좋게도 한 층 전체가 내게 주어졌고 나만의 욕실이 생겼다. 나는 신이 나서 욕실 선반 제작을 아버지에게 외주로 맡겼다. 아버지는 욕실 크기를 잰 후 쉽게 녹슬지 않는 자재로 선반을 만들었다. 아버지가 만든 선반은 다 좋

어머니가 주방에서 사용하려고 아버지에게 주문해서 제작한 물건들이다. 아버지표 이동 트레이와 백선철로 만든 3층 선반장이다. 어머니의 고객만족도는 대단히 높았다.

은데 외관이 너무 단조롭고 심심했다. 아버지의 성향을 잘 알고 있으니 어쩔 수 없다고 생각한 나는 외관을 보완하거나 조형을 보충하는 등의 주문은 꿈도 꾸지 않았다. 그런데 뜻밖의 일이 생겼다. 아버지가 먼저 움직인 것이다. 선반 양쪽에 하트 모양으로 두 개씩 구멍을 내서 모두 네 개의 하트를 나에게 선사했다.

아버지는 편의점 증정품인 하트 모양의 헬로키티 자석을 활용했다. 석필로 철판 위에 그림을 그린 후, CO_2를 이용해 깨끗하고 아름답게 잘라냈다. 아버지는 득의양양한 표정으로 생색내며 완성된 트레이를 욕실에 부착했다. 제작 과정 설명은 덤이었다. 그러나 내 반응은 미지근했다. 이런 문양이 있든 없든 개의치 않았기 때문이다. 이제야 사춘기 딸을 신경 쓴 아버지의 최선을 조금 알 것 같다. 여전히 이 트레이가 우리 집의 수제 가구 중 가장 화려하다.

스스로 만들고
스스로 고친다

필요한 물건이 있으면 먼저 스스로 만든다. 고장 난 물건이 있어도 스스로 고친다. 나는 아버지 같은 장인 숙련공 대부분이 이런 태도를 가졌다고 생각한다. 아버지가 크게는 농장을 지어버리고 작게는 집에서 사용하는 가구까지 만든 것처럼 말이다. 내가 중고 가게에서 400위안을 주고 산 22인치 캐리어는 바퀴가 너무 작고 자물쇠도 튼튼하지 않았다. 얼마 못 가 바닥 부분까지 깨지는 바람에 버리려고 했더니 아버지는 이것마저 고치겠다며 달려들었다.

기술과 재료를 가진 사람은 보통 자신이 만든 물건을 팔기 아까워한다.

▶ 둥근 백선철 스툴은 나이를 꽤 먹었다. 대단한 내구성을 자랑한다. 보통 밖에서 고기를 구워 먹을 때 사용한다.

▼ 내 욕실에 있는 선반 트레이. 헬로키티 자석을 모델로 삼아 만든 하트 모양의 구멍을 보라.

애당초 조금 쓰다가 버리려고 산 중고 물건이었는데도, 먹이를 발견한 아버지는 순식간에 조잡한 나사로 바퀴를 고정하고 깨진 부분은 플라스틱 조각을 덧대 보강했다. 천 재질로 된 유선형의 빨간 캐리어는 순식간에 금속 재질이 됐다. 다만 나사못이 밖으로 튀어나와 있어서 이후 걸핏하면 내 복숭아뼈에 크고 작은 상처를 남겼다. 아버지의 손기술로 수명이 몇 년 더 연장된 이 캐리어는 마지막까지 우리 가정의 편리에 복무했다.

우리는 아버지가 근검절약에 집착하는 정도가 너무 과하다고 여겼고 때로는 웃어 넘기기 힘들기도 했다. 그러나 아버지의 근검절약하는 태도와 실천은 알게 모르게 아주 중요한 가치관을 우리에게 남겼다. '낭비하지 말 것.'

나는 지금까지도 낡은 옷이나 더 못 쓰는 물건을 버릴 때 괜스레 죄책감이 든다. 부모님이 보고 계신 것도 아닌데 말이다. 집에서 주입된 이 뿌리 깊은 가치관은 무언가를 버리려 할 때마다 나를 고민에 빠지게 한다. 집을 떠난 지 한참이 지났는데도 부모님의 영향은 여전히 내 생활에서 발동하고 있다.

고향에서 보냈던 생활의 면면을 세세하게 떠올려 보지 않았었다. 그래서 내게 '셰 씨네'의 깨알 같은 기억이 이렇게 많이 새겨져 있다고 생각한 적도 없었다. 그런데도 계기를 만나면 이 기억들이 수도꼭지에 물을 틀어놓은 것처럼 끊임없이 흘러나온다.

현재 나와 동생의 생활 습관은 아버지 기준으로는 근검절약과는 아주 멀다. 하지만 소박하고 단순함을 추구하는 생활의 본질은 거의 달라지지 않았다. 우리는 낭비하지 않고, 돈을 숭배하지 않고,

사치하지 않고, 담배와 술을 싫어하고, 불량한 습관에 자신을 내어주지 않는다. 어떤 일이든 먼저 해보고, 내 앞에 놓인 음식은 한 톨의 밥알도 남기지 않고 싹싹 긁어 먹는다. 게다가 나는 내 곁의 친구들보다 더 많은 식물을 이해한다.

고향을 떠나면서 나의 생활 습관이나 소비 형태도 이미 아버지의 결과는 멀어졌다. 그러나 작고 소소한 고집들은 여전히 나와 아버지를 연결하고 있다. 혈연의 그것과는 다른 방식으로 말이다.

농촌 가정의 장녀로 살았던 어머니

어머니는 가오슝 출신이다. 회사 동료의 소개로 아버지를 만났다. 아버지는 광양의 왕패135 오토바이에 그녀를 태우고 데이트를 다녔다. 어머니는 스물아홉 살 때 아버지와 결혼하고 서른에 나를 낳았다. 당시 기준으로는 늦은 편이었다.

어머니는 농촌 출신이다. 3명의 형제자매 중 장녀였다. 온 가족이 농사로 생계를 유지했다. 어머니가 갓 태어났을 때, 외할아버지와 외할머니는 그녀를 유모차에 태워 논밭으로 갔다. 유모차는 밭 근처 그늘에 두고 일을 했다. 곁눈질로 아이를 보면서 일을 했지만 정신없이 바빠서 아이에게 신경을 쓰지 못할 때가 많았다. 배가 고팠던 아기, 어머니가 자기 배설물을 먹는 것을 행인이 우연히 보고 제지한 적도 있었다.

어머니는 세 살이 되자마자 여동생을 돌봐야 했고, 다섯 살에는 식사 준비를 도왔다. 궁벽한 농촌 가정의 장녀에게는 유년 생활을 즐길 권리 따위는 존재하지 않았다. 그러잖아도 가난했던 집에 또다시 우환이 들이닥쳤다. 어머니가 초등학교 3학년 때 외할아버지가 집을 떠나 실종된 것이다. 그는 몇 년 동안이나 집을 비웠다. 이후 잠깐 집에 돌아온 그는 정신적인 문제가 많아 다시 실종됐고, 완전히 자취를 감췄다.

가족의 생계를 책임져야 할 외할아버지가 3명의 자녀를 남겨둔 채 사라지면서 원래도 힘들었던 가계는 풍비박산이 나버렸다. 기댈 곳을 잃어버린 외할머니는 농가 이곳저곳을 전전하며 허드렛일을 해주며 생계를 꾸렸다. 이런 환경 속에서 어머니의 삶은 전형적인 농가의 장녀가 살아가는 궤적을 따라갔다. 고된 일을 부지런하게 해내며 가족의 생계를 돕는 그런 삶.

장녀의 책임

어머니가 초등학교를 졸업할 무렵, 학교에 출산을 준비하던 교사가 있었다. 그 교사는 어머니의 어려운 가정형편을 알고서는 진학하지 말고 자기 집에서 '세월내'*를 하라고 제안했다. 제안을 수락하기 직전, 지인 한 명이 결혼하지 않은 소녀가 '세월내'를 하면 좋은 게 없고 범죄에 노출될 수도 있으니 주의하라는 조언을 해줬다. 어머니는 그 조언을 따라 제안을 수락하지 않았다.

하지만 그 조언도 공부를 잘했던 어머니가 계속해서 공부를 하게 도와주지는 못했다. 결국 집안 환경이 좋지 않았던 어머니는 초등학교 졸업 후 일찌감치 일의 세계에 뛰어들었다. 어머니는 어릴 때부터 기술을 배웠던 아버지와는 달랐다. 즉각적인 일자리 자체가

* 세월내洗月內(séguèh-lāi)는 산후 임산부를 도와 임산부와 아기의 옷을 씻기는 것이다.

중요했기 때문이다. 어머니는 신발가게 점원으로 직장 생활을 시작했다.

어머니가 아홉 살이던 1966년, 설립된 지 3년 남짓 된 가오슝 첸전 수출 무역 지대에서 대대적으로 여공을 모집했다. 그리고 어머니는 자전거를 타고 공단을 출입하는 수만 명의 여성 중 하나가 됐다. 작고 가녀린 두 손으로 물건을 옮기고, 온갖 부속품을 조립하는 컨베이어벨트 앞에 서서 타이완 경제 기적의 나사 역할을 수행한 것이다.

어머니와 함께 지난 앨범을 들춰보다 17세의 어머니가 찍힌 사진을 봤다. 컬러 사진기가 갓 보급됐던 시절의 사진들 속 어머니는 친구들과 여행을 갔고 직원 단체 야유회를 갔다. 때때로 영화배우처럼 멋지게 포즈를 잡은 어머니가 보였다.

나는 사진을 실마리 삼아 어머니의 젊은 시절을 따라가려 했다. 그러자 직원 단체여행 중에 찍힌 사진 한 장이 눈에 들어왔다. 어머니는 관광버스 앞에 서 있었는데, 버스 외관에 '~주식회사'라는 글자가 적혀 있었다. 어머니에게 사진을 찍었을 때 다닌 회사를 물었는데, 어머니는 회사 몇 개의 이름을 중얼거리더니 결국 기억해내지 못했다.

어머니는 수출 무역 지대에서 오랫동안 일했다. 단순 작업을 무한 반복하는 일이었다. 그녀는 다녔던 회사 이름은 하나하나 나열했지만, 자신이 공장에서 누구를 알았고 어떤 일이 있었는지는 구체적으로 기억하지 못했다. 이런 그녀도 또렷하게 기억하는 일화는 나도 자주 들었던 것이다. 폭우가 쏟아지던 어떤 날, 어머니는 자전

어머니는 첸전 수출 무역 지대에서 오랫동안 여공으로 일했다. 대부분 전자 회사였다. 왼쪽 사진은 직원 단체여행에서 찍은 사진인데, 어머니는 당시 어느 회사에서 일했는지 결국 기억해내지 못했다. 오른쪽 사진은 동료와 함께 찍은 사진이다. 역시 어느 회사에서 일할 때였는지 기억하지 못했다.

거를 타고 출근하다가 도랑의 물이 도로까지 넘쳐서 미끄러져 넘어졌다.

이 사고는 어머니의 허벅지에 큰 상처를 남겼다. 이미 20년이 훌쩍 지났고, 흉터는 크기가 많이 줄었지만 여전히 남아 그날을 증명하고 있다. 어렸을 때 처음 그 상처를 보고 나는 깜짝 놀랐다. 어찌나 놀랐던지 지금도 그 상처의 형태가 또렷하게 기억난다.

샤오강의 골목에서

어머니는 스물다섯 살이 되어서야 야간학교에서 중학교 학력을 메웠고, 스물일곱 살 때 중매를 통해 아버지를 소개받아 스물아홉 살에 결혼했다.

초등학교 졸업 후 결혼까지 약 10년, 어머니와 외할머니와 이모는 악착같이 일하고 아껴서 약간의 돈을 모았다. 그러다 신문에 난 주택 광고를 보고 어머니와 외할머니는 시 중심인 스자獅甲에서 자전거를 한참 타고 샤오강구로 향했다. 집을 보기 위해서였다. 당시 샤오강구는 항만과 공항이 건설 중이었고, 이에 따라 주변도 개발 바람이 불고 있었다. 그녀들은 모아둔 돈으로 이 개발의 현장에서 기회를 잡으려 했다.

누가 알았겠는가. 중공업 지대인 샤오강의 발전은 스자만큼 빠르지 않았다. 스자 일대가 높은 빌딩으로 채워졌을 때도 샤오강은 20년 전 모습 그대로였다.

샤오강으로 이사한 뒤 외할머니는 면을 파는 삼발이 차를 하나

구했다. 매일 삼발이 차를 끌고 노동자에게 면을 팔며 생계를 유지했다. 매일 그 먼 길을 삼발이 차를 끌면서 밥을 팔고 밥을 벌었다.

발전 속도가 느리고 중공업과 제조업이 모여 있는 이 지역은 아버지에게는 일감이 집중된 곳이기도 하다. 어머니와 아버지는 샤오강에서 만났고 결혼까지 했다. 이때 어머니는 그간 모은 돈으로 혼수를 준비했고, 외할머니는 당신이 모은 돈으로 신혼집의 선금을 댔다. 어머니와 아버지는 외할머니의 집에서 가까운 무미항*에 어머니 명의의 신혼집을 구했다.

어머니는 결혼 후에도 계속 일했다. 여유가 없었기 때문이다. 서른에 나를 낳았다. 어머니는 이웃 중에서 보모가 가능한 사람을 찾았다. 나를 맡기고 일하러 가기 위해서였다. 동생을 임신했을 무렵, 내가 이유 없이 토사를 하자 놀란 보모가 일을 그만뒀다. 이때 어머니는 일을 그만두고 전업주부로 전향했다.

이로부터 10여 년 뒤, 부모님은 신 개발구역에 더 큰 집을 샀고, 나아가 가오슝 이곳저곳의 작은 땅을 사들였다. 하지만 두 사람은 결코 샤오강을 떠나지 않았다.

노동자 계급 가정 출신의 다른 친구들과 비교하면 우리 집은 중산층이었다. 초등학교 때 기재해야 했던 가정환경 조사표에도 어머니의 말에 따라 중산층에 체크했다. 아버지가 벌어온 돈은 어머니가 가사를 전담해도 가계를 꾸려갈 수 있을 정도였다. 덕분에 나와 동생은 온실 속에서 의식주를 걱정하지 않고 자랄 수 있었다. 집

---

* 무미항無尾巷(bô-bué-hāng)은 막다른 길, 막다른 골목을 뜻한다.

밖에서 일한 아버지와 집 안에서 일한 어머니 모두가 우리를 지탱한 것이다. 집안 형편이 갑작스레 나빠졌을 때도 부모님은 우리에게 고민을 이야기하지 않았다. 가끔 식사 중에 어쩌다 흘러나온 이야기 한 토막을 엿들을 수 있을 뿐이었고, 그럴 때도 집안 분위기는 약간의 긴장이 맴돌 뿐 큰소리가 나지 않았다.

재봉틀을 밟는 어머니

하지만 임신과 퇴사 이후에도 어머니는 일을 포기하지 않았다. 내가 유아원에 다닐 때 어머니는 재봉과 간단한 컴퓨터 조작을 배웠고 운전면허도 땄다. 그녀의 재봉 기술은 아버지의 철공 기술과 마찬가지로 수많은 재생 자원 수제품이 집 곳곳을 차지하게 만들었다. 어릴 때 천이 두껍고 색이 미묘해서 입고 싶지 않았던 몇 벌의 옷이 있었는데, 알고 보니 모두 어머니의 작품이었다.

어머니가 디자이너로서는 수완과 감각이 조금 부족했을지 모르지만, 그녀의 재봉 기술은 가계에 큰 도움이 됐다. 어머니는 우리 옷을 살 때 약간 큰 치수로 골랐다. 이 옷들은 어머니의 재봉틀을 거치면 자유자재로 커지고 작아졌다. 바지나 치마도 큰 치수로 산 다음 바느질로 우리 몸에 맞췄다.

하지만 어머니의 재봉 사업의 가장 중요한 영업 대상은 우리가 아니었다. 바로 아버지였다. 아버지의 작업복은 현장의 불똥 때문에 걸핏하면 구멍이 났다. 어머니는 버려지는 청바지나 청재킷을 잘라서 조각으로 만들어 아버지의 작업복에 난 구멍을 메웠다.

옷 크기가 맞지 않거나 더 이상 입기 싫어서 버려질 운명이었던 옷이 어머니의 손에 들어가서 새로운 생명(대부분은 고쳐서 엄마가 입었다)을 얻었다. 양말에 구멍이 나도 버리지 않았다. 어머니가 기워주니까. 어머니는 종종 재봉틀 앞에 앉아 있거나 바늘과 실을 손에 쥐고 소파에 앉아 있었다. 어머니의 재봉 기술과 아버지의 제작 기술은 우리 가족의 근검절약을 상징하는 양대 산맥이었다.

한 명은 강철로 생계를 지탱하고, 또 한 명은 옷감으로 보조한다. 두 사람은 수십 년간 같이 살면서 이래저래 다투기도 했지만, 강함과 부드러움으로 서로를 보완하며 삶을 일궜다.

내가 중학교에 다닐 때까지 어머니는 집에서 부업을 했다. 대부분 부품조립이나 나사 포장 등 별다른 기술이 필요 없는 단순노동이었다. 그때 우리 가족은 저녁 식사를 한 후 다 함께 8시 드라마를 봤는데, 눈은 텔레비전을 향해 있으면서 손으로는 이런 부업을 했던 기억이 난다.

가내 부업 일감은 점점 줄어들었다. 하지만 어머니는 재봉 기술을 이용해서 무용복이나 마스크를 만드는 부업을 했다. 합성섬유로 만드는 무용복은 냄새가 좋지 않았고, 마스크 원료 역시 이상한 냄새가 강해서 이 마스크가 보건 기준에 부합할지 의심이 들 정도였다. 어머니가 이런 물건들과 관련한 부업을 하면서야 나는 품질이 나쁜, 눈길 한번 주지 않던 진열대의 물건들이 누군가가 밤낮으로 재봉틀을 돌려 만들어낸 것이라는 사실을 알게 됐다.

어머니가 재봉을 배우면서 산 재봉틀은 한동안 3층의 신명청神明

廳[*]에 놓여 있었다. 그녀는 집안일을 끝내고 밤이 되면 혼자 마스크를 끼고 불을 켠 채 재봉틀을 밟았다.

어머니가 재봉 관련 부업을 하던 기간에는 아마 집의 경제 상황이 그리 좋지 않았던 것 같다. 어머니는 본인이 할 수 있는 방식으로 경제적 압력을 분담했다. 나와 동생은 형편이 좋지 않다는 이야기는 듣지 못했지만, 어머니의 어깨가 짊어진 부담을 짐작하고 있었다. 어머니 어깨를 가볍게 할 수는 없었지만, 우리는 실오라기를 뜯고, 고무줄이 들어갈 구멍을 뚫고, 마스크를 수량에 맞춰 투명한 봉투에 담고, 작업이 끝난 물건을 부업을 맡긴 사장이 들고 갈 수 있게 일 층으로 옮기는 일을 도왔다.

이렇게 잠깐 어머니를 도울 때를 빼면, 나는 어머니가 재봉틀에 머리를 박고 일하는 뒷모습을 그저 바라보기만 했다. 이때가 아마 어머니의 삶에서 가장 전투적인 순간이었을 것이다.

근검절약과 어머니

우리가 무미항에서 다른 집으로 이사한 후에도 왕래했던 이웃은 왕王 씨네다. 어머니가 왕 씨 부부 딸의 보모가 되면서 시작된 인연이었다. 왕 씨 부부는 두 분 다 일을 했다. 한 명은 청소용품 회사의 영업사원이었고, 한 명은 부동산 중개인이었

* 타이완 사람들은 집안, 가게, 회사 등 생활의 모든 장소에 신을 모시는 작은 사당을 설치한다. 보통 도교, 불교와 관련된 신이 많다. 명절이나 중요한 날이면 간이식으로 제를 지낸다. (옮긴이 주)

다. 그러다 보니 퇴근이 늦었고, 어머니가 주방에서 저녁 식사를 준비할 때 우리가 왕 씨 딸을 데려와 같이 놀았다.

그 시절 나는 왕 씨의 부인이 여러 차례 아버지의 검소함과 성실함을 칭찬하는 것을 들었다. 그러면 어머니는 난감한 기색으로 "아껴도 너무 아껴! 뭘 사도 아까워해."라며 손사래를 치고, 상대는 "그렇게 아껴야 땅도 사고 집도 사는 거죠!"라고 대꾸하는 식의 대화였다. 이 대화를 들으며 나는 우리 집 가훈이었던 근검절약에 대한 기존의 생각을 바꿨다. 무언가 내가 칭찬받는 기분이 들면서 뿌듯했다.

아버지의 '뭐든 아끼는' 성격 때문인지는 모르겠지만, 나는 유년기에 타지로 가족 여행을 가본 적이 거의 없다. 그러나 아버지가 일구는 가족 농장은 주말마다 빠짐없이 갔다.

하지만 어머니의 입장을 물어본 적은 없었다. 어쩌면 어머니는 내심 예쁜 가게에서 차를 마시거나 백화점에서 화끈하게 쇼핑하거나 해외여행을 가고 싶었을 수도 있으리라.

전업 엄마이자 가정주부였던 어머니의 생활 범위는 매우 협소했다. 난 궁금했다. 남편이 출근하고 아이가 등교하면 어머니는 집에서 도대체 뭘 하고 지낼까? 사실 이렇게 커다란 집은 가사가 끝이 없다. 어머니는 이 집의 모든 일을 정연하게 관리하며 든든하게 집을 지켰다. 그 덕분에 아버지는 매일 집에서 저녁을 먹을 수 있었고, 나와 동생은 온갖 어리광을 피울 수 있었다.

언젠가, 어머니의 스트레스가 어느 정도 느껴진 적이 있었다. 그때는 집의 형편도 꽤 괜찮았고, 나와 동생 역시 장성한 이후였다.

집의 대소사가 어느 정도 해소되자 어머니가 품고 있던 내면의 스트레스가 점차 팽창했다. 너무 작은 생활 범위와 중심 속에서 어머니는 스트레스를 풀 방법이 없었다. 그녀는 그 누구도 자신의 이야기를 들어주지 않는다고 생각했다. 이 무렵부터 집에서 산발적인 충돌이 생겼다.

부모님은 크게 싸울 때 과거의 일을 들춰내며 감정적인 언어로 서로에게 상처를 주었다. 어머니가 받은 스트레스를 직접적으로 느끼게 된 순간이었다. 문제의 핵심은 가장 가까운 사이인 가족의 중심이 모두 외부를 향해 있었다는 것, 그리고 아무도 집안일에 마음을 쓰지 않는다는 것이었다.

그랬다. 당시 어머니를 제외한 가족 모두 전력을 다해 집 밖의 외부 세계에 집중하고 있었다. 그 누구도 집에 있는 어머니를 제대로 생각하지 않았다. 어머니는 그녀의 삶에서 가장 중요했던 작은 세계, 즉 가족이 그녀의 이야기를 들어주길 바랐다.

부모님이 한바탕 크게 싸운 이후 나와 동생과 어머니는 서로 부둥켜안고 대성통곡했다. 아버지와 어머니 사이에서 나와 동생은 '외부자'의 시선으로 부모님을 보면서 부드럽고 이성적인 언어로 부모님을 달랬다. 그때 나와 동생은 우리가 '성인이 됐다'는 느낌을 받았다. 줄곧 '아이'였던 우리가 처음으로, 지금껏 가족을 지탱해온 두 성인의 마음을 달래고 갈등을 누그러뜨리려 노력한 것이다.

어머니의 '은퇴 생활'

요새 어머니는 하루도 빠짐없이 밖에서 운동하고, 매주 파출소에서 자원봉사를 하며 많은 친구를 사귄다. 내가 휴가로 닷새 정도 집에 머무르며 지켜본 결과, 어머니는 단 하루도 한가하지 않다. 친구들과 곱게 단장하고 여행과 쇼핑을 즐기거나 요리를 탐구하면서 시간을 보낸다.

여러 사람이 모여 활동하다 보니 상처받거나 소란에 휩싸이는 경우를 피할 수 없다. 가끔 집에 내려갈 때마다 어머니가 지역 모임과 활동 때 느낀 서운함에 원망을 섞어 이야기하는 걸 듣게 된다. 그렇지만 나는 어머니의 활동에 단점보다 좋은 점이 더 많다고 생각한다.

지금 어머니는 제한은 있지만 자유롭게 시간을 조정하며 움직인다. 지역 공동체의 다른 아주머니와 함께 적당한 수준에서 '집'이라는 굴레와 속박을 벗어난다.

최근 몇 년, 어머니는 친구들과 단체 해외여행을 몇 차례 갔다. 독일에서 타이완으로 유학 온 내 친구를 고향에 초대한 적이 있는데 이때 어머니는 본인이 구상 중인 독일 및 스위스 12일 여행 계획을 들고 와 독일인 친구에게 의견을 묻고 논의했다. 그 모습을 보니 부러움과 질투가 동시에 일었다.

매일 집에서 가족을 위해 살던 어머니가 지금은 하루하루 자신의 활동에 빠져 산다. 어머니가 가끔 새 친구들에게 배운 요리를 내놓을 때, 어머니에겐 예전과 다른 활력이 흐른다. 지금도 집이 그녀에게 스트레스를 주고 어머니를 속박하는지는 잘 모르겠다. 하지만 최소한 그 스트레스와 부담이 어느 정도 줄어든 것은 확실하다. 어머니는 점점 자신만의 시간을 늘리고 있으니까.

가족을 지켰던, 가정의 숙련공

노동자 계급의 자녀가 성장 과정에서 손에 물 한 방울 안 묻혔다면, 나는 그들을 응석받이라고 부른다. 이 기준에서 나와 동생은 응석받이의 대표적 사례다. 우리는 응석받이로 자랐다.

대학에 입학하면서 고향을 떠난 후, 나는 모든 일을 스스로 해야 한다는 현실을 절감했다. 그제야 어머니가 평소에 집에서 했던 일에 얼마나 많은 진리와 이치가 담겨 있는지 깨달았다.

어머니는 책임감이 강했다. 모든 집안일을 지휘했고, 때로는 혼자서 그 많은 일을 도맡았다. 때때로 그녀가 바쁘게 일하며 지시를 내리는 모습이 참 위풍당당하게 보였다.

그건 아마 어머니가 가장이 실종된 가난한 농촌 가정을 책임지던 장녀 출신이었기 때문이리라. 초등학교를 졸업하자마자 생존의 일선에 투입된 어머니는 서른 살이 다 되어서야 선을 보고 결혼했다. 이 모든 게 내가 봐온 어머니를 만들었을 것이다.

어머니는 결혼하기 전까지 외할머니와 함께 가족 부양의 책임을 분담했고, 청춘을 모두 일에 쏟아부었다. 누구에게도 의지할 수 없었던 상황 속에서 자신을 몰아세워 모든 것을 홀로 책임지고 관할하는 습관이 이렇게 만들어졌다.

엄마의 섣달그믐

가정주부의 일은 진짜 '일'로 종종 인정받지 못하는 경우가 많다. 가사를 중요한 일로 생각하는 경우는 많지 않다. 나도 그랬던 것 같다. 석사 논문을 위해 아버지의 직업과 기술을 학술적으로 다루면서야, 나는 어머니가 생활 속에서 수십 년간 반복한 가사노동으로 대량의 암묵지를 축적했다는 사실을 깨달을 수 있었다. 딸인 나도 쉽게 복제할 수 없었던 어머니의 암묵지 중 가장 눈에 띄는 것은 바로 요리였다.

집에 있으면 주방에 들어가는 게 망설여질 때가 있다. 요리는 암묵지가 매우 중요한 영역이고, 외부인 혹은 요리에 익숙하지 않은 사람이 주방에 들어가면 도움이 아니라 요리를 지연시키는 방해꾼이 되기 십상이기 때문이다. 어느 해 섣달그믐, 나의 이런 망설임의 이유를 실제로 경험했다.

우리 가족은 섣달그믐이면 집의 불당에서 조상님께 제사를 지낸다. 이런 날 어머니는 점심이 되기도 전에 십여 가지 요리를 완성한다. 요리만 필요한 게 아니다. 백반, 과일, 과자, 음료수, 술, 그리고 정월 초하루부터 닷새 동안 지내는 불당 제사 때 필요한 네 가지 과일, 떡, 백설기, 무떡, 과자, 제삿밥, 장명등長明燈 등을 준비해야 한다. 동시에 1층에는 집 내부를 향하는 임시 제사상을 차린다. 이 제사상에도 역시 십여 가지 요리, 과일, 백반, 과자, 음료수 등의 음식을 올려 토지신에게 제사를 지낸다. 점심 식사 후에는 입구 세 곳에 과자, 과일, 무떡, 떡이 올라간 제사상을 차려 귀신들에게 제를 올린다.

선달그믐 아침 일고여덟 시면 어머니는 이미 주방에서 바쁘다. 아버지도 옆에서 손을 거든다. 나와 동생은 아이들이기에 30분에서 1시간 정도 더 누워 있어도 된다. 아침을 먹으러 내려오면 주방에서 정신없이 바쁜 어머니의 뒷모습이 보였다.

각 명절에 따라 제사 올리는 물품과 위치가 다르다. '제사의 과정'이 지속되는 시간도 다르다. 가령 가장 복잡한 명절은 선달그믐과 중원절中元節이다. 늘 새벽부터 바쁘게 오후 세 시까지 달려오면 하루의 제사 의식이 끝난다.

집 안 곳곳에 설치하는 제사상에 올리는 음식은 중복으로 사용하지 않는다. 음식을 여기저기 돌려쓰는 것을 불경하다고 여기기 때문이다. 그래서 어머니는 음식의 종류, 배치, 과일과 과자의 분류, 관리 등에 온 힘을 쏟는다. 이 일은 복잡하다. 어떤 것은 반드시 전통을 따라야 하고, 어떤 과일은 나쁜 의미로 해석되기 때문에 반드시 주의를 기울여야 했다.

오래 보존할 수 있는 과일은 정월 초하루부터 초닷샛날까지의 제단에, 햇빛을 조금 받아도 상태를 유지할 수 있는 과일은 문 입구의 제사상에 올린다. 상에 올리는 요리는 국물이 없어야 하고 생선과 고기와 채소는 반드시 갖춰야 한다.

제례의 원칙과 세부 규칙은 너무 복잡하고 세세하다. 나는 지금까지도 이를 제대로 이해하지 못한다. 우리 집에서 제례의 모든 것을 장악하는 사람은 어머니 한 명뿐이다. 각종 제례용 음식을 준비하고, 제례 과정을 통제하고 주재할 수 있는 유일한 사람. 선달그믐과 그전 며칠은 1년 중 어머니가 가장 힘들면서도 어머니의 집안 관리 능력이 가장 잘 드러나는 기간이다.

이런 중요한 명절 때 어렸던 나와 동생은 물건을 사고 옮기는 일을 도왔다. 섣달그믐 당일에는 평소보다 일찍 일어나서 주방 구석에서 대기한다. 채소를 씻고 뿌리와 줄기를 다듬거나 완성된 음식을 위층의 불당으로 옮긴다. 물을 옮기거나 상을 옮기고 쓰레기 정리를 한다. 자질구레한 일을 맡은 것이다.

조금 더 크고 나서부터는 채소를 썰거나 그릇을 놓는 일도 허락됐다. 가끔 뒤집개를 들고 요리를 돕기도 했다. 하지만 딱 거기까지였기 때문에 결국은 도움이 아니라 방해만 됐다.

어느 해 섣달그믐의 주방은 새벽부터 바빴다. 주방 일에 문외한인 우리는 우리가 방해되는지도 모르고 어머니와 수다를 떨었다. 어머니는 그믐날을 위해 며칠 전부터 떡, 무떡, 어란, 대추떡, 그리고 정월 초하루에 초대할 독일 친구를 위해 특별 제작한 파인애플 케이크까지 준비한 것 같았다.

어떤 이유에선지 예년 같으면 이미 준비가 끝났어야 할 시점에도 일이 남아 있었다. 결국 밤 11시 30분 무렵에야 주방의 일이 끝났다.

시간이 지날수록 어머니는 다급해졌다. 그러자 아버지와 나와 동생, 이 세 명의 쓸모는 점점 줄어들었다. 섣불리 돕겠다고 손을 대면 되레 엉망이 될 수 있었기 때문이다. 결국 나와 동생은 인간 안마기가 됐고, 만일에 터질 아버지와 어머니의 충돌 같은 일촉즉발의 상황을 예방하는 데 전념했다.

다만 상황이 너무 급박했기 때문에 부모님은 충돌하고 싶어도 그럴 시간적 여유가 없었다. 그날만은 그 무엇보다 제사를 무탈하게 진행하는 게 중요했기 때문이다. 정신없이 제사를 준비하고 진행하면서 두 사람 역시 갈등을 촉발할 만한 발언을 서로 조심했고, 제사가 끝나자 아무 일도 없었던 것처럼 상황은 종료됐다.

이 경험으로 나는 가정주부 한 명이 주방이나 집안의 대소사에 관여하는 역할이 얼마나 중요한지 객관적으로 관찰할 수 있었다. 그리고 삶에 스민 '가사노동'을 대부분 중요한 '암묵지'로 인정하지 않는다는 현실도 깨달았다.

요리 레시피를 쉽게 얻을 수 있는 시대다. 가사노동의 여러 기술도 생활에 필요한 상식이 돼 텔레비전 프로그램 등을 통해 넓게 전파된다. 하지만 자세히 들여다보면 제각기 다르다. 가령 제사처럼 각 가문이나 가정마다 다른 특색은 쉽게 흉내 낼 수 없다. 이런 차이와 결을 결정하고 책임지는 게 바로 가정의 숙련공인 가정주부가 오랜 기간 누적한 독자적인 암묵지다. 누구도 대체할 수 없는 가정의 '숙련공'. 소위 말하는 '고향의 맛'이나 '엄마의 맛'도 같은 이치다.

가족을 지탱한 두 명의 숙련공

나는 지금껏 어머니가 우리보다 아버지의 일을 더 잘 이해한다고 생각했다. 그들은 40년이 넘는 세월 동안 일했고, 일의 기본과 원리를 서로 비교할 수 있다. 여기에 외부인이 끼어들 틈새는 별로 없다. 내가 온 힘을 다해 '숙련공'이라는 단어를 이해하려고 노력했던 것과 비교한다면, 어머니는 훨씬 본질적이고 수월하게 '숙련공'인 아버지가 가진 기술과 그 기술의 대체 불가능성을 이해했다.

물론 어머니는 아버지가 하는 일의 구체적인 내용이나 시시콜콜한 부분은 잘 모른다. 그녀가 이해하는 것은 아버지 기술의 가치와 중요성이다. 비슷한 환경에서 성장했고, 자신만이 수행할 수 있는 일을 하며 직업 논리를 구축한 사람들끼리 가능한 소통 방식이다. 우리 집을 지탱한 이 두 명의 '숙련공'은 늘 다퉜지만 늘 서로를 이해하고 지지했다. 그래서 지금까지 함께일 수 있었고, 앞으로도 함께할 것이다.

후기

평판 트레일러 제작업자 중 씨의 어떤 하루

"아중阿忠 거기 이제 정리한다." 작업 현장 사진을 어느 공장에서 촬영할지 의논하던 중 아버지가 갑자기 툭 던진 한마디였다. 그는 담백한 어조로 "나이 들었으니 은퇴해야지"라고 읊조렸다. 그래서 우리는 반타이중 씨의 공장에서 촬영하기로 했다. 아버지는 촬영을 진행하기로 한 2020년 9월에 일을 잡아 촬영기사가 현장감 있는 사진을 찍을 수 있게 호의를 베풀었다.

반타이중 씨를 마지막으로 본 건 8년 전 2012년 인터뷰 때였다. 그의 공장은 작았지만, 반타이중 씨의 입담은 뛰어났다. 직업 경험과 차축에 관해 이야기할 때의 그는 청산유수 그 자체였다.

8년이라는 세월 동안 많은 것이 바뀌었다. 공장은 몸집을 더 불린 채 위치를 옮겼다. 공장 안에서 강아지 두 마리가 뛰놀고 있었고, 그의 부인과 장남의 모습도 보였다. 중 씨 아저씨의 분위기도 어딘가 달라져 있었다. 여전히 유머러스하고 쾌활했지만, 그의 말투에는 정체 모를 통찰이 배어 있었다.

중 아저씨의 새 공장은 샤오강 국제공항 근처의 중산로에 있었다. 공장 울타리 밖에는 시민들이 비행기 이착륙을 구경할 수 있는 전망대가 하나 있었다. 사람들은 이곳에서 비행기의 이착륙을 촬영하고는 했다. 전망대 근처의 새 공장 부지는 약 400평 정도였다. 중 아저씨와 아저씨의 동생이 공동명의로 임대했는데, 부지의 절반 정도가 아저씨의 공장이었다. 가설물 형태로 조성된 사무 구역, 필로티 구조의 컨테이너로 조성된 휴게 공간, 시멘트로 된 넓은 부지가 아저씨 공장의 구성이었다. 아저씨 동생이 사용한 나머지 절반의 공간에는 필로티 구조의 컨테이너, 새장, 분재 등이 있었다. 그리고 얇은 철판으로 둘러싸인 공구 창고와 화장실은 형제가 공동으로 사용했다.

중 아저씨가 사용하는 공간 곳곳에 부품과 재료가 쌓여 있었다. 얼핏 보면 쓰레기 같지만 사실 모두 작업 때 사용할 수 있는 것들이다. 폐품으로 판매하면 고철값 정도 받아낼 수 있을 뿐인 물건들이, 강철을 절단하고 용접하는 숙련공에게는 활용할 수 있는 재료가 된다.

나, 아버지, 촬영기사, 조수는 거의 같은 시간에 공장에 도착했다. 중 아저씨와 부인이 우리를 따뜻하게 맞이해줬다. 아버지와 중 아저씨가 업계 용어로 대화하며 인사를 나누는 동안 아저씨의 장남은 오늘 사용할 기계와 공구를 공구실에서 꺼내놓았다.

부인이 우리에게 뭘 마실지 물어 왔다. 그녀는 평소에 음료를 배달시켜 마신다고 했는데, 아버지가 이 공장에서 일할 때면 꼭 커피 두 잔을 주문했다고 말했다. 그녀의 이야기를 들으며 나는 우리 집 냉장고에서 종종 보이던 테이크아웃 컵에 담긴 커피의 고향을 알 수 있었다.

아버지와 중 아저씨의 인연은 10년이 넘었다. 업계 용어로 오가는 대화를 들으며 그들의 우정이 보통이 아님을 눈치챌 수 있었다.

오늘 그들의 일은 두 대의 평판 트레일러에서 기존의 평판을 뜯어내고, 새로운 모델을 제작해 용접한 뒤 새 평판에 도색을 하면 끝난다.

아버지와 중 아저씨는 일을 시작하기 전에 작업을 분배하거나 진행 과정에 대해 논의하지 않았다. 그 사실을 나와 촬영기사가 알아채고 고개를 갸우뚱하고 있을 때, 한 사람은 이미 석필로 강판 위에 작도 중이었으며 나머지 한 사람은 기존의 평판을 잘라내고 있었다. 이미 일이 시작된 것이다.

기계는 지치지 않아,
피곤한 건 사람이야

작업을 하는 중 아저씨와 이야기를 나눴다. 아저씨는 최근 몇 년간 겪었던 우여곡절을 말해줬다.

8년 전 인터뷰 이후 옛 공장의 부지 주인이 임대 계약을 연장해 주지 않았다. 아저씨는 새 부지를 물색하다가 공항 근처 지금의 부지를 찾았다. 마침 장남도 그 무렵 제대했고, 새로 찾은 부지도 넓었기 때문에 아저씨는 공장 확장을 결심한다. 그러나 뜻대로만 되지는 않았다. 2018년 대동맥박리 문제 때문에 큰 수술을 한 아저씨는 잠시 공장을 닫고 몇 달 동안 요양에 전념했다.

현재 중 아저씨의 공장이 있는 이 곳은 원래 차량 및 부속 공장이 가득했다. 하지만 지난 몇 년간 대부분의 공장이 다른 곳으로 이전했고, 몇 곳은 다른 건물을 세우느라 평탄화 작업을 진행하고 있었다.

아저씨에게 공장들이 이 일대를 떠나는 이유를 물었더니 가장 큰 이유가 주변 주민들의 항의와 진정 때문이라는 답이 돌아왔다. 주민들은 공장 때문에 환경이 나빠지고 공장에 오가는 큰 차량 때문에 주민의 안전이 위협받는다며 들고 일어섰다. 이장을 대표로 한 주민들은 국회의원과 시의원을 찾아가 항의와 진정을 멈추지 않았고, 결국 자신들의 뜻을 관철시켰다. 이 일대를 재정비해 공원을 만들기로 한 것이다.

그런데 아저씨는 공원 조성 결정 과정에 분명 정경유착이 있었을 거라는 의심을 거두지 않았다. 배후에 우리가 알 수 없는 거래가 있었을 거라는 아저씨의 말이 정말인지는 알 수 없다. 이후 지금의 땅 주인도 매년 임대료를 올리는 등 갖은 방법으로 아저씨를 괴롭혔고, 큰 병을 앓은 직후인 아저씨의 체력 역시 예전만 못한 상태였다. 결국 가족의 강력한 권유와 설득을 받아들여 아저씨는 은퇴를 결심했다. 이 이야기를 하는 내내 아저씨는 못내 아쉬워하며 쓰라린 표정을 지었다.

공장 주변에는 쓰기 힘들어 보이는 물건이나 재료가 아무렇게 널려 있었는데, 모두 중 아저씨가 수십 년간 일하면서 모은 것들이었다. 휴게용 컨테이너 외벽에는 빨간 벽돌이 유색 페인트로 그려져 있었는데, 중 아저씨 부인의 솜씨였다. 공장 안에서 사용하는 햇빛 가리개, 절단기, 용접기에는 모두 자체 제작한 바퀴가 달려 있어서 숙련공의 동선에 맞춰 옮기기 편했다.

내가 8년 전에 봤었던 터빈 수리 매뉴얼은 모든 페이지가 비닐 코팅되어 책으로 정리되어 있었다. 부속 재료는 종류별로 놓여 있었다. 예전에는 빨리 찾기 편하게 체계 없이 놓여 있었는데, 지금은 다른 사람에게 팔거나 보내주기 편하게 배치했다.

중 아저씨는 말했다. "기계는 지치지 않아. 피곤한 건 사람이야, 사람은 쉬어야지. 기계는 계속 일할 수 있지만 어쩔 수 없이 사람과 같이 쉴 뿐인 거야." 은퇴를 결심한 중 아저씨는 전국 곳곳에 있는 업계 지인들에게 연락해 공장과 공장 물건들의 새 주인을 수색했다. 하지만 나날이 업계 종사자가 줄어들고 있는 상황이라 공장을 원하는 사람도 쉽게 찾을 수 없었다. 결국 새 주인을 찾지 못한 기계와 부속, 재료는 모두 고철상의 손으로 넘어가고 말았다.

평생을 함께한 보물들이 고물상에게 넘어가는 현실 앞에서 중 아저씨는 밤마다 잠을 이루지 못하고 시름에 잠겼다. 하지만 이런저런 감상에 사로잡혀 있을 틈은 없었다. 당장 눈앞의 일은 완성해야 하니까. 아버지는 능숙한 손놀림으로 CO_2 용접기를 이용해 강판 위에 호선을 그었다. 고개를 숙인 채 일에 빠진 아버지를 보며 아저씨의 부인은, 아버지는 누구보다 굉장히 빠르게 일하고, 이 정도의 일을 하루 만에 끝낼 수 있는 몇 없는 사람이라며 감탄조로 말했다.

부인은 추레라 수리 작업을 실제로 하지는 않았지만, 매일 가족과 함께 공장에 머무르며 많은 것을 봤다. 장남은 직업학교에서 터빈을 배웠고, 제대한 이후 아버지와 함께 추레라를 수리했다. 견습공의 신분으로 공장에서 숙련공에게 배우는 것이다.

또한 부인은 숙련공의 숙련도와 경험이 견습공의 학습과 작업의 피로도에 큰 영향을 주고, 견습공도 이 차이를 또렷하게 느낀다고 말했다. 장남이 공장 견습공일 때 두 명의 숙련공이 공장에 있었다.

일을 마치고 집에 돌아온 장남은 손이 느리고 기술이 좋지 않은 숙련공과 하루 종일 일하면 더 피곤하다고 투덜거렸다.

중 아저씨의 장남은 직업학교를 졸업했지만 추레라 산업에 본격적으로 투신할 만큼의 실력은 갖추지 못했다. 부인은 장남의 기술력이 직선만 제대로 절단할 수 있는 수준이어서 출사 후에도 일정 기간 많은 노력이 필요하다고 했다.

장남은 자기 아버지의 공장을 물려받을 생각은 없었지만, 추레라 산업에서 계속 일하고 싶어 했다. 그래서 중 아저씨는 아들을 위해 아는 공장과 논의를 마쳐뒀다. 장남은 오늘 중 아저씨의 공장에서 마지막 작업을 끝낸 뒤 그 공장에 가서 견습공 생활을 하기로 했다.

상부상조

중 아저씨는 일하는 도중 적절하게 휴식을 취했다. 찾아오는 사람을 응대하기도 했고, 걸려 오는 전화를 길게 받고, 점심 식사 후에 컨테이너 안에서 낮잠도 잤다. 그러면서 본인 몸이 예전 같지 않아서 계속 일하면 힘들기 때문에 낮잠은 필수라는 주장도 곁들였다. 반면 아버지는 시간표대로 기계처럼 움직였다. 12시에 점심을 먹고 쉬다가 1시가 되는 순간, 바로 다시 일을 시작했다.

아버지는 일당을 받는 입장이라 중 아저씨가 일하는 건 자신을 돕는 것이라고 말했다. 가끔 아저씨와 그의 장남이 함께 일을 도왔는데, 이런 경우 아버지는 일당에서 500~1,000위안 정도를 아저씨께 돌려줬다. 사실 이들은 누가 더 많이 일했는지 따지지 않는다.

이렇듯 아저씨는 '상부상조' 정신을 중시한다. 그는 자신이 아버지와 이런 방식으로 교류하고 작업했기 때문에 오랜 기간 문제없이 관계를 유지할 수 있었다고 말했다.

호탕한 성격의 중 아저씨는 수십 년간 일하면서 장기 고객을 많이 확보했다. 은퇴를 하루 앞둔 날인데도 작업을 의뢰하는 전화벨이 끊임없이 울렸다. 중 아저씨는 차량 수리를 주문하는 전화를 끊고 설명했다. "요 며칠간 단골들한테 전화하느라 정신이 없어. 다른 공장을 소개하고 있거든."

수요가 줄었고, 환경 관련 요구도 더 엄격해지면서 공장을 열 때 필요한 자본 규모도 커졌다. 게다가 일을 물려줄 사람도 부족하다. 이런저런 이유로 가오슝의 많은 수리 공장이 폐업하고 말았다. 공장이 문을 닫으면 사장은 고객에게 자신이 신뢰하는 동종업자를 소개해준다. 동종업계 종사자 간 우정이 발휘되는 순간이다. 은퇴하는 사장은 고객에게 믿을 수 있는 공장을 소개하면서 '미안함'을 조금이라도 덜어내고, 다른 공장은 뜻밖의 고객을 얻게 된다.

중 아저씨와 그의 장남, 그리고 아버지의 움직임은 매우 빨랐다. 오늘의 수리 작업은 오후 3시 무렵 끝났다. 그런데 두 숙련공은 여전히 뭔가를 만지고 있었다. 아버지는 공장 한쪽에 처박혀 있던 금지통을 내게 보여줬다. 원래 아저씨를 위해 이 통을 고쳐주기로 했는데 오늘이 바로 그날이라고 했다.

금지통 아랫부분은 이미 부식이 심해 구멍까지 난 상태였다. 금지통을 수리하려면 이 부분을 절단한 뒤 새 강판을 접착해야 했다. 아버지에게는 쉬운 일이다. 그런데 왜 중 아저씨는 아버지에게 도움을 요청했을까? 답은 금세 나왔다. 금지통의 아랫부분이 원형이라는 점이 문제였다. 강판을 곡선으로 따내는 작업은 쉽지 않다. 형태까지 제대로 예쁘게 따내는 건 더 말할 필요도 없는데, 아버지는 이 방면에서 중 아저씨보다 실력이 뛰어났다.

아버지는 거침없이 석필로 강판 위에 원형을 그리고는 기계를 들고 원형 모형을 따냈다. 지켜보던 중 아저씨의 부인은 아버지처럼 원형 모형을 빠르고 정확하게 뽑아내는 사람은 몇 되지 않는다고 설명했다. 나는 아버지가 중요한 기술을 선보이는 모습을 추레라 작업 현장이 아닌 금지통 수리하는 순간에 목격한 셈이다.

수리 과정에서 아저씨와 아버지 사이에 작은 논쟁이 있었다. 중 아저씨는 아랫부분에 5개의 큰 구멍을 내야 한다고 주장했고, 아버지는 그렇게 하면 재가 많이 날리게 된다며 반대의견을 냈다.

아버지는 중 아저씨를 말로는 설득할 수 없었다. 나중에 재를 쓸어 내는 것은 중 아저씨의 몫이었다. 중 아저씨는 600ml 생수통을 가져와 새로 붙인 밑판에 5개의 큰 구멍을 그렸고, 그림에 맞춰 원형으로 잘라냈다.

이 논쟁에서 아버지의 작업 스타일을 유추할 수 있었다. 추레라를 제작하면서 사장과 마찰이 있을 때 아버지는 자기 고집을 강하게 내세우지 않았다. 선뜻 "사장이 말한 대로 해야지"라고 말하면서, 한마디를 덧붙일 뿐이다. "재를 쓸어 담는 귀찮은 일을 자초한 거니까 뭐."

교류의 현장을 보면서 오랜 세월 함께하며 쌓인 동종업자 간 우정을 느낄 수 있었다. 둘의 관계에는 사장과 숙련공이라는 차이, 기술의 상호 보완, 적절한 거리와 개인적 우정이 있다. 그들은 일을 함께했을 뿐만 아니라 사적인 영역에서 기계, 재료, 기술 등을 공유하며 철공 숙련공 간의 독특한 정서적 교류 현장을 만들었다.

금지통 수리가 끝났다. 아버지는 곧바로 아저씨 공장에 있던 기계와 자재를 써서 자신의 농장에서 사용하는 쇠스랑과 삽을 수리했다. 이 작업이 다 끝나고서야 그날의 현장 인터뷰가 일단락됐다. 중 아저씨는 공장 주차장 옆에 심어둔 고추를 따면서 우리에게 작별 인사를 했다. 동행한 촬영기사는 중 아저씨가 챙겨준, 세월의 때가 덕지덕지 묻은 공구 상자 몇 개를 들고서 현장을 떠났다.

퇴장하는 숙련공

아버지가 중 아저씨에게 말했다. "이제 연소화*할 사람이 또 한 명 사라지는군." 중 아저씨는 웃으며 답했다. "걱정하지 말게, 나는 은퇴해도 자네가 지겨울 정도로 자네 집에 놀러 가서 차를 마실 걸세." 이 연구를 처음 시작했던 석사 과정 때 나는 숙련공 사이의 교류 방식을 이해할 여유가 없었다. 그리고 아버지에게 가까운 동종업자 친구가 없을 거라고 지레짐작했다. 그런데 이번에 아버지와 중 아저씨 경력의 마지막 순간을 함께하면서 아버지가 예전에 자주 언급했던 '산바오三寶'나 '샤오팡' 등의 숙련공이

---

* 연소화練痟話(liān-siáu-uē)는 쓰잘머리 없고 아무 소용도 없는 대화를 뜻한다. 일종의 트래시 토크Trash-Talk다.

떠올랐다. 같이 일을 하지 않을 때도 그들은 이런 방식의 공적 혹은 사적 교류를 통해 그들만의 '격의 없는' 독특한 우정을 만들어냈다.

석사 논문을 완성하고 이 책을 쓰기까지 10년이라는 세월이 지났다. 당시 내가 인터뷰한 숙련공 중 샤오팡은 이미 은퇴했고, 아버지도 그의 근황을 모른다. 채식주의자였던 중忠 씨와 산바오 아저씨는 이미 세상을 떠났다.

최근 몇 년 동안 첸전과 샤오강은 가오슝 발전의 영향을 받으며 변화했다. 주택 단지가 들어섰고, 신샹위 같은 대형 공장 대다수가 첸전을 떠나 교외 지역으로 옮겨갔다. 개인이 운영하는 소형 수리 공장은 사장이 연로해지면서 문 닫는 곳이 늘어났다.

아버지 세대의 숙련공과 사장들이 점차 은퇴하거나 심지어 사망했다. 오래 함께하며 우정을 쌓아온 사람들이 현장과 세상을 떠나는 것을 보며 아버지는 무슨 생각을 했을까?

휴가가 끝나고 타이베이로 돌아가려는데 아버지가 차로 지하철까지 데려다주려 했다. 그때 전화가 한 통 걸려 왔다. 중 아저씨의 예전 고객이었다. 노련한 숙련공에게 차를 맡기고 싶어 하던 그에게 중 아저씨가 아버지를 소개한 것이다.

전화를 받은 아버지는 약간 망설였다. 아버지는 프리랜서다. 당연히 공장이나 기계도 없다. 상대에게 이런 상황을 설명하니 고객은 아버지가 모르는 한 공장의 이름을 들먹이며 그곳에서 수리할 수 있는지 물었다. 집을 나서려 했던 아버지는 상대방에게 생각할 시간을 요청했다. 잠재적 고객에게 자기 전화를 기다리라고 말한 것이다.

반쯤 은퇴한 아버지는, 이미 은퇴한 사장의 소개로 잘 모르는 고객의 전화를 받고 낯선 공장에서 일하게 됐다. 이렇게 들어온 일은 새로운 인연으로 이어진다. 인맥의 중요성은 추레라 산업의 특징이다. 아버지는 환갑이 넘은 나이에도 새로운 고객과 새로운 환경에 적응해야 한다. 사실 아버지는 이 건에 큰 매력을 느끼지 못했지만, 중 아저씨가 소개한 고객이었으므로 거절하기 힘들었다. 그리고 마냥 쉬는 것보다 일하는 것을 좋아하는 아버지의 특성상 일을 단박에 거부하는 경우는 드물었다.

아버지 세대 숙련공이 은퇴하면서 가오슝 추레라 산업은 중대한 고비에 직면했다. 소형 수리 공장은 원가 상승과 후계자 문제로 점차 사라졌고, 신차 제조는 몇 곳의 대형공장에 집중됐다. 추레라 산업은 집중화와 규모화의 파도를 온몸으로 맞고 있으며, 공장은 구시가지를 점차 벗어나고 있다.

물론 이것들은 아버지가 고민할 문제가 아니다. 아버지는 후계자도 필요 없고, 자기 기술을 전승할 책임도 없었다. 또한 추레라 산업의 위대한 미래나 지속적인 발전을 위한 고심도 하지 않았다. 그가 평생 종사한 직업은 자신의 생계를 위해 어쩌다 보니 시작하게 된 것이다. 부단하게 기술을 연마하고 인맥을 쌓은 것 역시 더 많은 일거리를 받아서 가족을 부양하기 위한 노력이었다. 그러니 사장이 될 필요도, 자기 공장을 가질 이유도 없다. 굳이 어깨를 무겁게 하고 싶지 않기 때문이다. 열다섯 살에 혈혈단신으로 공장 문을 두드렸던 아버지는 언제라도 아무 미련 없이 은퇴하고 현장을 떠날 수 있다.

지금 아버지는 농장과 이호 교실을 오가며 바쁘게 지낸다. 가끔 지인을 통해 주어지는 일감도 여전하다. 어쩌면 아버지의 지금은 분주하고 만족하는 삶, 자신이 결정한 '숙련공으로도 괜찮은 삶' 한복판에 있는지도 모른다.

추레라 숙련공에 경의를

마침내 책을 완성했다. 믿기 어려울 만큼 많은 시간이 들었고, 포기하고픈 순간이 무수했지만 결국 끝냈다. 집필 과정에서 내 머릿속을 맴돌던 생각을 포기할 수 없었기 때문이다.

논문을 쓸 때는 좋은 문제의식을 드러내겠다는 생각만이 온통 가득했다. 인터뷰를 충실히 진행하고, 인터뷰 내용이 내가 상정한 문제의식과 논증에 부합하는지만 신경 썼다. 그러다 보니 정작 내 성장 과정을 제대로 마주하지 못했다. 이 책은 그 점을 보완하는 좋은 기회였다.

우위에텐五月天의 팬이었던 어린 시절, 용돈만으로는 음반을 살 수가 없었다. 그래서 친구의 CD를 빌려 카세트테이프에 녹음했다(그때 나는 내가 천재인 줄 알았다). 초등학교 졸업 전 학교 농구팀의 해외 경기에 참여한 적이 있었다. 부모님은 흔쾌히 14일간의 유럽 일정에 나를 보내줬다. 꽤 큰돈이 들었는데도, 정작 당신들은 해외를 가본 적도 없는데도 말이다. 그때 나는 캐리어가 아니라 펼치면 키의 절반만큼 커지는 황토색 초대형 이민 가방을 끌고 출국했다. 나는 혼자 서 있지 못하는 이 가방을 잡고 있느라 손발을 바삐 움직였는데, 일행 사이에서 혼자 바쁜 내 모습은 눈에 띄었다.

이 가방은 아버지가 결혼 전 전국을 떠돌 때 함께한 전우였다. 출국 당시 가방에는 운동복, 위장약, 감기약, 라면, 그리고 아버지의 전우 2호인 돼지 꼬리 히터가 들어 있었다.

중학교 때 내가 좋아하던 그룹이 타이베이101에서 콘서트를 열었다. 마침 내 생일이었다. 부모님이 허락해줄 리가 없다고 생각했지만, 혹시나 해서 콘서트에 가도 되는지 부모님께 물어봤다가 단박에 거절당했다. 신문에서 콘서트 관련 기사를 보고는 펑펑 울었던 기억이 난다. 지금 나는 타이완 어디에서 콘서트가 열리든 갈 수 있고, 심지어 일본에서 열리는 콘서트에 가는 것도 크게 어렵지 않다.

시간은 사람을 바꾼다. 지금 기준으로는 그간 내게 일어난 변화가 모두 좋은 것처럼 느껴진다. 반대로 항만 추레라 산업이 겪은 변화는 잔혹한 것 같다. 많은 도전에 직면해도, 온갖 경쟁 속에서도 각자의 영역을 지켰던 업계가 달라졌다. 산업은 정체되고 나아가 쇠퇴하는 중이다. 게다가 기술을 배우려는 사람도 찾기 힘들어졌다. 그렇다면 이 일련의 변화를 아버지나 추레라 산업에 오래 종사한 다른 숙련공은 어떻게 생각할까? 잔혹하다고 생각할까? 아니면 안타깝고 아쉬울까?

중 아저씨는 문을 닫아야 하는 공장 생각에 밤잠을 설친다. 아쉽고 슬프기 때문이리라. 아직 그는 이 산업을 떠날 준비가 되지 않았지만, 몸은 그에게 많은 시간을 주지 않았다. 변화는 가파르고 현실을 급격하게 타격했다.

아버지가 말하는 은퇴는 무언가 좋은 것 같다. 그는 삶이 더 편안

해지고 자유로워졌다고 말한다. 하지만 어머니께 전화하면 지금도 여전히 아버지는 일하러 갔다는 소식을 듣는다. 아버지는 일을 점점 부담스러워하면서도 완전히 손에서 놓기는 힘들어한다.

그 누구도 고생을 거듭하며 일해서 번 피 같은 돈을 쉽게 포기하지 못한다. 또한 힘들었던 자신을 위로하려 큰돈을 쓸 때면 즐거우면서도 한편으로는 공허하고 아쉽기 마련이다. 아버지와 숙련공들이 추레라 산업에 종사하며 누적한 재산은 집과 자동차, 그리고 기술과 그 기술을 '자유롭게' 펼칠 수 있는 무대다. 내 생각에는 그 누구도 이 무대를 쉽게 포기하거나 떠나려 하지 않을 것이다.

시간은 멈추지 않고 흐른다. 내가 자란 가오슝시 샤오강구도, 추레라 산업도 마찬가지다. 시간의 흐름과 사회적 변화와 함께 변화를 멈추지 않는다. 숙련공 중 누군가는 이미 연로해서 시대적 변화에 즉각적으로 대응하지 못하지만, 그래도 여전히 천천히 앞으로 나아가려 애쓴다. 다른 누군가는 자기 기술을 믿고 여전히 일하면서 현장의 후배를 압도하기도 한다.

지금까지 내 아버지와 항만의 까만 손 숙련공이 평생 지켜온 일과 기술, 그리고 시간의 흐름에 부단하게 대응하고 이동했던 그들의 삶을 그려냈다. 운이 좋았다고 생각한다.

집필 기간이 길었다. 덕분에 추레라 산업과 숙련공의 변화를 더 많이 책에 담을 수 있었고, 그들의 직업사의 여러 단계와 현장에 참여할 수 있었다. 이는 내 삶에서 가장 큰 영광이다. 자신의 두 손으로 타이완 중공업 발전의 적혈구를 만든 모든 숙련공에게 경의를 표하며 이 책을 헌정한다.